遠い声をさがして

石井美保
Miho Ishii

遠い声をさがして

学校事故をめぐる〈同行者〉たちの記録

岩波書店

目次

序章　出来事のはじまり

二〇一二年七月三〇日。

夏休みが始まって間もない日の、ようやく涼しくなりはじめた夕方。窓の外では蟬が鳴いていた。小学二年生だった長女を学童保育所に迎えに行き、二人で家に戻ってきたところだったと思う。私たちは台所に立っていて、私は冷蔵庫から何かを取りだそうとしていた。そのとき娘が言った。

「今日、あさだはなちゃんおぼれはったで」。

娘が誰のことを言っているのか、とっさにはわからなかった。それは夏休みのプール学習期間中のことで、その日の午後には一年生から三年生の児童が小学校のプールに入っていたはずだった。娘によると、「あさだはなちゃん」は一年生であるらしい。子どもたちはみんなプールサイドに上がらされ、そのうちに救急車がきた、といったことを娘は話した。

そのときの私はまだ、「溺れた」ということが、どれほど重大な事態だったのかをわかっていなかった。重大な事態なら、学校からすぐに保護者全員に連絡があるはずではないか。娘から話を聞いた後も、私は次の日もプール学習があるだろうとさえ考えていた。でも、その夏、プール学習は二度と行われなかった。

翌三一日、浅田羽菜ちゃんは搬送先の病院で亡くなった。

たくさんの人たちが参列し、写真と花々で埋め尽くされた斎場でお別れの会が営まれたのちも、学校からの連絡はなかった。私は事故の後、すぐにも全校集会が開かれ、詳しい説明がなされるはずだと思っていた。あるいは、同じ日にプールに入っていた子どもたちへの聴き取りがなされるだろうと。でも、そうした動きは何ひとつなかった。長い長い、凪の時間。保護者たちは近所で顔をあわせるたびに不安げな面持ちで同じことを尋ねあっていた。

いったいどうなってるんやろう。なんで学校から何も連絡がないんやろか……。

その頃のことを思い出すと、眩しい夏の日射しにもかかわらず、灰色のぼんやりとした影があたりを覆っていたような気がする。悲しみと不安と不信。それでもどこかに、信じたいという気持ちがあったかもしれない。何を信じたいと思っていたのだろうか。自分の子どもを通わせている学校を？ 先生たちを？

何度か、娘の担任の先生が家に訪ねてきたようだった。私と夫は共働きなので、昼間は誰も家にいない。夕方に帰ってくると、学校からのプリントが一枚、玄関の新聞受けに入っているということが数回あった。事故についての具体的な説明はなく、保護者に心配をかけていることへのお詫びと、プール学習の中止についてなどの連絡だけだった。

ようやく保護者に向けた学校説明会が開かれたのは、事故から三週間が経った八月二〇日のことだった。体育館に設置された木製のベンチは大勢の保護者で埋まり、沈痛な面持ちの学校長が謝罪の言葉を述べる。この説明会については二章でとりあげるが、このときに事故当日のプールの概況として、以下のことが説明された。その日は、三名の指導教諭に対して六九名もの低学年児童がプール学習に参加していたこと。プールの水量が通常よりもかなり多く、最深部で水深一一〇センチもあったこと。自由遊泳の時間には畳ほどもある大型フロートが何枚も水面に浮かべられていたこと。

そのどれもが、知らなかった事実だった。そして、そうした概況が説明されても、結局のところ、いつ、なぜ、どのようにして羽菜ちゃんが溺れてしまったのかという原因や状況は不明のままだった。

その説明会で、私は一枚のプリントを受けとった。それは羽菜ちゃんの両親が学校側に配布を依頼したもので、保護者に向けて、事故のことについて何か知っていることがあれば連絡してほしいという内容の文章とともに、母である遼子さんのメールアドレスが記されていた(1)。私は長女のことを考えた。娘はあの日、羽菜ちゃんと一緒にプールに入っている。羽菜ちゃんを見ている。何か話せることがあるかもしれない。

私はプリントに記されていた連絡先にメールをした。そしてその数日後、娘の話を聞くために、遼子さんが我が家を訪れた。それが、私にとっての「羽菜ちゃんのこと」――羽菜ちゃんをめぐるさまざまな出来事のはじまりだった。

あれからの一〇年間に起こった、事故をめぐる出来事は多岐にわたる。民事裁判の開始、第三者調査委員会(第三者委)の設置に向けた運動、学校や教育委員会との交渉。第三者委によるプールでの検証、調査報告書の提出と第三者委の解散。遺族と友人たちによる調査報告書の検討、自主検証の実施に向けた運動、遺族を主体とした自主検証の実施……。

表だった動きだけを並べても、羽菜ちゃんの両親はこれほどにさまざまな、神経をすり減らすような交渉や運動に絶えず向き合ってきた。そうした活動に疲弊し、何をしても娘は戻ってこないという残酷な事実を突きつけられながら、それでも二人が歯を食いしばって進んできたのは、ただひとつの思いがあったからだ。どのようにして事故が起きたのか、それを知りたい。そうすることで、娘の人生を最後まで守ってやりたい。

羽菜ちゃんの両親である遼子さんと壮介さんが向き合ってきた困難や味わってきた苦悩を、私は完全に理解することもできなければ、代弁することもできない。私はただ、二人の歩んできた果てしのない道のりの中で、時折そばにいた者にすぎない。また、教育学の専門家ではない私には、学校教育のあり方や学校における安全といった観点から、この事故について専門的に論じることもできない。

ただ、この事故をめぐるさまざまな出来事にかかわる中で、それらは文化人類学者として私がこれまでに考えてきたことや、これから考えなくてはならないことと深くかかわっているということに気づきはじめた。それはたとえば、災難や苦悩の原因をめぐる「なぜ」と「どのようにして」というふたつの問いに関する問題である。それはまた、遺族の生きる終わりのない喪の時間と、いち早く日常を取り戻して未来を目指そうとする周囲とのずれをめぐる問題でもある。さらにまた、それはある出来事を理解し、記述しようとする際に、計測値のように客観性の高いデータと、語りのように主観性を帯びたデータの折り合いをどうつければよいのか、という問題でもある。

そしてこの一〇年間、このプール事故をめぐる出来事に断続的にかかわりながら私の念頭にあったのは、同じように学校の管理下で起きたさまざまな事故や事件のことだった。なかでも、小学校の校庭に長時間とどめおかれた挙句、教員の先導で避難を始めた矢先に、津波に巻きこまれて七四名もの児童が亡くなった石巻市立大川小学校のことが頭を離れなかった。事故の規模や状況は、もちろん異なっている。けれども、事故の後に報道や書籍で目にした遺族の疑問や苦悩や闘いのあり方は、浅田さん夫妻のそれと、驚くほど似かよっているように思われた(2)。

安全なはずの学校で、なぜこんな事故が起きてしまったのか。なぜ先生たちはとっさに動けなかったのか。我が子はどのようにして亡くなったのか。なぜ自分はあの子を助けられなかったのか……。

大川小学校で亡くなった児童の遺族の一部は、浅田さん夫妻と同じく学校側の責任を問うて裁判を起こし、結果的に勝訴した。けれども遺族にとっておそらく、裁判に勝つことが最終的な目的だったのではないだろう。毎日のように湧き上がり、胸をえぐるこうした問いに、答えとまでは言わずとも何か手がかりがほしかった。それを探し求める手段のひとつが、裁判だったにすぎないのではないか。

あらゆる手立てを尽くし、事故について問いつづけることの意味について、遼子さんは事故の後に立ち上げたウェブサイトにつぎのように綴っている(3)。

私たちが問いつづける問いはふたつあります。「なぜ、私たちはあの子を失わなければならなかったのか、なぜあの子はいないのか」というwhyの問いと、「どのようにして事故は起きたのか、あの子はどうやって死んでしまったのか」というhowの問いです。

whyの問いに答えはありません。私たちは一生悔いつづけるでしょう。私たちがあの子を守ってやれなかった、生きさせてやれなかった。

しかし、howの問いには答えがあります。事故が「どのようにして」起きたのかということはせめて知りたい、それによって羽菜の人生を最後まで守ってやりたいと願っています。

（二〇一五年九月四日）

「なぜ」と「どのようにして」。この絡まりあったふたつの問いが、本書の根底にはある。遼子さんの言うように、遺族にとって「なぜ」という問いに答えはない。この根源的な問いに対して、安易な答えを受け入れるのではなく、あえて「どのようにして」と問いつづけること。それは、過ぎ去った「過去」の中に事故という出来事を位置づけ、わかりやすい意味を与える物語の中に故人の存在をしまい込むことで、安心してその死を忘却させようとする日常の力に抗することだ。わかりやすい物語、あるいは教訓を含んだ悲劇の主人公として死者を悼むことが、「どのようにして」という問いの追及を鈍らせ、結果的に追悼の形骸化と日常の復活を促すということ。それはたぶん、死者が「犠牲者」と呼ばれうるような不条理な死に関して、あらゆるところで繰り返されてきたことだ。そこで取り残されるものは、「どのようにして」という問いへの真摯な回答であり、「なぜ」という問いを抱いたまま、永遠に続く喪の時間を生きざるをえない遺族たちの思いであるだろう。

この本が描こうとするのは、そうしたふたつの問いを投げかけつづける遺族の苦闘であり、さまざまな立場で遺族とかかわってきた人たちの思いや行動であり、そして、それらすべての中心にある羽菜ちゃんの存在である。この本の目的のひとつは、あの夏の日以降に起こったさまざまな出来事と、羽菜ちゃんの存在を書き留めること、忘れないために記録することだ。地方の小学校で起きたプール事故で、一人の女の子が亡くなった。それはさほど大きなニュースにはならない、人びとの記憶に長くとどめられるような大事故ではなかったかもしれない。しかしそれでもなお、この事故をめぐる遺族の思いや行動には、普遍的な何かがあったと思われる。そしてまた、小学校の保護者や教員、教育委員会の職員、第三者委の調査委員といったそれぞれの立場でこの事故にかかわってきた人たちの行為や語りには、学校管理下で起きた事故をめぐるさまざまな問題の所在が指し示されている。

この本のもうひとつの、そしてより深くにある目的は、この事故とかかわりをもつことになった人たちの思いや行動とその変遷を描くことを通して、いち早く日常の秩序を取り戻すことだけを重視するような「回復の物語」を問いなおすことである。

「なぜ」という答えのない問いを抱えながら、「どのようにして」と問いつづける遺族とかかわりあうことを通して、周囲の誰かれもまた少しずつ、それぞれの問いと責任を抱いた〈同行者〉となっていく。本書では、事故という出来事にかかわることになった一人一人が、日常に埋没することでみずからの痛みや負い目を忘れようとするのではなく、出来事にわかりやすい意味を付与することでその受容を促すような「回復の物語」によって癒されようとするのでもなく、孤独でありながらも互いに交叉しあう瞬間をもつ〈同行者〉として、亡き人とともに生きるということの意味と可能性を考えていきたい。

第一部　つながりをなくした世界で

一章　羽菜ちゃんという女の子

この本の真ん中にあるのは、浅田羽菜ちゃんという名前の、一人の女の子の存在だ。私自身は、彼女と十分に知り合う機会をもつことができなかった。けれども両親や保育園の先生たちをはじめ、羽菜ちゃんをよく知る人たちと出会い、さまざまなエピソードを聞く中で、次第に羽菜ちゃんの姿が生き生きとした像を結びはじめた。羽菜ちゃんがどんな子どもだったのか、どんなふうに育ってきたのかを知ることは、この事故について考えていく上での基盤となり、この本の土台ともなる。以下では、誕生してから保育園での生活を経て、小学生になるまでの羽菜ちゃんのことを、彼女と親しかった人たちの語りを手がかりに、できる限り鮮明に描いていきたい。

羽菜ちゃんの誕生

浅田羽菜ちゃんは二〇〇六年二月二七日、京都市内の病院で産声をあげた。羽菜ちゃんの両親である遼子さんと壮介さんにとって、羽菜ちゃんは生まれる前から「奇跡の子」だった。それというのも、二人は羽菜ちゃんを授かる前に、五年にも及ぶ不妊治療を経験していたのである。

仕事の関係で出会った二人が七年間の交際期間を経て結婚したとき、遼子さんは四〇歳になろうとしていた。まもなく不妊治療を始めた二人は、それからの五年間に約二〇回もの体外受精を試みることになる

とになる。それでも妊娠に至ることができず、二人は次第に治療に疲弊していった。高額な治療を続けることの経済的な負担や仕事との両立の難しさ、身体的な苦痛に加えて、遼子さんをもっとも苛《さいな》んだのは、「決断が遅かった」という後悔だったという。子どもがほしいという強い願いとは裏腹に、繰り返される治療の失敗や年齢との競争というどうにもならない事実を前に、挫折感を募らせていった二人は、とうとう不妊治療をやめることを決断する。

それからしばらく経った頃、遼子さんは自分が妊娠していることに気づいた。それは、そのときすでに四五歳になっていた遼子さんにとって、驚きと喜びにあふれた出来事だった。子どもをもつことを諦めかけていたときに、自然にやってきてくれた子。遼子さんと壮介さんにとって、羽菜ちゃんはまさに天からの贈りものであり、大切でならない「奇跡の子」であった。

わんぱくな保育園生活

羽菜ちゃんが誕生してからは、子育ての喜びと必死さにあふれた嵐のような毎日が始まった。その頃、遼子さんは資格取得を目指して京都市内の大学院に通いながら、いくつかの非常勤の仕事をこなしていた。一方、壮介さんは東京で仕事をしていたため、遼子さんと羽菜ちゃんはひと月のうちの大部分を二人で暮らし、月に一〇日間ほどは壮介さんが京都に戻って一緒に過ごすという生活が続いた。小さな羽菜ちゃんを真ん中に、子育てと家事と仕事に奔走する日々。そんな中でひとつの転機となったのは、一歳をむかえた羽菜ちゃんが保育園に入園したことだった。

羽菜ちゃんが五年間を過ごした桜野保育園(仮名)は、鴨川にほど近い閑静な住宅街の中にある。教会に併設された園舎はウィリアム・メレル・ヴォーリズの手になるもので、大きめにとられた窓や木々の植わった園庭など、すべてが清廉で落ち着いた雰囲気を醸しだしている。そんな品位あふれる外観をもつ桜野保育園は、この界隈でも屈指のワイルドでユニークな保育園でもあった。この保育園での日々は羽菜ちゃんを大きく成長させただけでなく、遼子さんと壮介さんにもたくさんの大切な出会いを与えてくれた。保育園とのかかわりは、浅田さん一家にとってかけがえのないものであり、事故後のあらゆる局面において重要となってくる。また、この保育園について知ることは、羽菜ちゃんがどんな子どもだったのか、小学校に入学する前にどんな世界に生きていたのかを想像するための大きな手がかりになる。

桜野保育園が「ワイルド」とされる理由のひとつは、子どもたちの自由奔放な遊びっぷりにあった。園庭はもちろんのこと、近くの野山や川に出かけていって縦横無尽に走りまわり、泳ぎまわり、泥んこになって遊ぶ。なかでも鴨川では、五月から一〇月までの約半年間にわたって水遊びを楽しんでいるという。この保育園に勤めるベテランの保育士である原田宏さんと、現在の職場は異なるが、長らく保育士として当園に勤めていた乗松和哉さんは、子どもたちをほとんど年中鴨川に連れて行くことについて、つぎのように語っている(以下、二〇一九年八月七日。桜野保育園にてインタビュー)。

原田　〔鴨川での水遊びは〕段階をずっと経てるから。そら目を離すといかんのやけどね、基本的に。もう早くから、「どこが深みか、よく見ろー」とか、「ここの流れとここは違うだろう」とか、めっちゃ教えるんよ。春から教えたら、夏に十分遊べるし。〔略〕〔子どもが〕自分の好きなことをやるっていうのもあるし、行きたいとこに連れて行ったら、やっぱ全然ちゃうんよ、子どもの顔がね。「〔魚が〕よう捕れたなあ」とか言って、もう何日も何日も言うし。それはある意味、あそこに連れて行くことで、すごい顔を見られるっていうのは、そこに〔川が〕あんのやから、上手に利用したらいいなと。

乗松　学びの数はすごいと思う。「雨降った次の日は、水多いな」とか、「カメ石〔飛び石〕飛ぶのに、いつもより気いつけなあかんな」とかっていうことが、〔子どもの中で〕いろいろ動いてるのは間違いない。「今日は鴨川に行きました」って二行やけど。その中に、いっぱい詰まった二行。〔略〕「今日は天気がよかったから、ちょうど気持ちよかった」とか、「今日はちょっと曇ってたから、意外と寒かった」とか、「水が多かったから、実はちょっと怖かった」とか、いっぱいあるから、ものすごい教材やと思う、ほんとに。なんやろ？　変身ベルトが全員分あるよりも、もっともっとすばらしい教材。山やったり、川やったり、そういう自然が。

そんな保育園での日々を通して、入園当初は「風が吹いても泣く」といわれた羽菜ちゃんは、食べることが大好きな、元気いっぱいで人懐っこい女の子に成長していった。保育園で羽菜ちゃんが放っていた存在感の強さについて、原田さんはこんなふうに語っている。

原田　ど真ん中にドーンといたんですね、ここにいたときは、どの場面でも。ありんこ軍団たちと、ここにドカーンといたわけで。

保育園で幅をきかせていたらしい、そして羽菜ちゃんもその一員だったという「ありんこ軍団」について原田さんは、最近は保育園に対しても行政による監査や衛生指導が厳しくなってきた、という話の中でつぎのように語ってくれた。

ありんこ軍団はよく、下に落ちたお菓子を、テーブルの下に「ウワー」とか言って〔潜って〕拾ってきたり。「ありんこ軍団だー!」「シャカシャカシャカ」とか言って、あいつらみんなやったもんが、今ちょっとしにくくなってるらしいです、時代的にも。でもあれも、別にお腹も壊してないし、いいと思うんやけど。やっぱ、ほんま難しくなってる、そういうものを維持していくっていうことが。監査ひとつのことだけで、なんか手ごわいやつが言ってきよるから。「ここだけ〔監査に〕付き合っといて、なんとかこれ残しましょう」っていう感じを増やしてるかな、今。

子どもたちの全力での遊びや冒険を可能にしているのは、保育園にいる大人たちの、「子どもを邪魔しない」という態度だった。原田さんと乗松さんによれば、羽菜ちゃんが入園した当時の園長は常々、「大人が囲ってしまうんじゃなく、大人の隙間で子どもが遊ぶのがちょうどいい」と語っていたという。一人一人の子どもとまっすぐに向き合い、見守りながらも干渉しすぎない大人たちの隙間で、子どもたちは自分たちでなんとかやっていく力を身につけていく。

原田　だから、卒園する頃なんかになると、もう子ども同士全部わかりあってるっちゅうのがようわかるの。〔略〕わかってるんですよ、「どうしたらこの子は立ち直る」とか。「今、こういう状態」っていうのを全部見抜いてるなっていうのは、すごい思うことがよくあって。「あ、僕らよりようわかってんのや」と。担任だからみんな知ってるぞとか思ってたら、全然違って。子どもたちはみんな知ってる。〔略〕すごいだから、ほわーっとした世界ができあがっていくんやね。もう〔入園して〕五、六年経つともう、なんともいえん世界がね。

乗松　僕は二〇年ぐらいこの仕事をしてる中で、あっち行ったりこっち行ったりして〔いろんな保育園を〕見てると、ここの大人は子どもを邪魔しないから、そういう子どもたち同士の仲間ができる。けど、大人が「こっち来なさい」「今日はあっち行きますよ」「はい、じゃあ皆さんこれしますよ」っていうやり方をしてると、子ども同士がつながらないです。

さまざまな個性をもった子どもたちと大人たちが全力でかかわりあい、触れあう桜野保育園では、他の場所でうまくいかなかった子どもや障害のある子どもたちも、何のてらいもなく受け入れられていた。保育制度の改変や監査の強化などによって厳しい局面に立たされながらも、原田さんの言うように、そこにあるのは子どもたちの人生の「根っこ」になるような保育の場を守ろうとする姿勢だった。

原田　いろんな感じで来てくれる人がいて、ここでホッとしてくれればいいかなっていうのが一番かな。幼児期、保育園の時代に、ホッとして安心する時間があれば、「もう根っこはできますよ」ぐらいの思いがあるんで。めっちゃ抱っこするしね、俺はすごい。年長〔組〕でも何分でも抱っこしてあげたり、膝にのせたりとか、そんなんしたらまたパーッと遊びに行きよるんね。〔略〕

そんな居心地のいいことをいっぱいしてあげると、安心してなんぼでも飛んでいけるかなあと。

ここでよう言うのは、「おまえはおまえのままでいいんだよ」っていうメッセージを送りつづけるみたいな。「そしたら、あとは小学校行ってから、ザーッと飛んで行けるんだよ」って。


桜野保育園での羽菜ちゃんは、仲間たちとたくましく遊びまわる一方で、子どもを迎えに来た保護者の手をひっぱってその子のところに連れていったり、友だちのお父さんと仲良くなって目一杯遊んでもらったりと、人懐っこくてお茶目な魅力を存分に発揮していたようだ。

保育園での羽菜ちゃんが写ったたくさんの写真をみると、その頃の羽菜ちゃんと仲間たちのカラフルな日々が浮かんでくる。友だちと手をつないで弾むように鴨川べりを歩く羽菜ちゃん。お散歩の途中に商店街で買ったコロッケを頬張る羽菜ちゃん。園庭で泥だらけになって遊んでいる羽菜ちゃん。クリスマスのペイジェントで天使の役を演じる羽菜ちゃん。そのときどきに満面の笑みを浮かべていたり、はにかんでいたり、真剣だったりする表情はどれも生き生きとして、「自分の居場所にいる」という安心感にあふれている。

羽菜ちゃんの個性を育む

羽菜ちゃんが安心して毎日を過ごせる保育園の存在は、両親にとっても大きな支えとなっていた。

遼子さんは、勉強と仕事を掛け持ちする多忙な生活を送りながらも、羽菜ちゃんに濃やかな愛情を注ぎ、羽菜ちゃんから生きる力をもらっていた。その頃の羽菜ちゃんとの生活について、遼子さんはつぎのように綴っている。

羽菜は私たちの表情や気持ちを敏感に察する子どもでした。沈んだ気持ちでいると、そっと顔をのぞき込んできたり、すっと手をつないだりします。自分はいつも機嫌がよく、お茶目な表情や行動で私たちを笑わせ、好奇心いっぱいに楽しんでいました。「お母さんとお父さんのかわいいちゃん、だいじちゃん」と、日に何度となく抱きしめたり、頬ずりしたり。私たちはいつもいつも羽菜に触れていました。

母にとって、羽菜は楽しい相棒でした。月の半分、遠くで仕事をしている父のいない間は、二人でぴったり寄り添っての暮らしです。早朝に起き出す母に気づいて布団を抜け出し、書斎に走ってくる小さな足音、「来たねー」とドアを開けると、「えへー」と腕の中に飛び込んでくる寝癖のついた頭がかわいくて。日曜日の楽しみは、朝のホットケーキと、母娘でのんびり出かける図書館。手をつなぎながら、「羽菜と手をつないで歩くの楽しいな」と、何度言ったことか。〔略〕

保育園から二人で急いで帰る車の中、なにか言い合って笑ったあと……不意に、後ろのチャイルドシートから小さな声。「おかあしゃん……だいすき」。ぐっと喉がつまって、涙が出て、とっさになにも言えませんでした。お母さんも大好き、今も、いつまでも、ずっとずっと。

（田原圭子編『問わずにはいられない——学校事故・事件の現場から』あうん社、二〇一五年）

羽菜ちゃんを育てていく上で遼子さんがとりわけ気遣ったのは、おいしくて栄養のある食事を食べさせることと、少しゆっくりめだった羽菜ちゃんの発達をサポートすることだった。遼子さんは事故の後、民事裁判の証人尋問の中でつぎのように語っている。

言葉や運動機能の遅れが気になり、できる限りのケアを受けさせようと、療育やトレーニングには懸命に通いました。費用と時間をやりくりしつつ。今も、そんな記事や研究にはつい目が向きます。もういない、なにもしてやれないとすぐに気づきますが……。（二〇一四年一月一四日）

遼子さんと壮介さんは、羽菜ちゃんの発達の遅れを気にかけながらも、それをも含めて羽菜ちゃんの個性を慈しみ、大切に育んできた。そのことについて、のちに二人はつぎのように語っている。

壮介　でもそれ〔療育〕も、やっぱり羽菜が自分でいろいろできるようになってほしいというのが前提で。どういうふうに手助けしていいかもわからないから、一緒にそうやって、自分も勉強しながら。〔略〕羽菜はいまゆっくり、ゆっくり育っているだけでっていう思いもあったので。早くきっかけを与えたいっていう思いもあったんですね。〔略〕〔自分の表現したいことを〕うまく外に出せない感じっていうのがあって、それに羽菜自身もイライラしているところがあって。でも、何かそこがうまく、ピーンと合えばできるんじゃないかなとは思っていたので。それを、答えはわからないですけど、一緒に探したいなっていう。

（二〇二〇年三月一五日。以下同）

遼子　私は方法として、こういうことがいいんじゃないかとか、ああいうことがいいんじゃないかとか、「療育」って枠みたいなものをすごい探して考えていたけど、壮介さんはもう少し、羽菜自身を見てくれていたような感じがしていて。なんていうんやろうなあ……。羽菜がきっかけをつくっていくっていう方向から見てくれていたような気がして。私が「外側から与えよう」みたいなところにちょっと行き過ぎているかなと思ったときもあったりとか。「もう少し、羽菜自身のことを信頼してやらなあかんな」みたいなことを、二人で話していて思ったりはしていたかな。

ただ、言葉や運動能力の発達といった面において、一般的な指標からみて多少の遅れがあったにせよ、それは羽菜ちゃんの保育園生活の支障になるものではなかった。さまざまな子どもたちの個性をまるごと受け入れる桜野保育園の仲間たちの中にあって、羽菜ちゃんもまた、すべてをひっくるめてかけがえのない存在として受け入れられていた。

桜野保育園の原田さんは、事故を起こしてしまった小学校における教員の認識とのギャップという点から、保育園での羽菜ちゃんについてつぎのように語っている。

やっぱりね、一番大切な存在やったんですよ、なんだかんだ言って。羽菜の魅力ももちろんやけども、やっぱり、いることで安心できる子であり。そのクラスの中にとっても、大切やっていうところからスタートしてないから、学校では。

そらやっぱり、言葉がどうとか、もちろん学校にはいろいろあったのかもしれへんけども。「この子だけは」っていうのは、絶対あったはずなんですよね。その「絶対に怪我させてはいけない」とか。〔略〕羽菜ちゃんっていう存在をまったく意識できてなかった。もう、そこが一番の問題であって。遅れがどうとか、そういうもんじゃなくて、羽菜っていう存在自体を知らないまま、教育を始めてるし。〔略〕もう、そこはほんま大事な、一番大事な、「どの子がいるか」っていうところが〔事故のあったプール学習では〕まったく欠落してた気がするし。「なんで？」ってなるからね、「そんなん、ありえへんやん」って思うし。

それぐらい保育園じゃ大切な存在で、光輝く、みんなに愛をふりまいてくれる存在やったし。やっぱ大好きになってしまうから、よけい大事に思えたのもあるんやけども。もともとそんな能力とか魅力をもってたっていう存在やったんで、学校に行ってからのギャップが激しすぎた気は、すごい感じて。同じ子どもを見る人間としたら、ありえない。「何見てるんや？」という感じがする。「何においても、真ん中にいたよ」っていう子が、なんで目の端にも入ってなかったんやっていう。

（二〇一九年八月七日）

「羽菜という存在を知ることの大切さ」。この原田さんの言葉については、後の章でもう一度立ち戻りたい。

原田さんが指摘するように、保育園と小学校では、羽菜ちゃんという子どもへの理解の深さやかかわりの親密さが決定的に異なっていた。羽菜ちゃんの就学に際して、遼子さんと壮介さんが心配を感じていたのも、まさにその点であった。

ただし、小学校にも羽菜ちゃんの個性を理解し、愛情と気遣いをもって接してくれる先生は存在していた。問題は、そうした視点が教員全員に十分に共有される機会がなかったことだった。また、夏休みのプール学習の場において、一人一人の子どもに目を据え、それぞれの個性や状況に応じて臨機応変にかかわるという姿勢が教員たちに欠如していたこと、そうした配慮のできるような体制がとられていなかったことだった。

小学校への入学

二〇一二年の四月、羽菜ちゃんは自宅から歩いて数分の場所にある、京都市立叡成小学校（仮名）に入学した[4]。小学校への入学にあたって両親を少なからず悩ませたのは、羽菜ちゃんにとって、普通学級と育成学級（特別支援学級）のどちらに入ることが望ましいのか、ということだった。この問題をめぐって、二人は当時の学校長であった廣崎育代校長や、育成学級の担任だった岩田亮治教諭と何度も面談を重ねた。羽菜ちゃんを育成学級ではなく、あえて普通学級に入れることを希望した理由について、遼子さんはつぎのように語っている。

桜野（保育園）はもうほんとに諸手をあげて、いろんな個性をもった子を受け入れるところなので。だからそういう意味で、羽菜を預けることにはまったく不安はなかったんやけど……。（保育園のときの）羽菜のクラスに、発達のゆっくりめな男の子が二人いて。その三人（羽菜ちゃんと男の子たち）はいつも仲良しやったんやけど。他の子たちがワーッて行っちゃうと、三人がまったりと残るみたいになって。で、羽菜は、あと三人女の子がいたんやけど、トライはしてたんですよ、「そこ（女の子たちの中）に入りたいなあ」みたいな感じで。年齢が高くなるほどに、何回もトライしてたけど、なかなかついていけずに、なんか元のとこに戻るみたいな。でも、やっぱり私としては、「もうちょっと背伸びできるんちゃうやろか」みたいな気持ちがあって。それで、小学校に入るときは育成（学級）でなくって、できれば小さいうちは普通学級で背伸びさせてやろうかなあって。

（二〇一七年一一月一七日。以下同）

校長との話し合いの結果、羽菜ちゃんは四月から普通学級に入ることになった。ただ、この就学前のやりとりを通して、遼子さんは保育園のときには感じることのなかった、何ともいえない違和感と困惑を感じていた。

育成〔学級〕か普通〔学級〕か選んでくださいっていうときに、〔校長は〕「選ぶのは自由です」って言いながら、「でもクラスには〔他にも〕難しい子がいる」と。「だから、手がまわらへん」とか、「それを考えてください」みたいなことをすごい言われて。だからそういう、なんていうか、問題を起こさないような方向に、とにかくは収めたいんやなってのは、すごく思ったりして。

保育園のときには生活上の困難として浮上してこなかった羽菜ちゃんの発達をめぐる課題は、小学校への入学に際して、「どの学級を選ぶべきか」という選択の問題として、また、「育成学級に入るように」という言外のプレッシャーとして、両親の前に立ちはだかった。羽菜ちゃんの発達に関する事柄は、事故の後のさまざまな局面において、ときに周囲による誤解をはらんだ認識や、両親と周囲との見解のずれを生み、二人を悩ませることになる。この点については二章でみていくが、さしあたっていくつかの点を整理しておきたい。

プールでの事故について、羽菜ちゃんの発達の特性に焦点を当てて語られるとき、そうした語りは往々にして、事故の原因を羽菜ちゃん自身の運動能力や認知の面での「問題」のせいとする見方をはらんでいる。それはややもすると、「特に注意を要する子どもだということを、両親が学校にきちんと伝えていなかったのではないか」といった、両親の責任を追及する姿勢にもつながる。

他方で、そのように事故の原因を羽菜ちゃんの発達の特性に帰するような見方は、事故当日に現場にいた教員たちによって、また別の仕方で表現される。それは、「羽菜ちゃんが特に注意を要する子どもだということを、私たちがもっときちんと認識していたら、事故は防げたのではないか」という反省の語りである。

しかし、事故の後、さまざまな場において浅田さん夫妻が一貫して訴えてきたのは、あの日プールにいたどの子どもにとっても、同じ危険があったということだ。もしもあの時、プールにいた教員一人一人がもっと注意深くあり、羽菜ちゃんを含む一人一人の子どもと真剣に向きあっていたなら、羽菜ちゃんが溺れることはなかっただろう。ただし、そうしたこと――先にみた原田さんの言葉を借りれば、「どの子がいるか」ということをちゃんとわかっていること、あるいは「羽菜という存在を知っていること」――は、羽菜ちゃんが何らかのリスクを抱えた子どもだと認識するということと必ずしも同じではない。そうではなく、羽菜ちゃんがどんな子であるのか、その性格や周囲とのかかわり方、どんなことが好きでどんな行動をするのかといった、「羽菜ちゃんという子ども」のありようをわかっていることが、おそらくはもっとも大切なことだった。それは羽菜ちゃんについてだけではなく、あの場所にいたすべての子どもについていえることだろう。

五章でみるように、第三者委員会が行った検証実験で羽菜ちゃんの役を務めた幼なじみの富澤茉実ちゃんが自分なりの言葉で伝えようとし、その母である加代子さんが指摘したのも、まさにそうした点だった。重要なのは、「発達の遅れ」といった一般的な問題に事故の要因を還元するのではなく、あのとき、あの場所で、羽菜ちゃんがどのように周囲とかかわり、何を思い、どんなふうに動いていたのか、ということから考えなくてはならないということである。

小学校での羽菜ちゃん

小学校に入学してからの羽菜ちゃんは、はじめのうちこそ遼子さんとなかなか離れがたく、登校をしぶる日が続いたものの、徐々に新しい生活に慣れていった。小学校で羽菜ちゃんの担任となったのは、翌年に定年を控えた西田悦子教諭だった。西田教諭は、あたたかく頼りになる人柄で、遼子さんも安心して羽菜ちゃんを任せることができた。羽菜ちゃんの担任になると決まったときのことを、西田教諭はつぎのように回想している。

はじめ、「羽菜ちゃんの担任してほしい」って言われたときに、「育成学級が適しています」って聞いたぐらいで、詳しいことは聞かされてなかったんですよね。で、今までもそういう、「育成学級の方がいいんじゃないですか」って言われてる子どもさんを担任したこともあったし。自信とかそういうのはないですけども、やっぱり「学校が好きだな」とか、「友だち好きだな」っていうふうに思ってもらえるように、「自分ができる精いっぱいのことをしていったらいいわ」ぐらいなつもりで持たしてもらって。〔略〕一緒にやっていて、今までの経験で喜びの方が大きかったので。大変というよりも、「通じ合ってよかったな」っていう思いの方が、ずっと今まで多かったのでね。そんなつもりで、別に大変とかそういうようなことも思わず担任して。

（二〇一七年一一月一七日。以下同）

西田教諭は、小学校に入学したばかりの羽菜ちゃんをめぐる、いくつものほほえましいエピソードをよく覚えている。なかでも印象深い出来事を、西田教諭はつぎのように語ってくれた。

　まだみんなが友だちの名前も覚えきってないし、いくら名簿順で並んでいるといっても机の場所とかわからないときに、私が羽菜ちゃんと放課後二人きりになったことがあったんですよね。〔略〕それで二人で〔ガイドヘルパーの迎えを〕待ってるときに、「羽菜ちゃん、これちょっとお手紙配って」ってお願いしたの。ノートかプリントだったのかな？　私が「はい、これ誰だれさん」って渡したら、羽菜ちゃんが持っていって、パッと〔その子の机に〕置いてくれはるねんね。友だちの名前も机の場所もちゃんとわかってはるので、もうびっくりして。〔略〕たぶん新しい環境で緊張してはったんやと思うけど、あんまり言葉は、そんなに話はしはる方じゃなくて。〔略〕でも、お友だちの名前をしっかり覚えてはって、私はもうあのときびっくりもしたし、すごく嬉しかったのを覚えてるんですけれどもね。

西田教諭の言うように、羽菜ちゃんは入学して早々にクラス全員の名前を覚え、家でも一人一人の名前を呼んで出席をとる「朝の会」ごっこをして遊んでいたという。六月頃になると、遼子さんの心配をよそに、羽菜ちゃんは同じクラスの友だちと一緒に学校の中を探検したり、校庭にあるウサギ小屋を見に行ったりと、少しずつ行動の幅を広げていたようだ。言葉でのコミュニケーションがあまり得意ではなかったにせよ、羽菜ちゃんは誰に対しても自分から心をひらいて近づいていき、相手の気持ちを和ませるような子どもだった。
　羽菜ちゃんと同じクラスだった女の子、咲希ちゃんの母である前野朋子さんは、子どもたちへの本の読み聞かせや図書室の整理などを担当する図書ボランティアとして活動する中で、羽菜ちゃんと仲良くなったという。小学校や下校途中での羽菜ちゃんの様子について、前野さんは自分が目にしたさまざまなエピソードを語ってくれた。このとき前野さんは、羽菜ちゃんがまるでまだ両親の元にいるかのように、羽菜ちゃんとのやりとりを現在形で語りだしている。

　羽菜ちゃん、よく手を握ってくれるんよ。「あなただあれ？」って言って、「おなまえは？」って聞いてくれる。〔略〕学校で会ったときに、私もよく〔娘と〕同じクラスの子に話しかけてたから。「羽菜ちゃん」って言ったら、パッてこう手を握ってくれて。「あなただあれ？おなまえは？」って。「咲希ちゃんのお母さんだよー」って言って。で、何回かそんなやりとりがあって、しばらくして図書室で会ったときに、「あ、さきちゃんのお母さん」って言ってくれて。〔略〕すごい覚えてるのが、羽菜ちゃんが学童〔保育所〕に行くとき、大体みんな連なって行ってたんやけど、みんな羽菜ちゃんの両手を持ちたくて。そのときに沙良ちゃんとか真由ちゃんが、自分らは学童〔保育〕じゃないのに、羽菜ちゃんの両手をもうつなぎたくて。で、みんなで連なって、関係ない子も学童さんで。なんかワイワイワーイみたいな感じで行ってたの、けっこう何回か見てて、おもろいなあと思って。不思議な子やなあって。
（二〇一七年一二月一九日）

短い一学期の間に、羽菜ちゃんは持ち前の人懐っこさと愛らしい笑顔で、小学校でも少しずつ自分の居場所をつくりだしつつあったようだ。ただ、そうはいっても、もちろん保育園と小学校とではかなり勝手が違っていた。五月に開催された小学校の運動会で両親が撮影したビデオには、たくさんの子どもたちの喧騒と砂埃の中で、大きな赤白帽をかぶった羽菜ちゃんが、少しとまどった様子で体を動かしたり、立ち止まったり、しゃがみこんだりしている様子が映っている。そこには、保育園で羽菜ちゃんが存分に発揮していたような、安心感に裏打ちされた闊達さや、自由奔放さはみられない。この点について西田教諭は、後になって保育園時代の羽菜ちゃんの映像を見たときの驚きをつぎのように語っている。

〔保育園のビデオでは〕すごく動きが機敏っていうか。ああいう感じをあんまり見なかった、まだ学校では。まあ、まだ緊張してはったっていうか、不安やったんでしょうね。だから保育園での、ビャーッと走ってお母さんに抱きつきに行かはったりとか、ああいうのを〔映像で〕見たとき、「えー、全然違う」と思って。〔略〕だからまだこう、ワーッと出せなかったんでしょうね、きっとね。

（二〇一七年一一月一七日）

四〇〇名近い児童がいる叡成小学校と、六〇名が定員の桜野保育園では、そもそも集団の規模がまるで異なっている。それだけでなく、桜野保育園のように子どもたちが主体となって遊びを開拓し、大人たちは目配りしつつもそれを邪魔しないように見守るといったやり方は、小学校には望むべくもない。生活の場である保育園とは違って、主に学習の場である小学校では、教員による裁量の余地が多少はあったとしても、基本的には決められたスケジュールに従って授業をこなし、学習指導要領に基づいて子どもたちを一律に指導することが主軸になってくる。

遼子さんいわく、「野生児のかたまり」のような子どもたち同士、それに子どもと大人が個人と個人として深くかかわりあっていた保育園と、規模の大きさと教員の多忙さゆえに、集団の中に個人が紛れてしまいがちな小学校。そのギャップに慣れないままに、浅田さん親子にとって初めての一学期が終わった。

そして、初めての夏休みが始まって間もなく、学校で開かれていたプール学習中に、あの事故は起きた。

二章　夏休みのプール学習中に起きた事故

二〇一二年七月三〇日。その日、叡成小学校では午前中に高学年児童のプール学習が行われており、午後一時から二時の間に低学年児童のプール学習が予定されていた。夏休みの間は朝から学童保育所に通っていた羽菜ちゃんは、お弁当を食べた後、他の子どもたちと一緒に学童保育所の先生の引率で小学校に向かった。参加児童たちは更衣室で水着に着替え、その日の午後のプール当番であった三人の教員の指導の下で、水に潜る練習や鬼ごっこなどの活動を行った。事故は、終了予定時刻の迫る一時四五分から五〇分頃、自由遊泳の時間に起きた。以下では、事故の一報を聞いてから学校説明会に至るまでの出来事を、羽菜ちゃんの母である遼子さんの視点からたどっていきたい。

事故の一報

その日、遼子さんは非常勤の仕事のために、京都府の南西部にある長岡京市に出向いていた。午後の仕事の合間にふと携帯電話を見ると、たくさんの着信履歴が残っている。発信元は小学校と、遼子さんの母と弟だった。何かあったに違いないと悟った遼子さんは慌てて電話をかけなおし、羽菜ちゃんがプール学習中に溺れて病院に運ばれたことを知る。電話を切るや否や、遼子さんは勤務先から駅までの道のりを必死に走り、京都市内に向かう電車に飛び乗った。

足踏みしたいような気持ちで電車に乗っている間中、遼子さんの頭をかけめぐっていたのは、「こんなことが本当に起こるわけがない、まさかそんなことが」という思いだった。同じ頃、東京で仕事中に学校からの連絡を受けた壮介さんも新幹線に飛び乗り、一路京都に向かっていた。

羽菜ちゃんが搬送された病院に遼子さんが駆けつけると、そこには硬い表情の廣崎校長が待っていた。廊下に置かれたベンチには担任の西田教諭が頭を抱えて座っており、遼子さんは事態の深刻さを思い知った。看護師の話では、なんとか心拍は戻ったが、意識は戻っておらず、呼吸も戻っていない。すぐにCT(コンピュータ断層撮影)を撮るので今は会えないという。その場には校長と西田教諭、教務主任のほかに、養護教諭である中脇順子教諭、それにプール当番として事故の現場にいたという吉村由佳教諭の姿があった。すぐに遼子さんに気づいた西田教諭が近づいてきて、「お母さん、もう……」と言葉を詰まらせながら彼女の手を取ったが、遼子さんはそれに応えるどころではなかった(以下、二〇一五年一月一七日。遼子さんとのインタビュー)。

私はそのときね、帽子がなかったのに、朝、帽子がなかったのにってそればっかり思ってたんやんか。たぶん、それを口にしたと思うんやけど。朝、帽子がなくて、一瞬休ませようかなと思ったんよ。でも、帽子がないぐらいで休むのはかわいそうやなと思って、メモを書いて。「帽子がないけれども、もしそれでも参加できるようやったらさせてほしい」みたいなことを書いてしまって。それがすごく、自分の中ではこう、「帽子がなかったのになんで〔プールに〕やってしまったんやろう」っていうようなことばっかり思ってて……。

混乱と狼狽の中にある遼子さんを気遣う西田教諭が、ともかくも腰を下ろすように遼子さんに促したとき、中脇教諭が二人の前に現れた。いたわりの言葉をかけるかと思いきや、中脇教諭は電話番号の書かれた書類を示しながら開口一番、「これ、電話したけど〔番号が〕違ってますよね？」と厳しい口調で問いただした。

すごい強い口調やったから、けっこうびっくりして。私、非常勤で毎日違うとこに行くから〔電話番号を〕全部は書いてなかったんよね。それで、謝ったと思う、とっさにね。〔略〕「ちゃんと書き直しといてくださいね」って言わはったんやんか。私、そんな事態じゃないんじゃないかって、すごい不釣り合いな話やと思ったんやけど、なんかとっさに何も言えなくて、「はい」って言って……。

娘が救急搬送された病院に駆けつけた母親に、まず電話番号の間違いを問いただす。当の教員は、間違いを正しておかなくてはという義務感に駆られていたのかもしれないし、すぐに保護者に連絡できなかったことの責任が自分にはないことをはっきりさせたかったのかもしれない。そのときは深く考える余裕もなかったが、のちに遼子さんは、事故をめぐる学校の対応と遺族の思いとの乖離をあらわす象徴的な出来事として、このささいな出来事を苦さとともに思い出すことになる。

そうしてるうちに一回会えるっていうことになって、私は処置室に入ったんやけど……。もうやっぱり、全然様子が違ってたしね。口に看護師さんが、上から吸入用の管みたいなのをね、手で持って支えてて。移動ベッドやったから。ああ、でもほんとに……涙しか出えへんかったけど、そのときは。ほんで、今からＩＣＵ〔集中治療室〕に移るというところで、「いったん出てください」って言われて。一緒にＩＣＵの待合室に行ってもらうからって言われて……。

それから遼子さんは、ＩＣＵの待合室で三時間以上もの間、ひたすら待ちつづけた。やがて夕方になって壮介さんが東京から、遼子さんの母が四国から到着し、三人で医師の説明を受けることになった。

レントゲンとかを映せるような部屋に入って。結構たくさん、医者が何人も並んで説明したね。ＣＴの画像とかも映して。〔画像は〕真っ黒というか真っ白というか。私もこれは……と思ったんやけど。うん、やっぱり絶望的やと。あとは奇跡を待つしかないっていうような話を聞いて……。

三〇日から翌三一日の午後にかけて、遼子さんと壮介さんは食事も睡眠もとらず、ずっと病院に詰めていた。その頃には羽菜ちゃんのイトコたちを含む夫妻の親族も病院に駆けつけており、小学校からは校長と教務主任、西田教諭が病院にとどまっていた。羽菜ちゃんはＩＣＵで処置を受けており、遼子さんと壮介さんは医師の許可を得て、断続的に羽菜ちゃんのそばに付き添っていたという。

たぶん羽菜の場合は例外的に、私たちがずっと出たり入ったりするのも許してもらったんやと思う。イトコたちが〔ＩＣＵに〕入ったりとかもしたんやね。あんまりないことやと思うんやけど。

それこそまあ、もうあかんと思ってはったんやろなぁ、医者は。
羽菜のそばにずっといてね。私と壮介さんはずっと手握ったり、頭触ったり、羽菜に話しかけたり……。歌を歌ったりとか。〔略〕ずっと声かけてね、帰ろうねって言ったり、羽菜が好きなものをいろいろ、また唐揚げ食べようねみたいなことを言ったり、ずっと話しかけて……。どこかしら触ってた、ずっとね。で、何の数値かははっきりわからへんかってんけど、血液の酸素濃度かな？　その数値が上がったり下がったりするんやけど……。話しかけたり歌ったりしてるとそれがどんどん上がっていったのよ。ああ、もしかしたらこれ大丈夫なんやないやろか、助かるんかもしれんとか思ったりとか。そればっかりちらちら見ながらいろいろしてたんやけど……。

そんな緊迫した状況の中で一度だけ、両親は病院で待機していた教諭たちにもＩＣＵの中に入ってもらうことにした。そのときの遼子さんには、先生たちからも羽菜ちゃんに声をかけてほしいという気持ちと、羽菜ちゃんがどんな状況に陥っているのかをその目で見てほしいという思いの両方があった。そのときの、涙にくれる西田教諭の様子とは対照的な、能面のような廣崎校長の様子を、遼子さんはつぎのように回想している。

ほんまに私はあの時、自分も普通ではなかったと思うけど。なんかどうも校長の様子は異様やったなぁって何回も思うんやけど……。西田先生はほんとに普通に、普通にっていうことはないけどな、「羽菜ちゃん、羽菜ちゃん」って泣きながら話しかけてはって。「朝の会、始まるよ」って、「前に立ってお話ししてね」とか、いろいろ言ってくれてさ。でも、校長はほんとにずっと機械的というか……人形みたいに、「羽菜さん、羽菜さん」って言ってるだけで。〔略〕まあ、なんかちょっと異様な感じやったねぇ、ほんまに。機械みたいやったわ。

このときの校長の硬直したような態度もまた、思い返してみれば、その後の事故をめぐる学校管理職の対応と、両親の思いとの根本的なずれを示唆するものであった。

そうして、遼子さんと壮介さんが極度の緊張と心労の中、羽菜ちゃんに付き添いつづけて二四時間が経とうとする三一日の午後のことだった。

何回目かのその日の処置の時に、弟が近所にホテルを取ってくれてて、ちょっと休んできたらどうかということで、私と夫は、ほんならちょっとシャワーだけでも浴びてこようって。まだそのとき、ちょっと安定してるみたいな話やったから。「すぐ帰ってくるわ」って。で、〔ホテルで〕着替えたりとかしてたら妹から電話があって、すぐ来てっていう話やって。で、走っていったんやけどね。必死で。そのままＩＣＵに入って、五時過ぎに、五時一八分にね、亡くなってんけど……。

そうやなぁ……。ほんで、家族はもちろんこう、なんて言うか……しばらくもう、どうしたらいいのかみたいな感じになってたけど、事務的にはやっぱり事は運んでいくのやなぁと思ったんやけどね。私も夫もその場にいられへんかって、ちょっと、病棟の端っこに行ってもう、しばらく戻れへんかったけど……。うん。まあ、霊安室に、とにかく運ぶと。

ややあって、茫然としている遼子さんと壮介さんの前に、小学校の最寄りの警察署から派遣された一人の刑事が現れた。この刑事は二人に、羽菜ちゃんの死因を調べるために司法解剖をした方がよいということ、また場合によっては刑事事件になる可能性があるため、遺族の意向にかかわらず司法解剖をすることになるだろうと伝え、「後で警察署に来てほしい」と言い残して去っていった。

その後、両親は医師から、羽菜ちゃんの直接の死因は低酸素脳症であったこと、脳の機能が低下したために臓器不全となり、残念ながら心臓が持ちこたえられずに終わったという主旨の説明を受けた。

「何もつながらない世界」

病院を出て、壮介さんと二人で川沿いにある警察署に向かった後の遼子さんの記憶はぼんやりとしている。そのときの遼子さんは、どこからが現実でどこからが夢なのかわからないような、茫漠とした夢の中にところどころ、やけにはっきりとした光景が差し挟まれているような、奇妙な感覚の中を漂っていた。

それで、警察署に行って、そこでなんか概要を説明されたような気もするんやけど……。まあ、その日のことはあんまり覚えてないわ。とにかく引き取りというか、解剖の段取りを言われたんやなぁ。なんか京大病院か京都府立医大か、どっちか都合が合うところに頼むことになると思うみたいなこととか。引き取りは明日になると思うのでまた連絡をするっていうようなこととか……。それで、そうやなぁ、捜査についてとか、今後のことみたいなことは、あんまり詳しくは聞いてない。まあ、一応現場検証には行ったんやみたいな話もしてたような気もする。

それで警察署を出て、すぐそこの橋のとこからこう、川の対岸を見た時の感じとかなぁ……。なんかもう、なんとも言えへんなぁ。なんかすごい覚えてるけどね、あの時の気持ちとか。そこから、夫と二人で歩いて帰ったんやけど。その日の前まで、羽菜が遊んでたものとか、もう全部そのままやからさぁ……。そこに帰れるかなぁ、私らって言いながら歩いてて。しょうがないななんて言いながら歩いたかなぁ。〔略〕

なんて言うか……。まあ、あれやね、ほんまになんかそのときから、なんて言うんやろ、まったく違う世界になってるよね。まあ、今もそうなんやけど、ほんとに世界が変わってしまって。何もほかのことはこう、変わってないはずなんやけどなぁ。なんにも、こう、つながらない世界になったっていう感じがするけど。うん。

翌日の午後には警察署から連絡があり、二人は羽菜ちゃんの亡骸を引き取って自宅に戻った。そのときから葬儀までの数日間のことを、遼子さんはつぎのように綴っている。

無残な縫い目のある遺体を引き取って家に帰ったのは次の日です。エレベーターのない自宅マンションの階段を、眠った羽菜を抱いて上ったことが幾度となくあります。眠った子どもはとても重い、でもその重みは大きな幸せです。冷たくなったあの子を抱いて階段を上る日が来るなどとは、考えもしませんでした。

出棺の日まで、私たちは昼も夜もずっと羽菜と一緒に過ごしました。動かない身体を湯灌し、ドライアイスで冷たくなった手や頰に触れながらも、これは現実ではないと思っていました。生き生きと駆け回り、ころころと笑っていた羽菜がこんな姿になるわけがない、あのきらきらした魂がこのまま消えてしまうわけがない。〔略〕

葬儀会場には、写真を何百枚も飾りました。私たちの羽菜がどんなに愛らしい子だったか、どれだけ大事な子だったかを知って欲しかったからです。羽菜のことをそれほど知らない小学校の子どもたちにも、羽菜の姿を覚えていてもらいたいとも思いました。

（田原圭子編『問わずにはいられない――学校事故・事件の現場から』）

そうやって葬儀や埋葬の手続きに忙殺され、弔問にやってくる人たちに応えながらも、遼子さんにはそうしたすべてのことが本当に起こったことではない、非現実的な出来事のように思われた。そのときの心情を、遼子さんはつぎのように回想している。

やっぱり……ほんま、なんかピンときてへんかったというか、羽菜が私のそばを離れるわけがないって思ってたんやんな。なんでって理屈ではあんまりわからへんけど。そういうのもあったし、なんか他人事《ひとごと》のような気もしたし。なんか、こんなことしてるけど、羽菜は家で待ってるんちがうやろかみたいな感じもあったし。全然、やっぱり実感として……。なんて言うんやろ、すごくそのとき、辛かったのは辛かったんやけど、どこかでなんか、ほんまにいなくなるとは思ってなかったんかもしれんなぁって思うけどね。

（二〇一五年一月一七日）

「なんにもつながらない世界」。遼子さんがそう表現したように、ぽっかりと開いた暗い穴に放り込まれ、色も音もない真空の世界でもがいているような尋常ならざる状況にありながら、遼子さんと壮介さんは、止まることなく進行していく事故後の現実に対応していかなくてはならなかった。その最初の試練のひとつは、事故についての学校説明会だった。

学校から両親への説明——連携のとれた救護?

八月一七日。遼子さんと壮介さんは、小学校に続く道を重い足取りでたどっていた。羽菜ちゃんが亡くなった後、校長からは「学校として説明させてほしい」との連絡が入っていた。二人としては、すぐに校長と顔をあわせる気にはなれなかったが、全校の保護者に向けた説明会の前に、まずは両親に説明したいという校長の弁に、なかば急かされるようにして面談を承諾した。校長は当初、自分が浅田さん宅に出向いて口頭で説明すると申し出ていたが、夫妻はそれを断り、事故当日に何が起きたのかを書面に基づいて説明してほしいと伝えた。また、説明にあたっては、事故当日に現場にいた三人の教員からも話を聞きたいという意向を伝えていた。

二人が学校に着くと、そこには廣崎校長と田村則雄教頭、そして教務主任の三人が待っていた。校長は準備していた書面に基づいて、事故当日の状況とその時点でわかった限りでの羽菜ちゃんや教員たちの行動について、口早に説明した。校長によれば、プール学習の開始から羽菜ちゃんの発見に至るまでの経緯と救護の状況は、主に以下のようなものであった。

事故当日のプールの概況

七月三〇日は月曜日で、午前中に高学年、午後に低学年を対象としてプール学習が行われた。午後のプール当番は、岩田亮治教諭、吉村由佳教諭、平井三栄子教諭の三名。参加していた児童は、一年生から三年生の六九名であった。

プールは東西の長さが二五メートルあり、北側1コースから南側6コースまで、一二メートルの幅がある(図1)[5]。プールの底は平坦ではなくやや傾斜しており、東側にむかって徐々に深くなっている構造だった[6]。校長によれば、低学年のプール授業は通常、もっとも浅い場所の水深が約六〇センチ、もっとも深い場所で九〇センチほどの水量で実施されていたという。ところが事故当日は、もっとも深い場所の水深は約一一〇センチであり、もっとも浅い場所でも約七八センチの深さがあった。羽菜ちゃんが発見された場所は約一〇〇センチの深さであり、その当時の羽菜ちゃんの身長(一一三・五センチ)からすれば、あごから上が出るか出ないかという深さであったと思われる。つまり、この日は通常よりも約二〇センチも水深が深かったことになるが、その理由としては、ちょうどその日(三〇日)に全市の小学生の水泳記録会が予定されており、それに参加する六年生が飛び込みの練習をするために、前の週の金曜日(二七日)に水位を上げていたのだという。この注水について、月曜日のプール当番であった教員たちは何も知らされていなかった。

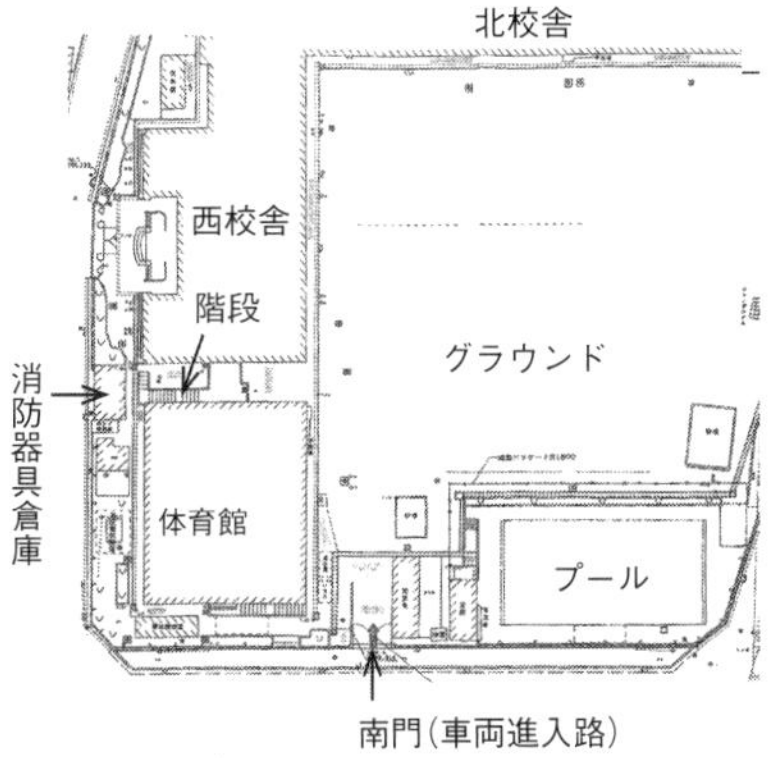

図１　小学校の平面図

当時、叡成小学校のプール学習指導については、校内の水泳学習指導実施要領に基づいて配置すべき教員の数は決められていたものの、プール内での活動の内容や監視体制のあり方、水位などについての取り決めは特になく、それぞれの教員の判断に任されていたという。また、プール内での指導については、保護者から配慮してほしいと申し出のあった児童を「要配慮児童」とし、その中でさらに、てんかんの持病があるといった身体的な特性をもつ児童は「要注意児童」とされていた。要注意児童については、保護者や本人の了承が得られれば、プール内でも目立つように黄色の水泳帽をかぶることになっていたが、その年は保護者や本人の意向によって、「要注意児童」に該当する子どもも他の児童と同じ水泳帽をかぶっていたという。

このように「要配慮児童」や「要注意児童」というカテゴリーが設けられていたものの、実際には、自由遊泳などで子どもが活発に動きまわっている中では、誰がそうしたカテゴリーに該当する子どもなのか、誰がどこにいるのかすらも、すぐには見分けられない状況にあった。

たとえば事故当日にプール当番であった平井三栄子教諭は、羽菜ちゃんが発見される直前、たまたまプール学習の様子を見に来た一年生の担任の坂本絵美教諭に「羽菜ちゃんどこやろね」と聞かれ、羽菜ちゃんを目で探していたにもかかわらず、見つけることができなかったという。この点について、八月一七日の面談で壮介さんから質問を受けた平井教諭は、つぎのように答えている。

壮介　先生方は、探していただいても探しきれないという感覚なんですか？〔人数が〕多いと。

平井　そうですねえ、人数が多すぎてというよりも、なかなか一人一人の顔っていうのはわかりにくい。

壮介　たとえば、その子がどこにいるとか、それが水の中で管理するときに必要かなって思うんですけど。僕たちの感覚では、水の中でもある程度、どこにいるのかすぐに確認できるのかなって思うんですけど。

平井　子どもたちも同じ色の水着を着てたりとか、キャップをかぶっていたりしますので。〔略〕そうですね……まあ極端に言うてしまえば、後ろ向いてたらわからない。

このように夏休み中のプール学習では、「要配慮児童」や「要注意児童」とされる子どもがいるかどうかにかかわらず、全体として教員の目が行き届いていない状況にあった。また、羽菜ちゃんはある程度水に慣れており、一学期中の水泳の授業も問題なくこなしていたために、教員たちからは特に注意が必要な児童とはみなされていなかった。後でみるように、この「要配慮／要注意児童」というカテゴリーは、浅田さん夫妻が同席した保護者への説明会において微妙な問題を引き起こすことになる。

さて、校長の説明によれば事故当日のプール学習は、午後一時の開始から一時四〇分の休憩まで、水中でのウォーミングアップ、二人一組での「潜りっこ」、歩いたり泳いだりしながらプール全体を皆でぐるぐる回る「せんたくき」、プール全体を使った「鬼ごっこ」の順に進んでいった。プール学習の開始後まもなく、当番であった三人の教員のうち、少なくとも吉村教諭と岩田教諭は、水深がいつもよりも深いことに気づいていた。そのときの教員たちの行動と判断について、校長は浅田さん夫妻に対してつぎのように説明している。

一年生が順番にプールに入り始めた頃、三人くらいの一年生児童が、1コースの北側の縁沿いにとどまっていたそうです。吉村教諭は、それを見て、前の週の活動のときよりも水位が高いのかもしれないと思い、プールの中にいる岩田教諭に「水位はどうですか？」と聞きました。吉村教諭が問いかけをしたとき、岩田教諭はその声かけはあまり聞いていなかった。〔略〕岩田教諭はみずからの判断で、とどまっている子どもたちのところへ行って、自分の肩や手につかまらせ、プールの中を歩いていきました。このときに岩田教諭は、児童らのあごが水面から上に出る位置を確認したところ、プールの西側から一五メートルのあたりであったため、いつもより少し深いと感じたそうです。そのため岩田教諭は、これらの一年生児童に一五メートルラインから向こうへは行かないようにという指示をしました。

吉村教諭は、岩田教諭の動きを見て、岩田教諭が「深いかな」というよりは「どうもないんとちがうかな」という反応をしたように受けとって、それ以上深さについて岩田教諭とやりとりをしなかった。ただし、吉村教諭はプール南西のはしごのあたりの水位を確認して、はしごと水位の関係から、およその水位がいつもと違うなと思った。見たところ、前の週の活動のときより、五センチから一〇センチ高いと感じたので、プールサイドで一年生に対応していた平井教諭に、プールの中で補助をするようにお願いしました。ただ、一年生の多くの児童は、二年生とか三年生と同じように問題なくメニューをこなしていたので、全体に向かって、低学年の児童の活動範囲を、こちら側とかいうような制限をするというような対応はしなかった。

（二〇一二年八月一七日）

この説明から、プールにいた教員たちは水深がいつもより深いことを認識していながら、教員間できちんと情報を共有せず、児童全員に対して注意喚起もしなかったことがみてとれる。岩田教諭は、自分の周りにいた数名の児童に「一五メートルラインより向こうへ行かないように」と指示していたが、彼の近くにおらず、声の届かなかったほとんどの児童はそうした指示を受けていなかった。さらにその後、何の注意もないまま、プール全体を使った「せんたくき」や「鬼ごっこ」、そして自由遊泳が行われたのである。

休憩時間までの羽菜ちゃんの行動

つづいて、その日のプール学習に際して、羽菜ちゃんが更衣室で着替えてから休憩に入るまでどのように行動したのかを、八月一七日に行われた校長による説明と三教員との面談の内容に加えて、のちに遼子さんと友人たちが行った教員への聴き取りに基づいていてみていきたい。

プールに入る前、羽菜ちゃんは、その日学校に来ていた教員の一人である柳瀬美加子教諭に手伝ってもらいながら水着に着替えた。柳瀬教諭は、遼子さんの質問に答えて、そのときの様子をつぎのように語っている。

よく一緒に遊んでたんで、すごく羽菜ちゃんなついてくれてて。その日は育成学級の子の着替えを手伝ってたんですけど、羽菜ちゃんもいたんで、一緒に着替えようねって言って、着替えてたんです。着替えるのも、〔水着を〕上げたりするのがちょっと大変やったんで、引っ張りあげたりとか。〔略〕

着替えてるときも、「先生、いっしょに入ろうよ。入ろうよ」って言ってくれて。いつも、よく遊んでたんでね。すごく、今もそれは耳についてるんで。「今日、ちょっと当番じゃないから。

明日入るね。約束ね。明日、一緒に遊ぼね」って引っ張られる思いで、〔プールに〕出したんです。

（二〇一五年一〇月四日）

休憩前の活動の間、羽菜ちゃんは育成学級の二年生の女の子、凛花ちゃんとペアになって活動していた。プールの壁沿いを全員でまわる「せんたくき」でも、羽菜ちゃんは凛花ちゃんと一緒に、楽しそうにジャンプしながら流れにのって動いていたという。プール当番だった吉村教諭は、水の中での羽菜ちゃんの様子をつぎのように振り返っている。

私は三年生の担任なので、夏休みのプールのときまでは、羽菜ちゃんと一緒に触れ合う時間はあまり長くはなくて。で、当日、〔略〕羽菜ちゃんがこう、帽子をかぶらせてもらってはるとか、あぁ、鼻水が出てるなぁとか、そういうのは見ていて。その日は私が最初、〔子どもたちの〕前でしゃべることになっていたので、直接触れ合うことは最初なかったんですけど。ちょっと見ていて、〔担任の〕西田先生が「水好きや」って言っておられたとおり、〔プールの〕中に入ってるとこはすごく嬉しそうに……ほんとにこうね、イルカみたいっていったら失礼かもしれないですけど、潜ったり出たりして、やってはる様子を……。

（二〇一二年八月一七日）

羽菜ちゃんは保育園の頃から水遊びが好きだったが、吉村教諭の語りにあるように、小学校のプールでも水を怖がることなく潜ったりジャンプしたりしながら移動することができた。羽菜ちゃんはその日、プール学習に参加していた児童たちの多くと同じく、いつもより水位が高いと気づくこともなく、深い場所もジャンプしたり、流れにのって体を浮かせたりしながら移動していたと思われる。教員たちも、楽しそうに活動をこなしている羽菜ちゃんを目にしつつ、特に注意を払うこともなかった。
以上のことは、自由遊泳中の羽菜ちゃんの行動を推測する上でも重要になってくる。

自由遊泳の開始と事故の発生

一時四〇分からの五分間の休憩の間に、自由遊泳に備えて三人の教員が一六枚の大型フロートをプールの中に投げ入れた。これらの大型フロートはどれも数人の子どもを乗せられるほどの大きさであり、なかでも縦約二メートル、横約一メートルという特に大きなフロートが四枚使われていた。
自由遊泳の開始後、プールサイドから子どもたちに指示を与えていた吉村教諭は、南側中央にあるベンチの方へ歩いていったところで、水の中にいた羽菜ちゃんから「あそぼ」と声をかけられたという。

羽菜ちゃんが……私の記憶ではですけど、なんかぷかぷか浮きながら、私がベンチの前に歩いていったときに、なんかこうくるくるって来はって……。（二〇一二年八月一七日。以下同）

そこで吉村教諭は上着を脱いでプールに入り、羽菜ちゃんを抱き上げては水の中にぽちゃんと入れるという遊びを何度か繰り返した。

私、羽菜ちゃんが水好きやっていうのを〔担任の西田先生が〕すごい言うてはったのを覚えていたので。でも、他の子やったらなんか、ぽちょーんと投げてあげたりするんですけど、ま、一年生やし……。〔略〕ちょっと高いとこからぽちょんとつけてあげたり。羽菜ちゃんは、ずっと持ったまま、こうやって持ち上げて、ぽちょんとつけてあげたりしたら、すごい喜んではって……。

そうしているうちに、周りにいた他の子どもたちも同じようにしてほしいとせがんだため、吉村教諭は何人かの児童を同じように持ち上げたり水につけたりして遊んだ。このときすでに、吉村教諭は羽菜ちゃんから目を離していた。そのうち、吉村教諭が担任をしていた三年生の子どもたちが寄ってきて、「先生、鬼ごっこしよう」と誘ったため、吉村教諭はその誘いにのって、子どもたちと鬼ごっこを始めた。

そして、追いかけたり追いかけられたりしながらプールの中を北に向かって進んでいったとき、吉村教諭は水中にうつぶせに浮かんでいる羽菜ちゃんの姿を発見した。そのときのことを、教諭はプールの図を用いて自分の動きを指し示しながら、つぎのように語っている。

三年生の子が、〔略〕「ちょっと鬼ごっこ寄って〔参加して〕くれへん」「オニになってほしい」って言いにきた子がいたので、「ちょっと鬼ごっこやるわな」っていう感じで。あんまり端まではいかなかったんですけど、三年生やしすぐにタッチできるし、私もすぐタッチされるっていう感じで、往復か……そのうち一回か二回か……行って、で、こう〔北端に向かって〕逃げたんです、たまたま。ほんなら、もう羽菜ちゃんが、ここに浮いて……。

そのとき、プールの中では大勢の子どもたちが大型フロートに乗ったり、泳いだり、追いかけっこをしたりしながら縦横に動きまわっていた。しかし、吉村教諭が羽菜ちゃんを見つけた時、他の誰一人として事態に気づいている様子はなかったという。二〇一五年に遼子さんと私が行ったインタビューで、吉村教諭はそのときの「違和感」をつぎのように語っている。

そのときにぱっと、本当に、状況がよくわからないというか。誰もこう、みんな気がついてないんですよね、本当に。わあっと遊んでて……それですごく、あれ、でも気がついてるのが自分だけだっていう……誰も動いてないなと思って。水の中で顔を抱き上げてみたら、意識がない状態だったので、すぐにこう引き上げたんですけど、その時に本当に周りの子は全然気がついてなかったです。ちらっとも見なくって、もう夢中で遊んでる感じで……。

（二〇一五年八月二五日。以下同）

鬼ごっこしてて、本当に私、まっすぐ羽菜ちゃんに向かって走ってたって言えるぐらい、バーッと。本当に目の前に羽菜ちゃんが見えて。誰にも言われてないです。ただ鬼ごっこでバーッと逃げてたら、あの、見つけて、もう誰も気づいてなかったです。〔略〕本当に、周りの子が。それがすごく違和感で、覚えてるんですね。なんか、あれ、今見てるの自分だけだなと思って。あれ、でもおかしいよなと思って抱き上げてみて……。

吉村教諭が羽菜ちゃんをプールサイドに引き上げた時、岩田教諭はプールの中央付近を、育成学級の子どもを乗せた大型フロートを押しながら移動していた。もう一人のプール当番である平井教諭はプールサイド西側におり、プールの溝に溜まったゴミをホースの水で流していた。吉村教諭は羽菜ちゃんの胸を片手でマッサージしながら、大声で岩田教諭を呼んだ。しかし、子どもたちの歓声に紛れて声はなかなか届かない。そのとき、プールの金網の外にいた坂本教諭がその声に気づき、異変があったことを察して「岩田先生！」と一緒に何度か叫んだ後、職員室のある西校舎の方に走り出した。プールの中にいた岩田教諭が声に気づいてこちらに向かってくるとわかると、吉村教諭も救急車を呼ぶために西校舎に向かって駆け出した。

バーッと走り出したら、職員室のある校舎と体育館の間に階段があって、そこを坂本先生と教頭先生が上に行くのが見えたので、これは電話じゃなくってAEDを取りに行かれたんだと思って、もうそのまま職員室に行って、私がぱっと入って、あの、坂本先生に何か聞きましたかって聞いたら、誰も聞いてないって、誰もそのときには知らない状態だったので、あの羽菜ちゃんが溺れたって言って、すぐに〔消防署に〕電話をしたんです。

消防署の通報記録によれば、このとき時刻は一時五二分であった。

救護の状況についての学校説明

その後、救急車が一時五八分に到着するまでの救護の状況を、二〇一二年八月一七日の校長の説明に従って再構成すると、つぎのようになる。

その日、学校の職員室には田村教頭と羽菜ちゃんの担任である西田教諭のほかに、坂本絵美教諭、柳瀬美加子教諭、室田芳江教諭、それに養護教諭である中脇順子教諭がいた。先にみたように事故が発生した時、プールサイドで様子を見ていた坂本教諭は異変を察して校舎に駆け戻り、教頭と一緒に体育館横の消防器具倉庫へとＡＥＤを取りに走った。吉村教諭から事故の一報を受けた教員たちはプールに駆けつけ、その間に吉村教諭は救急車が入れるように、学校南側の門を開けた。

一方、吉村教諭に呼ばれてプール内の異変に気づいた岩田教諭は、すぐに羽菜ちゃんに心臓マッサージ(胸骨圧迫)と人工呼吸を施したという。すると一瞬、羽菜ちゃんの体がのけぞって、鼻と口から大量の米粒などが出てきた。岩田教諭は口の中に詰まった吐瀉物を指で掻き出しながら人工呼吸と心臓マッサージを試みていたが、そのとき「心臓が動いた」という誰かの声が聞こえたため、心臓マッサージを中断し、吐瀉物を掻き出しながら人工呼吸を行おうとした。平井教諭が救急箱からマウスピースを取ってくると、岩田教諭はそれを用いて人工呼吸を試みた。

養護教諭である中脇教諭は、救急搬送に必要な書類を用意した後にプールに走った。彼女が到着したときには岩田教諭がマウスピースで人工呼吸を行っており、先に駆けつけていた柳瀬教諭が羽菜ちゃんの口から吐瀉物を掻き出し、西田教諭は羽菜ちゃんの背中をさすって名前を呼んでいた。中脇教諭の目には、そのときの羽菜ちゃんは顔色が悪く、意識もなく、呼吸もしていないようにみえた。中脇教諭は心臓マッサージを行った後、地面が濡れているとＡＥＤが使えないと判断し、出口に近いプールサイド北西側に羽菜ちゃんを移すよう指示した。そして羽菜ちゃんの胸にＡＥＤのパッドを装着したが、機械の解析結果は「電気ショックは必要ありません」とのことだった。中脇教諭が心臓マッサージを再開し、再度ＡＥＤの作動を試みようとしたときに最寄りの警察署から警察官が到着。そのとき校舎の時計は一時五七分を指していた。その約一分後に救急車が到着し、救急隊員が警察官と処置を交代した。

以上のような校長の説明からは、不測の事態にもかかわらず、教員たちが連携してよどみなく救護活動を行ったかのようにみえる。しかし、九章でみるように、遼子さんと友人たちが独自に行った教員たちへの聴き取りからは、想定外の事態に混乱し、右往左往する教員の姿や、救護に関する証言の食い違いが浮かび上がってくる。

ただし、校長から最初に説明を受けた時点で、すでに浅田さん夫妻はその内容にいくつもの疑問を感じていた。吉村教諭が羽菜ちゃんとかかわったのちに目を離してから、つぎに発見するまでの数分間に何があったのか。羽菜ちゃんは一人で行動したのか、なぜプールの北側まで行こうと思ったのか。その途中で大型フロートにぶつかったり、その下に入り込んでしまった可能性があるのではないか。プールサイドに引き上げられた後、すぐに適切な救護措置が行われたのか。心臓マッサージで胸を圧迫したために嘔吐が生じ、窒息した可能性があるのではないか……？

両親が提起したこれらの疑問に校長はその場で答えることができず、謝罪の言葉を繰り返し、これから引き続き調べていくと述べるばかりだった。廣崎校長が説明を終えた後、それを引き取るような形で田村教頭が今後の取り組みについて話しだそうとし、それを遼子さんが遮るという場面があった。このやりとりは、その後の学校や教育委員会と、遺族との姿勢のずれを早くも予感させるものだった。

教頭　えー、現時点までで、事実確認をできた部分につきまして、ご説明をさせていただきました。これからの取り組み等を、えー、最後に少し時間をいただきますが……。

遼子　あの、取り組みとかではなく……。取り組みとか安全の管理とか、それは保護者の方に説明していただければ……。それは大切なことですけど、今、私たちに説明されてもしょうがないことだと思うので。〔略〕

私が今、確認したいのは、これからの安全管理の問題であるとか、その取り組みの問題ではなくてですね。このとき、何が起こったのか知りたいんですよ。最後の時間に、私、そばにいてやれなくて……それが一番悔しくて。先生方は、それは業務のことやし、たいへんと思うけど……。私たちはもう、ほんとに人生が変わってしまってですね、羽菜もうもういなくて……。羽菜の人生ももう終わってしまって……。〔略〕先生方にとっては、ほんとにそれは、遅れのある子どもの一人やったんかもしれないけど、私には本当に、どれだけ大事な子やったかっていうのは……。もちろんわかっていただかなくても構わないんですけど。

（二〇一二年八月一七日）

事故の原因について、あくまで羽菜ちゃんの行動や周囲とのかかわりを中心に据えて、そのとき何が起こったのかを徹底的に究明し、検証することを望む両親。それに対して、事故の要因を水位の高さや監視体制の甘さといった全体的な状況に帰してそれ以上の解明を進めようとせず、「今後の取り組み」に焦点を当てる学校管理職。この構図と両者のずれは、その後も解消されることなく続いていくことになる。

学校での説明会と「水泳帽の色」をめぐる問題

浅田さん夫妻が校長の説明を受けてから三日後の八月二〇日、全校生徒の保護者に向けた説明会が小学校の体育館で行われた。迷った挙句、この説明会に出席することを決めた遼子さんと壮介さんは、最後列のあたりに席をとった。

この説明会には、京都市教育委員会（市教委）の一部局である体育健康教育室の室長以下、数名の職員が出席していた[7]。校長と教頭をはじめとする教職員は全員、黒い喪服のようなスーツ姿で、沈痛な表情を浮かべていた。校長と体育健康教育室室長の謝罪の言葉で始まったこの説明会では、事故当日のプールの状況と事故の経緯に関する説明がなされるとともに、再発防止に向けた対策案の概要が示された。

このときに校長が述べた事故当日の状況説明では、先に浅田さん夫妻が受けた説明と同じく、水位の高さや大型フロートの使用、監視体制の不備といった事柄が事故の要因として挙げられた。この概況説明の後に行われた質疑応答では、多くの保護者が怒りと困惑、悲しみの感情を露わにして発言した。安全であるはずの小学校でこうした事故が起こったことへのショック、ずさんな監視体制や教員の認識の甘さへの怒り、そうした状況をこれまでまったく知らなかったことへの驚きを、多くの保護者が口にした。またなかには、学校のプールの水深が深すぎるために、自分の子どもはプール学習に参加するのを嫌がっていたが、それをもっと早く学校側に伝えていればよかったと涙ながらに語る保護者もいた。

この保護者が語ったように、事故の後に教員が行った家庭訪問の中で、「実は子どもがプールを怖がっていたので、夏休みのプール学習に行かせなかった」という保護者の声が複数聴き取られていた。

また、過去に大型フロートの下に潜り込んでしまい、必死の思いで抜けだしたという児童がいたことも、事故の後に学校に寄せられた保護者の声から明らかになった。この説明会における保護者たちの発言とそのトーンはさまざまであったが、その多くには、「学校を信じていたのに裏切られた」という怒りや、「この学校に子どもを預けて大丈夫なのか」という不安が表れていたと同時に、このような事故が起きるまで、疑問に感じることがあっても口に出さず、うやむやにしてきたことへの後悔の念が滲んでいたように思われた。

浅田さん夫妻は、そうした校長の説明や質疑応答の様子を、会場の後ろの方で見守っていた。ほとんどの保護者は両親がその場にいることを知らなかったため、校長の説明に対して遼子さんが一度だけ発言したとき、会場はややざわめいた。そのときのことを、遼子さんはつぎのように振り返っている。

ずっとこう、今もそうなんやけどね。ジクジクジクジクどこか痛いみたいな感じがずっとあって。で、あの頃はとくに、ほぼ貧血みたいな感じの状態がずっと続いてて。自分の意識としてはっきりしないみたいな感じでいたんやけど……。そのときもそんな感じで聞いてて。やっぱり校長の話とかっていうのは時々、もう聞くに堪えへんようなことがあったりとかしてね。それで、あの時も私、途中で思わず発言をしたのは……。あれやね、あの、要注意児童の帽子の話やな。「羽菜ちゃんはそれをかぶっていなかった。要注意児童に対しては学校側からそういうことを保護者にお願いしているけれども、それは保護者や子どもさんによっては、望まれない場合もある」っていうようなことを〔校長が〕言って。「羽菜ちゃんはかぶっていなかった」って、それはまるで、訊かれたけども私が望まなかったと言っているように聞こえるやん？　私はそうではないということはそこで言いたくて、その発言をしたんやけど。（二〇一五年一月一七日）

このときの遼子さんの発言の主旨は、水泳学習の開始にあたって、羽菜ちゃんを「要注意児童」として申告するよう学校側から勧められたことはないし、自分たちがあえて羽菜ちゃんに別の色の帽子をかぶらせなかったなどということもない、というものであった。

先にふれたように、叡成小学校ではプールでの水泳指導に関して、水に慣れていないなどの理由で保護者から配慮してほしいとの要請のあった児童を「要配慮児童」としていた。その中でさらに、水泳学習において注意を要するような身体的特性をもつ児童は「要注意児童」とされ、保護者や本人の了承があれば、プール内でも目立つように黄色の水泳帽をかぶることになっていた。校長の発言に対して遼子さんが問題にしたのは、そもそも羽菜ちゃんは学校側が想定する「要配慮児童」や「要注意児童」のカテゴリーに入っておらず、したがって、違う色の帽子をかぶるよう促されたこともなければ、その必要性もなかったということだった。それにもかかわらず、水泳帽の問題にあえて言及した校長の発言は、実際には注意を要する児童であったにもかかわらず、両親が違う色の帽子をかぶらせることを渋ったために、教員が羽菜ちゃんに十分な注意を向けられず、結果的に事故が生じたという印象を聞き手に与えかねないものであった。

実のところ、「要配慮児童」や「要注意児童」のカテゴリーは曖昧であり、どのような児童がその対象となるのかについて、少なくとも保護者の間に共通の認識はなかったといえる。実際にはいずれのカテゴリーでも、「水に顔をつけられない」「てんかんの発作がある」といった、水泳指導上問題があるとみなされる児童が想定されており、したがってそれらは、「育成学級」という学級の区分と重なるものでもなかった。

この一見ささいな「水泳帽の色」をめぐる一件には、注意深く考えるべきいくつかの論点がはらまれている。以下に、その中身をやや詳しくみていきたい。

ひとつの考え方としては、「要配慮児童」や「要注意児童」というカテゴリーにどの児童が含まれるかについて、水慣れの程度や身体的特性に関する保護者の申告に任せるのではなく、はじめから育成学級の児童やそれに準ずる児童も対象として設定し、特定の色の帽子をかぶらせることを徹底していれば、こうした事故は防げたのではないか、というものがあるだろう。実際、遼子さんはこの事故を担当した警察署の警部補から、そうした主旨の意見を聞いている。このような立場からすれば、過失の一端は、対象が曖昧なカテゴリーを設定し、適当に運用していた学校側にある。同時にまた、身体的な理由に限らず、なんらかの事情で配慮や注意を要する児童であったにもかかわらず、それを学校側に十分に伝えていなかった両親にも非があることになる。

これに対して、「要配慮／要注意児童」といったカテゴリーに入る子どもたちを峻別し、帽子の色で特定して監視するという方法をとる以前に、そもそもどんな個性をもち、どんな行動をとる子どもがいるのか――桜野保育園の原田さんが端的に述べたように、「どんな子がいるのか」――をその場にいる大人が了解していること、それぞれの子どもについて教員一人一人がよくわかっているという関係性こそが基本だという考え方もあるだろう。

それは言い換えれば、カテゴリー化するよりもまずその子自身を見るべきであり、「要配慮／要注意児童」のカテゴリーに入っているかどうかにかかわらず、あるいは特定の色の帽子をかぶっているか否かにかかわらず、その時々のその子の行動や思いに即して大人が目を配り、動いてしかるべきだったという考え方である。この観点からすれば、過失はまず、一人一人の子どもにきちんと向き合わず、目を配ることのできなかった現場の教員にある。同時に、教員が子ども一人一人に向き合い、十分に目を配ることなどとうてい不可能な状況が「常態」になっているという、学校の抱える構造的な問題に行き当たる。それはひとつには、学校の規模に対する教員数の不足の問題であり、また上意下達の判断システムの問題でもあると思われるが、こうした構造的な問題については、一〇章であらためて考えることにしたい。

前者の考え方の根底には、事故の要因として子どもの側の問題やリスクに焦点を当て、それを把握することで事故の発生を防ぐという発想がある。これに対して後者の考え方では、子どもを先にカテゴリー化するのではなく、「こんなとき、この子ならどう感じるか」「こんなとき、この子はどう動くか」「この子とこの子はどう関わるか」といった、それぞれの子どもの個性や子ども同士の関係性への理解に基づいて、周囲の状況の中で一人一人をとらえ、その時々に臨機応変に対応することが重視される。こうした姿勢をもとうとすることは、なんらかの事情で特に配慮を必要とする子どもがいることへの認識を妨げるものではない。ただしそこでは、子どもに内在するリスクだけを問題にするのではなく、大人自身をも含めて、刻々と移り変わっていく状況や関係性を見てとりつつ、適切に判断し、行動することがよりいっそう重要になる。

しかし、三人の教員に対して六九名もの児童がひしめく事故当日のプールでは、そうした行動をとることはおよそ不可能であったし、教員たちにはそうした認識もなかった。したがって、その日危険に曝されていたのは何らかのリスクをもつとされる子どもだけではなく、そのときプールにいた子どもたち全員であったともいえる。

事故の要因を羽菜ちゃんの発達の「問題」に還元し、それを十分に伝えなかった両親や十分に認識していなかった教員の過失に帰するような考え方が、事故を生ぜしめたもっと根本的な問題を覆い隠してしまうのではないか。事故から三年が経った二〇一五年八月二五日に行った吉村教諭とのインタビューの中で、私の質問に対する吉村教諭の答えにコメントする形で、遼子さんはこの微妙な問題について言葉を選びながら以下のように語っている。

石井　もし吉村先生が羽菜ちゃんを、どういう子だったとか知ってたら、〔当日の〕対応は変わってたかなっていうのはありますか？

吉村　もしかしたら一緒のことをしたかもしれないですけど、やっぱり羽菜ちゃんは、もっと守ってあげないといけない子だったと思うんですね。そこまで自分がわかってないし、共通理解がね、もっとできていたら……。当日の状況とかを見て、もっと守ってあげなければ……。羽菜ちゃんだけじゃなかったかもしれないですけど、守ってあげないといけない子っていうのが他にもいたかもしれないんですけど。

遼子　第三者委員会〔二〇一三年七月に設置〕の先生がですね、後で謝られましたけど、ダーウィンの「自然淘汰」って言い方をしたんですよ。〔略〕弱い者が生き延びられないって、なんていうんですかね。適性があるものが生き延びるって……。

吉村　いや、それはもう……。

遼子　それはなんかね、でも私、それをそういうふうに考えたっていうのはちょっと方向性が全然違うんですけど、その日の悪条件が一番……。

吉村　それは条件です。すみません、条件です。

遼子　まあたとえば、一年生であり身長も一一三・五センチであり、それはこう、羽菜が特に遅れがあったっていう、そういうことじゃなくって、一番、その場に適しない体格であったり能力であったりみたいなこと、そこにしわ寄せが来てっていうのはありうるだろうとは思ったんですけど。そのことと、羽菜が守られるべき子どもだったということとは、ちょっと別で、私の中では。

先生方がおっしゃるように、羽菜はすごく水に慣れていたし、大好きだったたし、そこに油断があったとも思うんですけど、たとえばこの日、岩田先生がついていた泳げない子であるとか、水を怖がる子に比べてみて、羽菜がじゃあこの日のプールの中で、すごく守るべき存在と映ったかどうか、というのは疑問だし。もともと羽菜の遅れが事故と関係があるとは、私はあんまりやっぱり思わない。それが、そうなんだろうかと疑ってみるんですけど、親としてちょっと客観性を失ってるかと思って、そういうことも考えてみるんですけど、でもそうは思わないなというのが正直なところで。

その「遅れ」っていうことを省いて、その一番条件が悪い——背が小さいとか、泳げないとかね、そういうところに水の深さとかビート板とか、そういうものがかぶさってきたということも考えはするけど、でもそれは先生がおっしゃったみたいに、「羽菜だから」というのではないというか。誰に起こっても仕方がなかったというか、不思議ではなかったことなんじゃないかなって思うんですよね。だからその、余計に……。なんていうかな、羽菜を「守るべき子どもだった」というふうにしてしまうと、問題の核心がみえなくなっちゃうような気がするので。

説明会の場において、このように重要な問題をはらんだ水泳帽の一件をめぐる遼子さんの発言はしかし、マイクの音声がやや聞き取りづらかったこともあって、その場にいた人びとの間にはさほどの波紋を投げかけることなく終わった。校長の側も、この件について何か釈明したり、説明を付け加えたりすることはなかった。

この日、一連の説明や質問への回答を担っていた学校管理職と市教委の担当者にとって、説明会の主眼は何よりも、保護者たちに向けて事故への反省を表明するとともに、二度とこうした事故を起こさないという学校側の姿勢をアピールすることにあった。説明会の中で、校長はプール学習のあり方を抜本的に見直し、学校の安全性を高めていくという決意を繰り返し述べた。また、体育健康教育室の室長は保護者からの質問を受けて、水泳指導に関する新しいマニュアルを、来年度のプール授業開始に間に合うよう早急に作成すると約束した。(8) さらに、一連の説明と質疑応答の締めくくりとして、教頭はほとんど晴れやかともいえる声音でつぎのように述べた。

長時間にわたりまして、たくさんの、えー、ご貴重なご意見をいただきました。今日をスタートにですね、皆様のご意見、たくさんいただきましたものを、学校の運営のほうに生かしていきたいと思っております。今後ですけれども、子供たちに、「やっぱり学校って楽しいな、安心して行けるな」と言ってもらえるような学校に、教職員一同、取り組んで参りたいと思いますので、今後ともご協力、またご理解のほう、よろしくお願いしたいなと思います。

（二〇一二年八月二〇日）

この教頭の発言は、学校管理職や市教委がそのとき、誰の方を向いており、誰を言外に切り捨てたのかを端的に表している。いうまでもなく、彼らが向いていたのは生存している大多数の児童の保護者たちの方であり、切り捨てられたのは遺族と、亡くなった羽菜ちゃんの存在だった。そしてまた、このとき教頭はことさらに残酷な発言をしたつもりはなく、そうした発言がその場に同席している遺族にどのように受けとめられるのかという想像力を、おそらく完全に欠いていたという点は見逃すべきではない。教頭はおそらく心から、「これからがスタートだ」と思っていたのである。この発言に露呈された、いわば善意に満ちた鈍感さとも呼べるような管理職の姿勢が、その後、彼らと遺族との溝を深める大きな要因となったといえる。

今後の対策に重点をおいた質疑応答のあり方や、この教頭の発言に端的に示されていたように、事故からひと月も経たないこの時点で、しかも事故の全容解明にはほど遠いにもかかわらず、学校管理職や市教委にとって、すでに事故という出来事と羽菜ちゃんの存在は「過去のこと」として扱われていた。両親に対しては引き続き調査を進めると約束しつつ、学校管理職や市教委の担当者の頭を占めていたのは、いかにして在校生の保護者に納得してもらい、今後の取り組みへの理解を得るかということであったと思われる。そのとき、亡くなった羽菜ちゃんの存在は「教訓」へと変換され、「繰り返してはならない過去」の中に置き去りにされてしまう。

次章でみるように、管理職をはじめとする学校側が、事故の後にいち早く取り戻そうとしたのは「日常」だった。一日も早く非常時を脱して日常を取り戻し、過去のあやまちを教訓として未来に進んでいこうとするこのような姿勢は、さまざまな学校事故・事件の後に採用されてきたのと同じような、「回復の物語」を踏襲するものであったといえる(9)。それは具体的には、「子どもたちのため、そして亡くなった児童のために前を向いて生きよう」という主旨をもつ言説や実践を意味する。学校管理職と市教委の担当者たちは、きわめて安易にそうした物語を最善のものとして採用し、あまりにたやすく「今後」や「これから」について語っていた。彼らは、そうした姿勢が取りこぼし、暗黙のうちに排除してしまうものに気づかないままだったが、そのことが彼らにとっては自分自身を守ることにもなっていたと思われる。

だが、取りこぼされたものは日常の表層の下に封じこめられながらも、その隙間から滲み出てくる。この後に続く浅田さん夫妻のさまざまな試みはすべて、日常に向かおうとする強固な「回復の物語」に抗して、羽菜ちゃんの存在を凡庸な「教訓」から救い出し、押しつけられた「過去」から取り戻すための闘いであったといえるかもしれない。

三章　「日常に戻りなさい」という圧力

夏休みが終わり、新学期が始まった。授業の再開された叡成小学校には子どもたちの声があふれていたが、遺族にとって学校はすでに遠く、よそよそしい場所に変わっていた。また、さまざまな立場で小学校にかかわる人たちの多くにとっても、平穏にみえる日常の奥底に事故のことが重苦しくのしかかっていた。事故の発生後まもない二〇一二年の秋から、翌年の夏に羽菜ちゃんの一周忌がめぐってくるまでの一年弱の間に、浅田さん夫妻は事故に関する事実を知るための行動を起こし、絡まりあいながら怒濤のように進行していくさまざまな出来事の渦中に巻きこまれていった。なかでも中心となったのは、民事裁判の開始と第三者委員会の設置に向けた動きである。

「事実を知りたい」──訴訟の決断

二〇一二年一一月六日、浅田さん夫妻は京都市と京都府を相手取り、京都地方裁判所に民事裁判を申し立てた。彼らが提訴を決心した背景には、八月の説明会以降、学校や市教委から新たな事実に関する連絡は何ひとつなく、警察の捜査も一向に進まないという状況があった。

警察が動かない理由のひとつは、羽菜ちゃんの死因にあった。当初、両親が警察を通して病院から知らされた羽菜ちゃんの死因は「不詳」とされ、搬送先の病院で治療がなされているために直接の死因が溺死とはならず、多臓器不全・肺水腫が「疑われる」という表現にとどめられていた。したがって警察によれば、溺水と死因との直接的な因果関係を確定することができず、「業務上過失致死の構成要件に当たるかどうかは不明」とのことであった。

結局、警察が行ったのは事故直後の現場検証と教員への聴き取りだけであり、刑法上の罪を問えないという理由から、それ以上の捜査は行われなかった。担当の刑事から民事裁判への移行を勧められた浅田さん夫妻は、事故に関する調査を進めて事実を知るためには、裁判を起こすしかないと決意する。この提訴について遼子さんは、親しい友人に向けたフェイスブックにつぎのように綴っている。

私たち両親にとっては、やはりあの子がいないということを埋めるものはないのに、それでも裁判はやらねばとも思います。それはどうしてなのか。

ひとつには、羽菜しか知らないこと、なぜこんなことが起きたのかという、羽菜の最後の声を、せめてしっかり聴いてやりたいということです。学校で起こったことなのに、いまだに事故の詳しい状況はわからないままで、私たち両親が個人的に訊きまわっても、有力な情報は得られませんでした。〔略〕確かに、学校側だけの調査ではわからない部分も多いのかもしれません。でも、反省を述べただけで収められ、結局は何事もなかったかのように事故が忘れられていくというのでは、私たちはとても済ませられない、わけのわからないままにあの子を失ったというのでは、気持ちの持って行き場がありません。〔略〕

もうひとつは、教育機関にすれば、事故で子どもが一人死んでしまったという外側の事実でしかないのでしょうが、私たちは「子ども」ではなく、たった一人の「羽菜」を亡くしたのだということをわかってもらいたいということです。
事故は終わっても、私たちのつらさに終わりはありません。もうあの子をぎゅっと抱きしめたり、髪の毛を撫でたり、手をつないで歩いたりすることはできないし……今も、いつまでも、あの子がいないということの痛みに耐えていかねばなりません。そして、羽菜自身の時間ももうこれから先にはない。笑ったり歌ったり、あんなに生き生きとしていた子が、もうどこにもいないのです。もう二度と会えないということの生々しい痛みを、自分なりの人生を一生懸命に生きていた子どもが、もう「いない」ということの重大さを、わかってほしいと思います。

（二〇一二年一二月一三日）

二〇一二年一二月一二日に行われた第一回口頭弁論には、桜野保育園時代からの両親の友人たちや叡成小学校の保護者、新聞記者などが多数傍聴に訪れた。その後の口頭弁論にも、この事故に関心をもち、両親に心を寄せる人たちが毎回のように傍聴に訪れる一方で、学校側の関係者は市教委の職員を除けば、ほとんど顔をみせることはなかった。この裁判は七回の口頭弁論を経て、二〇一四年三月一一日に結審した。この判決の内容と両親にとっての課題について、やや時期を先取りすることになるが、ここで整理しておきたい。
この判決は、事故当時の担当教諭の監視義務の懈怠を認め、被告である京都市と京都府に、両親への損害賠償の支払いを命じるものであった。浅田さん夫妻にとって、民事裁判に勝訴したことは確かに一定の成果ではあったが、「事実の究明」という当初の目的からすれば、裁判の過程と結果は決して満足のいくものではなかった。

裁判の過程で、夫妻は被告である京都市に対して、事故後の調査の状況や内容に関するすべての資料を提出するよう求めていた。これに対して被告側の代理人は事故当日の状況について、「確かに課題はあったが、そもそも定められた基準がない以上、違法性はない。課題があるので積極的な主張はしないが、責任は認めない」との姿勢を変えず、新たな証拠を出すことも、具体的な主張を展開することもなかった。口頭弁論の場でも、原告側は両親が証人として法廷で証言したが、学校関係者は最後まで誰一人として法廷に立つことはなかった。

私も他の保護者たちとともにできる限り口頭弁論を傍聴していたが、与えられた時間は毎回、あっけないほどに短く、新たな事実の提示や主張のぶつかり合いなどはほとんどみられなかった。代理人とともに原告席につき、終始うつむき加減で痛みに耐えているようにみえる両親に対して、ときに微笑を浮かべて平然と佇んでいる被告側代理人を傍聴席から見ていると、「のれんに腕押し」という言葉が一度ならず頭をよぎった。

一方、二〇一四年三月の判決で裁判長は、事故直後に行われた家庭訪問で教員が聴き取った一人の児童の証言を、信憑性の高いものとして採用した。それは、「自分と羽菜ちゃんがプールで手をつないでいたときに、ビート板〔大型フロート〕がぶつかって手が離れてしまい、次にみたときには羽菜ちゃんは水中にいた」という主旨の証言だった。裁判長は、この児童の証言を書き留めた教員のメモに基づき、「大型フロートとの接触が溺水を引き起こした」と推認する判決を下した。

裁判長が児童の証言を採用し、事故の原因について踏み込んだ推認をしたことは両親にとって大きな一歩だったといえる。しかしながら問題は、新たな証拠が提出されず、調査も行われていない状況では、この証言が果たして「事実であるかどうか」を確かめようがない、ということだった[10]。こうした歯がゆい状況は、新たに捜査を行うのではなく、原告と被告が提出した資料に基づき、双方の主張を検討していずれの主張により高い説得力・正当性があるかを判定するという民事裁判の限界を表すものだったといえる。

浅田さん夫妻は、口頭弁論や代理人との交渉を重ねるごとに民事裁判による事実究明の難しさに直面し、裁判を続けながら別の道を探っていくことになる。

新たな選択肢としての第三者委員会

民事裁判が始まった二〇一二年一二月以降、浅田さん夫妻を支えようとする友人たちの動きが徐々に具体的な形をとりはじめた。口頭弁論の傍聴で顔をあわせるようになったことをきっかけに、羽菜ちゃんと同じく桜野保育園から叡成小学校に進学した児童の保護者が架け橋となって、保育園時代からの友人たちと、小学校の保護者たちとのつながりが生まれた。そして、そのうちの数名が浅田さん夫妻とともに、友人の家や喫茶店に集まって今後の対策や方向性を考えるという機会がもたれるようになった。

私自身もこうした集まりを通して、浅田さん夫妻や二人を支える友人たちと次第に親しくなっていった。こうした私的な集まりは、当初は散発的なものだったが、翌年の春から夏にかけて怒濤のように進行していった事態に対処するために、多い時には週一回のペースで開かれるようになった。羽菜ちゃんの死という重い事実に向き合い、その後に続く両親の苦闘を見守りながらも、集まりはいつもあたたかな雰囲気に包まれていた。それぞれが羽菜ちゃんと事故についてさまざまな思いを抱いていたが、皆に共有されていたのは、「このままうやむやにしてはいけない」という思いだったと思う。

初めて経験する事態に際して、どのように動けばいいのか。それについて誰も明確なアイデアを持っていたわけではなかったが、事故の原因究明を後押しするために、ともかく世論へのアピールが必要だと思われた。そこで年が明けてまもない二〇一三年一月、「浅田羽菜さんの家族とともに歩む会」の名義でウェブサイトを立ち上げ、事故に関する情報を発信していくことになった。実際には「会」なるものがあるわけではなく、友人たちの自発的でゆるやかなつながりがあるだけだったが、この「歩む会」はのちのち、学校や市教委、そして第三者委員会との交渉の中で、あたかも実体的な組織であるかのように扱われていくことになる。

同じ頃、浅田さん夫妻は京都市教育委員会の体育健康教育室から、新しい水泳指導マニュアルが完成したとの連絡を受けた。この連絡によって両親は、この間に市教委が事故に関する調査を進めるのではなく、新たなマニュアル作りに注力していたことを知った(11)。前年の八月に行われた学校説明会ですでに示唆されていたように、学校や市教委は事故の原因究明はもはや尽くされたものとみなして早々に諦め、次年度のプール学習に向けた対策作りに集中していたのである。このことは浅田さん夫妻にとって少なからぬショックであったが、一方ではうすうす予想されていたことでもあった。この一件は、市教委や学校に任せるのではない原因究明の方法を見つけなくてはならないという両親の思いを、より一層つのらせた出来事であった。

やがて春になり、新学期が始まってまもなく、事故をめぐる事態は新たな展開を迎える。そのひとつのきっかけは、遼子さんが桜野保育園時代からの友人である寺岡妙子さんとともに、四月一八日に神戸で開催された「全国学校事故・事件を語る会(12)」の集会に参加し、そこで第三者委員会についての情報を得たことだった。学校管理下で起きた事故や事件で子どもが亡くなった場合、往々にして遺族と学校・教育委員会は対立し、事実の究明は難航する。こうした事態において、中立的な立場に立つ専門家たちからなる第三者委員会が組織され、当事者にかわって専門家が事実関係を調査するというケースが現れはじめているという。

浅田さん夫妻にとって、警察も学校も市教委も早々に調査を打ち切り、民事裁判でも依然として新たな資料は出てこないという手詰まりの状況にあって、第三者委員会は最後の希望であり、現実的な手段であると思われた。問題は、どうやって第三者委員会の設置にこぎつけるのか、という点である。ここから、両親と友人たちの手探りの交渉と奔走が始まった。さしあたっての目標は第三者委員会の設置であり、この目標を達成するために、続く数カ月の間に両親と友人たちは有識者に助言を求め、市会議員に支援を要請し、署名活動を展開するとともに学校や市教委との交渉に取り組んでいった。以下にみるように、これらの運動は互いに錯綜し、思わぬ混乱をはらみながら進んでいくことになる。

第三者委員会の設置に向けた奔走

第三者委員会の設置が現実的な可能性として浮かび上がってきた頃、桜野保育園時代から浅田さん夫妻と親交のあった池野理子さんが、同じく桜野保育園に子どもを通わせており、夫妻をかねて気遣っていた富澤達志さんと加代子さん夫妻の営む商店を偶然に訪れた。そのときに理子さんと加代子さんが交わした会話をきっかけに、この事故に関して市会議員に応援を頼むという案が急速に現実化することになる。加代子さんによれば、理子さんはそのとき、浅田さん夫妻の窮状を彼女に詳しく説明し、つぎのように訴えたという。

「学校で起きた事故なのに、このままでは何もなかったことにされてしまう。事故のことをうやむやにさせないために、誰か支援してくれる人を探さないと」

そんな理子さんの訴えを聞いた富澤さん夫妻は、「なにか役に立てるなら」という思いで、広い交友関係をもつ知人に相談をもちかけた。その知人が夫妻に紹介してくれたのは、当時市会議員を務めていた地域の有力者の一人だった。事故に関する調査を進めるために力を貸してほしいという富澤さん夫妻の頼みに対して彼は前向きな反応をみせ、叡成小学校のある選挙区から選出された坂上和明氏という市会議員を二人に紹介した。その数日後の四月二一日、さっそく浅田さん夫妻と加代子さんを含む友人たち数名が坂上市議と面会し、第三者委員会の設置に向けた協力を依頼した。坂上市議は羽菜ちゃんの写真を見て目を潤ませ、市の委員会でこの件について取り上げることを約束するとともに、自分の同席の下で市教委と浅田さん夫妻が話し合う機会をつくることを請け合った。

このように、本人たちにとってもおよそ思いがけない形で市会議員からの支援をとりつけると同時に、浅田さん夫妻は、学校管理下で起きた事故・事件に関する問題に造詣の深い教育学者である住友剛教授(京都精華大学)に連絡をとり、第三者委の設置に向けたアドバイスを仰いだ。住友教授はかつて、兵庫県川西市・子どもの人権オンブズパーソンの調査相談専門員として、一九九九年に同市立中学校で起きた熱中症死亡事故の調査に従事した経験をもっていた。[13] この面談の場で、世論を喚起するために、「「事実を知りたい」という親の願いに寄り添って——学校事故における第三者委員会の役割とは」と題した住友教授の講演会を六月初旬に開催することが決定された。また、「第三者委員会の設置に向けて、地域の保護者たちの声を署名という形で集めることは重要だ」との住友氏の助言を受けて、浅田さん夫妻と友人たちはさっそく、要望書と署名用紙の作成にとりかかった。

住友教授との面談から約二週間後の五月一二日、京都市への要望書と署名用紙、それに講演会のチラシが完成した。友人たちは「歩む会」のウェブサイトにこれらの情報を掲載するとともに、近隣の知人宅や保育園、小学校、児童館、喫茶店などをまわってチラシを配布し、署名への協力を呼びかけはじめた。この要望書は、学校と京都市による調査がいまだ不十分であり、事故の原因究明がなおざりにされたままであることを訴えるとともに、京都市に対して次の四点を要望する内容であった。

一　この事故について、専門家から構成される第三者委員会を設置し、中立的な立場から厳正な調査と検証を行ってください。

二　第三者委員会の調査に基づき、遺族と市民の疑問に十分に答えうる、詳細かつ誠意ある報告書を作成してください。

三　上記の報告書の内容を、全市民がアクセスできる形で公開してください。

四　形式的な水泳指導マニュアルを作成するだけではなく、厳正で公正中立な再調査と、事実の検証に基づいた再発防止策を提示し、市民に公開してください。

ところが、友人たちがこの要望書を手に署名集めを開始してわずか四日後の五月一六日、早くもこの活動は暗礁に乗り上げた。遼子さんからの連絡を受けて寺岡さん宅に集まった友人たちが聞かされたのは、第三者委設置に向けて協力を約束していた坂上市議から、署名活動を取りやめてほしいとの要請があったという話だった。浅田さん夫妻や友人たちにとって、議員からそうした要請がくることは予想外であり、その理由もにわかには理解できなかった。この要望書の、あるいは署名を集めるという行為の、何が問題だったのだろうか？

この中止要請は、その場に集まった友人たちにとって寝耳に水の出来事だったが、今にして思えば、それは遺族たちによる正攻法の訴えと、市議らによる政治的な交渉との矛盾が引き起こした問題であったと理解できる。最初に市議に協力を依頼したときから、すでに事態は当事者である浅田さん夫妻にとってすら、見通しのつかないものとなっていた。誰と誰が関係していて、誰が誰に口を利いてくれるのか。はっきりとしたことはわからないまま、議員による働きかけが功を奏することを待っているほかない。それが、事態の進展を政治的な力に恃むことの内実だった。

他方で、事故をめぐる京都市側の問題点を厳しく指摘し、具体的な要望を掲げて署名運動を展開することは、本人たちにそんなつもりはなかったにせよ、「行政」対「市民」という構図をつくった上で、「お上」に対して市民が闘いを挑むという姿勢として受けとられかねない。こうした運動は、市議の側からすれば、せっかく浅田さん夫妻の意を酌んで慎重に進めてきた交渉を水泡に帰す危険をはらむものだったといえる。

当時の浅田さん夫妻や友人たちにとって、署名運動の中止を要請した市議の真意は不明なままだったが、おそらくは、市議の尽力で第三者委の設置が決まりかけているところに、京都市や市教委を下から突き上げるような運動は不適切だ、ということなのだろうと推察された。この一件について友人たちの間ではさまざまな意見が飛び交ったが、ともあれ中止要請があって数日後の五月二一日には浅田さん夫妻と友人数名が坂上市議と再び面談し、遺族側は京都市や市教委を糾弾するような姿勢を控えて、互いに協力して第三者委の設置を目指したいという意向を伝えた。

そして五月三〇日、坂上市議の仲介によって、浅田さん夫妻と京都市教育委員会事務局との面談が京都市役所で行われた。このとき、市教委からは在田正秀教育次長、体育健康教育室室長の村田伸治氏と同課長の田辺誠治氏、総務部総務課企画労務係長の堀田昇氏が出席。遺族側は浅田さん夫妻と私を含む友人数名が出席した。このときに浅田さん夫妻と対面した田辺氏と堀田氏は、その後、長きにわたる夫妻と学校・市教委との交渉の中で、市教委側の実質的な担当者としてかかわりつづけることになる。

この面談の時点では、すでに浅田さん夫妻に対して、「第三者委を設置する」という市教委側の意向が伝えられていた。そのため、この面談は第三者委の設置と今後の予定を双方が確認するという趣旨であったが、それでもなお面談の間中、遺族と市教委の間には隠しようもない緊張感が漂っていた。なかでも印象的だったのは、冒頭に立ち上がって挨拶を述べた在田教育次長の手が、緊張のあまりぶるぶると震えていたことである。この会見では、浅田さん夫妻と教育次長との間で、およそつぎのような会話が交わされた。

壮介　第三者委員会の設置を約束していただいたと思っている。近日中に〔第三者委の内容に関する〕要望書を提出し、公表という運びとしたい。[14] 公表してから人選を行い、内容を固めていきたい。

教育次長　設置については市教委としても決定している。

遼子　第三者委の設置を約束いただいたというのは大きなこと。学校で水泳指導が始まる前に、設置を公にしたい。

教育次長　要望書の内容は、第三者委の設置に向けた要望という形か。

遼子　設置に向けた要望でもあり、具体的な内容についての要望でもある。調査方法など、こういうものであってほしいという希望を書かせていただいている。

教育次長　こちらでも第三者委の人選を考えており、〔市教委が新たに作成した〕『水泳指導の手引』の作成に関わった専門家の中から選びたいと考えている。要望書が提出されたら、その内容を踏まえてこちらのプランを作りなおす。今は要望書を提出いただくのを〔市教委の側が〕お待ちしているような状況だが、それでよいか。

遼子　書類上で調査を行うだけではなく、聴き取りや現場の再検証を含めて行っていただきたい。これらの具体的な希望も要望書にまとめている。

教育次長　できる限りご両親の要望に沿いたい。段階ごとに相談しながらやっていきたい。

（二〇一三年五月三〇日。遺族側が作成した議事録より）

この面談の場で、市教委は第三者委員会の設置を確約するとともに、両親から要望書が提出され次第、第三者委の立ち上げを公表することを約束した。この面談の結果を受けて、浅田さん夫妻は六月六日、京都市に対して第三者委員会の設置に関する要望書を提出。その前後の数日間に、学校で起きたプール死亡事故を対象に第三者委を設置するという全国でも初の試みについて、京都新聞をはじめ、朝日、読売、産経といった大手新聞紙上に相次いで記事が掲載された。そして六月七日の住友教授の講演会に合わせて、浅田さん夫妻と友人たちは、新たな要望書の内容に沿った署名運動を再開する。

こうして、四月中旬に「第三者委員会」という可能性が浮上してからわずか一カ月半という短期間で、プール事故に関する第三者委員会の設置が現実のものとなった。

第三者委員会の発足へ

その後、第三者委の初会合が開かれることになった七月二七日までの二カ月弱の間に、浅田さん夫妻は第三者委の設置に関する要綱の内容や誰に調査委員を依頼するかという問題について、市教委職員である田辺氏や堀田氏と協議を重ね、詳細を詰めていく作業に追われた。

この過程で問題となったのは、第三者委員会の事務局をどこに設置するのか、ということである。浅田さん夫妻が助言を仰いでいた住友教授は、当初から一貫して、市教委ではなく首長部局、すなわち市長の下に事務局を置くことを勧めていた。住友教授は、事故の当事者であり調査の対象となる市教委が事務局を担うことによって、第三者委の中立性が危うくなるのではないかと懸念していたのである。これに対して田辺氏と堀田氏は、事故に対して責任があるからこそ、自分たちが第三者委の事務局を務めたいという強い意向を示した。七月二日に住友教授も交えて行われた市教委との会合の場で、田辺氏は事務局の設置場所について、「責任」という言葉を繰り返しつつ、つぎのような意見を述べている。

ポイントとなるのは、今回の事故は私たちが所管する小学校で起こったものだということだ。教育委員会で責任をもった第三者委員会を設置し、公正中立性を保つ組織を設けたい。事故を起こした私どもの責任で設置したい、事務局としての責任を果たしたいと考えている。〔第三者委の〕事務局については、他部局にいきなり設置するのは難しい。私どもの方が機能的に職務を果たすことができると考えている。責任を最後までまっとうしたい。

（二〇一三年七月二日。遺族側が作成した議事録より）

話し合いの末、第三者委の事務局は市教委に置くが、調査資料の管理は事故の問題に直接かかわる体育健康教育室ではなく、堀田氏のいる総務部総務課が担当するという妥協案で両者は合意した。また、第三者委の設置要綱案に関しては住友教授から、調査委員会は遺族に対して一方的に調査結果を報告するのではなく、「遺族に対して随時、説明を行うとともに遺族からの意見聴取を行う」という規定を入れることで、調査委員会と遺族との対話が可能になるようにすべきだとの意見が出された。第三者委の発足に向けたこの時期、市教委側の担当者であった田辺氏と堀田氏はいずれも遺族の要望に積極的に応えようとする姿勢をみせており、要綱の内容や委員の選定にあたって、遺族の意見がまずは十分に反映されたといえる。

浅田さん夫妻と市教委の担当者は、調査委員の候補者と実際に面会して候補を絞り、最終的に以下の七名が調査委員として選ばれた。

安保千秋氏(弁護士)、石田達也氏(弁護士)、内田良氏(名古屋大学准教授)、長村吉朗氏(小児科医)、北條龍治氏(日本プール安全管理振興協会理事長)、松井敦典氏(鳴門教育大学准教授)、山中龍宏氏(内科医)。

この七名のうち、長村氏と北條氏以外の五名が遺族からの推薦であり、京都で子どもの権利擁護活動に取り組んできた弁護士である安保氏が委員長、大津市で起きたいじめ事件の遺族側代理人を務めた石田氏が副委員長を担うことに決まった。

浅田さん夫妻はこのように、第三者委の立ち上げに向けて市教委とともに人選や設置要綱の作成を進めると同時に、第三者委の調査に対する学校保護者や地域住民の理解と協力を得るために、説明会の開催や署名集めに奔走した。六月二三日には、夫妻が地域の集会所を借りて説明会を開き、翌月の七月一六日には住友教授を講師に招いて叡成小学校で説明会を開催した。また、夫妻からの要望を受けて、七月二一日には学校主催での保護者説明会が開催された。

そして七月二七日、羽菜ちゃんの命日がめぐってくる四日前に、京都市中京区にある子育て支援総合センターの一室で、第三者委員会の初会合がもたれた。この初会合の直前、多くの報道機関のフラッシュが焚かれる中、浅田さん夫妻は総計七三八七筆の署名を京都市長に提出。両親と安保委員長はそれぞれ報道機関に対して会見を行い、いよいよ「京都市立叡成小学校プール事故第三者調査委員会」が発足した(15)。

「日常に戻ろう」という圧力——事故後の教員たちと遺族との溝

以上のように二〇一二年の秋から翌年の夏にかけて、事故をめぐる事態は民事裁判の開始から第三者委員会の設置に向けて急速に展開していったが、この間、小学校はどのような状況にあり、浅田さん夫妻と学校側はどのような関係にあったのだろうか。

夏休みが明けて以降、浅田さん宅のポストには学校からの事務連絡がときおり投函されており、羽菜ちゃんの月命日には校長から花束が届けられていたが、それ以外に学校から浅田さん夫妻への連絡はほとんどなかった。この頃の学校の雰囲気について、羽菜ちゃんの担任だった西田悦子教諭は、二〇一七年一一月一七日のインタビューで以下のように語っている。

夏休み、事故のあと何回か会議はもたれましたけれど、全体の会議はそんなにはなくて。〔事故当日の〕当番の先生と管理職と、市教委の人との会議が多くもたれていたみたいです。私たちも管理職に個人的に呼ばれて話をしたことはあったんですけれども、そんなにはなかったし。なんかもっとあるべきだったなと思うものの……。夏休みが終わって学校が始まっても、教室に行って授業して、職員室に戻ってきて仕事をして……の毎日で、自分はどうしたらいいんだろう、何をどう発信すればいいんだろう、わからない状態でしたね。もっと共通認識すべきことはあるはずなんだけれども。なかなかそういうのはもたれなかったですね。で、職員会議か何かの時に、羽菜ちゃんのことを私がパッと出したりしたら、私の勝手な思いかもしれないけど、校長さんの顔がすごい曇ったりして。「なんでここで出すの」みたいな。

事故の後、学校管理職は市教委への対応に追われる一方で、教職員の間で事故に関する情報や問題点を共有したり、それぞれの思いを語りあったりする機会が設けられることはなかった。また、事故当日にプール学習に参加していた児童への聴き取りは、事故直後もそれ以降も積極的には行われなかった。児童への聴き取りが十分に行われなかった背景として、西田教諭は管理職からの指示があったことを挙げている。

「無理に聞きださないでください」っていうのがまずあったんですよね。あれもちょっと問題だなと思ったけど。「とにかく、他の子どもたちの状態を見にいくっていうのが一番の目的だから」っていうことを、〔管理職から〕言われましたね。強調されたん覚えてるんです。〔略〕

その「無理に聞きだす」っていうのがね。いや、そのときはある程度は納得したんですよ。そ「その子の負担になる」とか言われたら、「ああ、そうか」みたいな感じでいましたけれども。

やけど後で考えたら、早いうちに聞かないと。でも私自身も、すごくもう混乱してたから。……なかなかやっぱりそこがすごい難しいですよ。……なんていうか、そうやね。配慮がなかったとか、気がまわらなかった。力がなかったっていう感じがしますね。

西田教諭は、当時、校長を含む教職員が混乱の中にあった一方で、事故当日にプール当番だった三教員への遠慮から、事故のことを口にできないような空気があったこと、また、一日も早く「日常に戻ろう」という無言の圧力があったことについて、私との対話の中でつぎのように語っている。

西田　私から見てても、もう校長先生たちもいっぱいいっぱいになってはるなっていうのはわかったんですけどね。話すたびに泣かはるからね、校長先生も。それはそれでわかるけども。っていうか、誰か相談する人がいなかったんですかね、校長先生も。〔略〕……そうやね。なんかやっぱり、学校全体として「日常に戻りなさい」っていうのは、ものすごく、そういうのを感じましたね。

石井　それはやっぱり管理職から？

西田　っていうか、なんかもう雰囲気的に。ほんで、職員室の中で、まあ言うたらそんな〔事故のことを〕話題にしない方がおかしいやないですか？　でも話題にならなかった。

石井　みんながしなかったって感じですか？

西田　やっぱり当番の先生、おられるでしょう？　だからなんかこう、その当番の人を責めるつもりは全然ないんやけど、やっぱりそういう話したら、「あ、当番の人が聞いてはる」とかいうのが、やっぱり正直あったからね。

石井 その当番の先生方はどういう様子だったんですか?

西田 それはもう、押し殺して、仕事してはったんでしょうかね。〔略〕ま、岩田先生は隣〔のクラス〕だから、ちょこっと話はしてたことはあったんですけどね。それから吉村先生とも、帰りに自転車置き場のとこでちょっと話したりとか、そういうことはあったんですけども。だんだんそれもなくなっていったし。〔略〕吉村さんは個人的に話したときは、「なんかすごく〔みんなが〕私のことを気遣って、事故のことを出さないようにしてはるのを感じて辛かった」って言うてはったことがありましたけどね。確かにそこに吉村さんやらがいはったときには、話す気にはならなかったと思うんですけどね。ま、でもそういう問題じゃないんやけどね、ほんとはね。

このように事故の後、教職員たちの間には、事故について口にすることを自粛するようなムードが広がっていた。こうした周囲の態度を、プール当番だった教員たちはどのように感じていたのだろうか。二〇一七年一二月二九日に遼子さんと私が行ったインタビューで、吉村由佳教諭は事故後の学校の様子と当時の心境について、つぎのように語っている。

吉村 教育委員会の方が会議室にたくさん来られて、〔プール当番だった教員が〕一人ずつ話をして。自分たちもそういう状況は初めてというか、慣れてないので、自分たちが当事者なのに、なんか部外者っていったら言葉が悪いんですけど、そんなふうに感じることもあって。一所懸命やってくださっている校長先生も委員会の方〔に対して〕も、もう本当に自分たちに責任があるというか、自分たちのことなのにっていう感じがずっとありましたね。それは自分たちがいろんな方にも迷惑かけているし……。でもやっぱり、浅田さんに一番辛い思いをさせているのに、なんか誰の言うことを聞いたらいいんだろうみたいな感じはずっとあって。

石井　「誰の言うことを聞いたらいいんだろう」？

吉村　〔周囲は〕尊重しようとしてくれたり、話を聞いてくれたりとか、すごくしてたんですけど。でも自分もパニックではないけど、わーっともう、どうしていいかわからないっていうかね。なんか自分にできることないかなとか思うけれども、自分が冷静な判断ができないから、それでバーッと動いたら逆にいろんな人を傷つけることもあるしとか。自分もすごくいっぱいいっぱいだったから、本当に。〔略〕

石井　具体的に市教委や校長から何か指示があったんですか？

吉村　指示っていうのはそんなになかったんですけど、あまり〔勝手に動くと〕わーっと噂話みたいになるし、自分たちの記憶も混ざるからっていうことを言われたのと。あとやっぱり、〔浅田さん宅に〕お詫びに行かせていただきたいっていうのはあったんですけど、校長先生は、たぶんいま私たちが行ってもお父さんもお母さんも冷静に対応できないし、もう顔も見たくないっていうか、そういうふうに思われてるかもしれないし〔と言われて〕……。〔略〕

　いろんなことが言い訳になっちゃうんですけど、自分一人の考えだけでは動かせない、動けないことなんだなっていうのは、たぶん学校自体の責任もあるとか、委員会の責任もあるだろうしっていうことで〔管理職や市教委が〕動いてくださってるっていうのもあるし……。

吉村教諭が語っているように、プール当番だった教員たちは自責の念に苛まれながらも、自分一人の判断では両親に謝罪に行くこともできず、組織としての対応に任せざるを得ないという状況におかれていた。また実際には、学校管理職も同様に、遺族への対応を含めて事故に関する意思決定を市教委に任せるという立場をとっていた。こうした上意下達の組織のあり方が、それぞれの教職員が事故の原因や学校の責任について主体的に考えたり深く追及したりすることなく、元のような「日常」を取り戻すことだけに集中するような雰囲気をつくりだしていたといえる。

混乱と互いへの遠慮、在校生保護者への気遣いなどがないまぜになった教職員の心境は、ときに事故を奇妙な形で矮小化し、「日常」の中に回収するかのような態度として表れた。この点について、西田教諭は新学期の職員会議で起きた、ある出来事を語っている。

〔職員会議の場で〕「それぞれの学年で、どんなふうに〔事故について〕子どもたちに話すのかを、ちゃんと出してください」って言わはるんですよ、学校長が。〔略〕それで誰かが、「職員が前に出て、子どもたちに頭下げよう」って言わはったんですね。事故のために夏休みのプールがなくなったから、そこで子どもたちに「悪かったね」って言うて謝りましょうみたいな案が出たんですよ。私は「それはないやろ」と思って聞いてたんやけどね。〔略〕謝る相手が違うやろと思って。でも、よう言わんかったんですけどね。なんか、やっぱりその辺からもうみんな、混乱してたんかなあ、頭の中が。

（二〇一七年一一月一七日。以下同）

また、同じく夏休み明けの職員会議ではこんな出来事もあったという。

西田　〔職員会議の場で校長が〕「本当にこの〔事故という〕悲しい出来事がありましたが、でもいいこともあったんです」って言わはるから、「どんな嬉しいことがあったんかしら？」と思って聞いてたら、「六年生の学力テストの結果が返ってきて、今年はすごくよかったんです」って言わはってね。私もう、ものすごい腹が立って、開けてたノートにガーッと怒りの言葉を書いたん覚えてる。なんか、もうおかしいでしょ？　感覚が。〔略〕私は〔事故について〕何かわかったのかなと思って聞いてたら、「学力テストの結果がよかったんです。六年生の先生ががんばってくれはったお陰で」とか言わはるからね。ちょっと気分悪かった。なんかひどい。おかしい、この感覚は、と思って。〔略〕

石井　その「日常に戻りなさい」という雰囲気っていうのは、どういうふうに感じられるんですか？　子どもたちの前では、いつもどおりっていう感じですかね？

西田　そうやね。でもほんとに、事故前と変わらないような感じで動いてたもんね、学校がね。〔略〕……やっぱりなんか保護者への気遣いとか学校の体面とか、そういうのがあったんじゃないですか。

このように、学校で一人の子どもが亡くなるという非常事態に際して、管理職をはじめとする教職員たちは冷静に状況を見極めて対処するというよりも、事故に関する実務的な問題については市教委の判断に任せつつ、ひたすら何事もなかったかのように学校を運営することに集中していた。とりわけ、日常の繰り返しの中に事故という出来事を塗りこめるかのような管理職の態度は、教職員や保護者たちが事故をめぐる疑問や不安にともに向き合うことを抑制したのみならず、遺族と学校の関係をいっそうこじらせるという結果を招いた。

浅田さん夫妻とのやりとりにおいて校長は、ときに涙ぐんで謝罪したり、突然自宅を訪れるといった感情的な行動をとる一方で、事務的な問題については原則主義のかたくなな対応に終始していたが、このことは市教委の指導下にあって在校生の保護者たちに気を遣いつつ、遺族に対応することを迫られた校長が、一種の思考停止に陥っていたことを示しているように思われる。

非常事態に際して主体的かつ柔軟に対応するのではなく、慣例や原理原則に逃げこむかのような校長の態度は、浅田さん夫妻が学校に対して第三者委の設置に向けたお知らせや署名用紙の配布を依頼した際に、とりわけ顕著に表れた。

学校で署名用紙を配布してほしいという浅田さん夫妻の依頼に対して、校長からは、「配布するかどうかについてはＰＴＡと話し合わなくてはならない」ということに加えて、「事故を起こした側がこうした署名用紙を配布することは無責任だ。だから配布はできない」という、両親の側からすれば理解不可能な回答が返ってきた。

また、第三者委員会の設置に向けた両親主催の説明会のお知らせに至っては、「このような私的なものをなぜ学校が配るのか、と思う保護者がいるかもしれない」という理由で、校長は配布を断った。学校で起きた事故で娘を亡くした両親が、第三者委員会の設置に向けて保護者と地域住民の理解を得るために説明会を開く。そのどこが「私的」であるというのだろうか。校長の弁によれば、開催場所が講演会場などではなく地域の集会所であること、話し手が浅田さんだけであり、他に講師がいるわけではないこと、叡成小学校の保護者だけに呼びかけているようにみえることなどから、「客観的にみて公共性が低いようにみえる」とのことであった。みずからの管理下にある学校で起きた事故であることを忘れ去ったかのように、形式や体面だけを重視する校長の態度は、浅田さん夫妻をいっそう深く疲弊させるに十分すぎるものだった。

その一方で、学校管理職は二〇一三年の春以降、一周忌に向けて学校として羽菜ちゃんを追悼するための方法を模索していた。次章でみるように、羽菜ちゃんの命日には学校で追悼式が催されたが、事故による死を穏やかな別れのイメージの中に包みこみ、参列者たちに慰めを与えることで日常の回復を促すような式典のあり方は、事故についての事実を追い求め、未来のみえない「止まった時間」の中に立ちすくむ両親の思いとは、はるかにかけ離れたものであった。

四章　追悼のかたちをめぐる学校と遺族の距離

学校における「偲ぶ会」の開催

羽菜ちゃんの死から一年が経った二〇一三年七月三一日。叡成小学校の校庭で、「浅田羽菜さんを偲ぶ会」が開かれた。

この会には、黒いスーツに身を包んだ学校長をはじめとする教員たちと京都市教育委員会の職員たちのほか、多くの児童や保護者たちが参列した。この日に先立って、校庭の北東隅には羽菜ちゃんを記念するハナカイドウの若木が植樹されており、「偲ぶ会」はこの「羽菜ちゃんの木」の傍らで行われた。木の前には、子どもたちの書いた羽菜ちゃんへの手紙や、折り紙で作った色とりどりの花を貼り付けたメッセージボードが立てられた。また、その横に設えられた献花台には、会の参列者たちがたむけた花束が山のように積み重ねられた。

この会では、まず「羽菜ちゃんの木」の前で学校長とPTA会長が羽菜ちゃんの思い出を語り、つぎに担任だった西田教諭が羽菜ちゃんへの手紙を読み上げた。その後、子どもたちは保護者とともに和紙で小さな灯籠《とうろう》を作り、その表面に思い思いのメッセージや絵をかいて「羽菜ちゃんの木」の根元に並べた。最後に、子どもたちは用意されていたシャボン玉液を手にとって、ときに笑いたわむれながらたくさんのシャボン玉を空に向かって吹き飛ばした。

この会の準備から実行に至る実務のほとんどは、校長から依頼を受けた図書ボランティアの保護者たちが担っており、子どもたちも楽しんでかかわることができるような式の構成は、彼女たちの工夫によるものだった。また、式の中でも西田教諭の手紙は、羽菜ちゃんへの愛情と痛切な思いを余すところなく伝えるものであり、教諭がそれを読み上げている間、参列した保護者の間にはすすり泣きが広がった。

以下に、西田教諭の手紙を抜粋して紹介したい。


羽菜ちゃんへ。

あれは桜の季節、入学式。紺色のワンピースがとってもよく似合っていた羽菜ちゃん。これから始まる学校生活に胸をわくわくさせていたことでしょう。名前を呼んで「よろしくね」のあくしゅ。ちょっぴり恥ずかしそうな笑顔、愛らしい丸いほっぺ、小さくて温かいしっとりとした手の感触が思い出されます。

朝の会が大好きだった羽菜ちゃん。「あさだはなさん！」「はい！　元気です」みんなで名前を言い合う朝の会が気に入って、おうちでも「あさのかいごっこ」をしていたそうですね。家庭訪問でそのことをお聞きしてとても嬉しかったことを覚えています。〔略〕給食時間、「たくさん食べたね」と大きなお腹をさわって笑いあった時のこと。「羽菜ちゃーん」と呼ぶと抱きついてくれたこと。楽しい思い出をありがとう。でも休み時間、「せんせいあそぼ」と言ってくれたのに「ごめんね」と断ってしまった時のこと。授業中、廊下を通った高学年のお兄さんに羽菜ちゃんがとっても嬉しそうにバイバイをした時、きつく注意してしまったこと。今でも後悔しています。

どうして私は余裕のない先生だったんだろう。

あの日。よいしょよいしょと二人で水着を引っ張り上げた後、羽菜ちゃんはすのこに座ってゴムぞうりを履き、「ほらね」と私を見上げました。まちがえずにきちんと入れられたよ。先生見て見て。と言うように。いつだったかゴムぞうりに指をうまく入れられていなかった羽菜ちゃんをきつい口調で急がせた時のことが浮かびました。羽菜ちゃんもあの時のことを覚えていて、私に褒めてほしかったのでしょう。そんな羽菜ちゃんをいじらしく思ったのに、他のことが気になっていた私は少し笑顔を返しただけでプールに送りだしたのです。あの時どうして「うまくはけたね。すごーい」とハグハグしなかったのだろう。

羽菜ちゃんが亡くなった時、「もっとやさしくしてあげればよかった」と真っ先にそう思いました。そして安全やいのちについてもっともっと真摯にとらえなければいけなかったのに、できていなかったことを悔やみました。どれだけあやまっても後悔しても、もう羽菜ちゃんはかえってきません。羽菜ちゃんを思って胸が苦しくなる時、最愛の羽菜ちゃんを失った痛み苦しみに毎日耐えているご両親を想います。一生、羽菜ちゃんとご両親を想いつづけていくことでしょう。

羽菜ちゃん。何度も言うけどお友達も先生も羽菜ちゃんのことずうっと大好きだよ。花さき山にいっぱい花を咲かせるからね。生きられなかった羽菜ちゃんの分まで花を咲かせるからね。見ていてくださいね。

二〇一三年七月三一日　大好きな羽菜ちゃんへ　西田悦子

西田教諭はこの手紙を、参列者の方ではなく「羽菜ちゃんの木」に向かって、時折涙で声を詰まらせながら読み上げた。手紙の内容にも、西田教諭の声音にも真摯な思いがあふれていたが、それを受けとめるはずの羽菜ちゃんも両親もその場にはおらず、植えられて間もないハナカイドウがその代わりとされた。

しめやかに、あるいは涙をまじえて語られる羽菜ちゃんの思い出にともに耳を傾け、「羽菜ちゃんの木」の前に花を供え、つぎつぎと空に昇っていくシャボン玉を仰ぎ見る。「偲ぶ会」に参列した人たちにとって、そうした追悼の時間がなにがしかの慰めと感動を与えてくれるものであったことは確かだろう。羽菜ちゃんの面影は可憐な若木の姿に重ねあわされ、「てんごくでもげんきでね」といった子どもたちのメッセージや、輝きながら昇天していくシャボン玉に満たされた光景を通して、「天国にいる羽菜ちゃん」のイメージが創りだされていく。羽菜ちゃんの死とそれに伴う悲しみは、そうした式の過程を通して、どこか美しく穏やかなイメージの中に包みこまれる。そして、儀礼が創りだす追悼の時間を経た参列者たちは、そうした穏やかなイメージを胸に、再び日常の世界へと戻ることを促される。

このように、学校で行われた「偲ぶ会」が参列者たちにある種の慰めと癒しをもたらす一方で、浅田さん夫妻は、この会に対して埋めようのない距離を感じていた。

遼子さんは、二〇一七年一一月一七日に行った西田教諭とのインタビューの中で、つぎのように語っている。

「偲ぶ会」自体が、最初の成り立ちからこう、ちょっとよく捉えきれないみたいなところがあって。どういうふうに私らは考えたらええんやろ?……まあ、でも、したい人がしたいように……市教委であれ、保護者であれ、その人らの中での「偲ぶ会」なんやから、みたいな落とし所をずっと思ってきて。

浅田さん夫妻はこのように、学校で開催される「偲ぶ会」に対して冷静な態度を保ちつつも、羽菜ちゃんを追悼の対象とするような式のあり方に対しては複雑な感情を抱いていた。浅田さん夫妻にとって、羽菜ちゃんは追悼の対象ではなく、ましてや学校安全の象徴でもなく、慈しまれ、世話されるべき愛しい娘として存在しつづけていた。羽菜ちゃんの存在を代替するかのような「羽菜ちゃんの木」も、羽菜ちゃんの死を穏やかな昇天のイメージで包みこみ、参列者に慰めを与えることで日常への復帰を促すかのような儀礼のあり方も、けっして癒されることのない痛みの中にある両親には、はるかに遠いものに思われた。

他方で、「偲ぶ会」にかかわってきた保護者や教員たちの一部にとって、この会は単なる「追悼」とは異なる意味合いをもつものでもあった。

参列者たちの思い、遺族との距離

図書ボランティアとして学校にかかわってきた前野朋子さんは、二〇一三年の六月、羽菜ちゃんを追悼する式典のあり方について校長から相談を受けた。この頃、校長は複数の保護者に声をかけてこの件について相談していたが、校長自身の当初のアイデアは、「羽菜さんを記念する碑を建てる」とか、「教職員だけで式典を行う」といったものであった。事故の後、教職員と保護者、それに子どもたちが一緒に羽菜ちゃんのことを考える場が一度もたれていないことに疑問を抱いていた前野さんは、校長の硬直的なアイデアに対して、保護者や子どもたち、地域の人たちにも開かれた場を設けることを提案する。

〔その頃に娘が〕よく言ってたのが、〔学校の朝会で〕「黙禱《もくとう》をすごいする」って言ってて。それがやっぱりみんな、あんまり意味がわかってへんっていうか。子どもに黙禱させる意味をちゃんと説明してないのに、「羽菜ちゃんのために」みたいなのをやるのは反対やったんで。「子どもたちも一緒に、自然に考えられる」っていう意味で活動しようかっていうので。

（二〇一七年一二月一九日。以下同）

校長からの依頼を受けて、いわば成り行きで会の準備や運営を引き受けた図書ボランティアの保護者たちは、その後、羽菜ちゃんと同学年の子どもたちが卒業するまでの計五回、羽菜ちゃんの命日に「偲ぶ会」を開催することになる。ただし、その立場はあくまで裏方的なものであり、式の内容や浅田さんとの距離感についても、逡巡しながら続けてきたというのが実情であった。

あの会も、〔羽菜ちゃんの学年が〕六年になるまではやったけど。毎回悩みながら、ほんまにこれがいいんかどうかもわからなくて。子どもらはたぶん、自然に羽菜ちゃんのことをずっと考えたり思ったりしてるから、別に大人がやいやい言わんでも、ほんまはいいと思うんですけど。〔略〕最初の一年目は、もうとにかく必死で、「もうこのまま〔学校側に〕スルーされるのはかなわん」みたいな感じでやってたけど。次の年からは、「誰がやりたくて、何のためにやってるんやろう」

とか。ま、学校だけに任したら、ほんまに簡素に、みんな黒い服着てっていうのだけで終わってしまうから、それはあかんと。あかんっていうか嫌やったけど。かといって、別にPTA主催っていうわけでもないし、もちろん私たち主催っていう感じでもなく、なんかようわからん感じっていうか。

で、私が毎年、〔浅田さん宅に参列者からの〕花束をいっぱい持って来させてもらってる。あれもすごい、いろんな人から「持っていってほしい」って頼まれたりとか。でもこれ、別に私が代表っていうわけでもなくて。持っていきたいんやったら、やっぱりほんまは自分で持っていった方が、どれだけ緊張するかはわからんけど、〔浅田さんにも〕伝わると思うんやけどっていうのも言ってたけど、みんなやっぱり、「ほんまに〔浅田さんにとって〕大事な日やから」っていうので遠慮したりとかしてて。ほんま難しいといえば難しいなっていうのがあって……。

前野さんが語っているように、「偲ぶ会」に参列する保護者たちの多くは、羽菜ちゃんの死に心を痛め、浅田さん夫妻に思いを寄せながらも、両親に対してはどのように接していいのかわからずにいた。そうした保護者たちにとって、「偲ぶ会」に参列して「羽菜ちゃんの木」に花をたむけることは、せめてもの気持ちの発露であり、自分自身への慰めでもあったといえる。そうした保護者の心境について、前野さんはつぎのように語っている。

〔参列者が持ってきた〕花は毎年いっぱい学校にあるんですけど。でもこの花、〔遺族でなく〕うちらが見て、ま、「ふーん」って思いながら。もうなんか、誰に対しての花なんやろうっていうの

があって……。だからまあ、自分らのための偲ぶ会っていう感じで捉えてて。〔略〕

みんなやっぱり、自分らを「学校側」って思ってしまうんですよ、なんか保護者も。私もそうやけど。ほんま変な言い方やけど、ちょっと負い目があるっていうか。なんか変な、ほんまに変な。「あのとき何もできひんかった」とか、「〔子どもがプールを〕「怖い」って言ってたのに、先生に何も言えへんかった」とか。事故の後の対応についても、「直接学校にどうこうもできひんかった」とかも結構あるし。他の人も結構それを言ってて。

「偲ぶ会」はそうした保護者たちの行き場のない思いを受けとめる場であったが、その運営を担うことで、いつのまにか前野さん自身が参列者たちの気持ちを受けとり、花束やメッセージという形で遺族に届けるという役割を担うことになっていた。それは前野さんにとって、成り行きとはいえ、はなはだ気の重い役割でもあった。

二〇一七年のインタビューで前野さんは、翌年の三月に羽菜ちゃんと同学年の子どもたちが卒業するのを機に、これまでとは違うかかわり方を模索していることについて、つぎのように語っている。

なんか、毎年代表みたいな顔をして〔浅田さん宅に花を届けに〕来るのもちょっと……。自分のお花は自分で届けるけど、でも、「他の人の気持ちをどうしたらいいんやろ」っていうの、毎年ほんとに困ってて。〔略〕卒業した後、来年からは「その人らの気持ちの行き場をどうする？」っていう話もしてたんですけど。でも私は、「学校に関することは、もう私はたぶんやらない。それは決めてるから」って言ってて。あとはもう個人で普通に付き合える方が、私は気が楽っていうか。

自分で全部、自分の思いは伝えてって。伝えきれへん人のことも気にはなるんですけど……。

前野さんが語っているように、誰が主催者であるのかは曖昧であるものの、「偲ぶ会」はやはり総体として学校主体の式典であり、そのことによって参加者と浅田さん夫妻との間には、簡単には縮めようのない距離が生まれていた。前野さんは、羽菜ちゃんの死に対してある種の負い目を抱えた保護者たちが集まり、ともに羽菜ちゃんを悼むことで慰めを得るという、いわば「学校側」にいる者たちにとっての自己満足の場であることに自覚的でありながらも、それでもなお、この会が羽菜ちゃんに心を寄せる人たちにとって大切な機会を提供していることを認識している。

前野さんはここで主に保護者の思いを代弁しているが、事故への責任を自覚しながら、それを贖う場をもたない教職員たちもまた、「偲ぶ会」によって自分を慰めるとともに、この会をひとつの償いの機会として捉えていた。事故当日にプール当番であった吉村教諭は、二〇一七年一二月二九日に遼子さんと私が行ったインタビューでつぎのように語っている。

私はよく、「どうやったら償えるんだろう」ってことをすごい思ってたんですけど。「償いの仕方がわからない」とは言ってたんですけど、それは今も変わらない思いではありますし、少しでも浅田さんの力になれることがあったらしたいなと自分は思いますし……。でも、「絶対に忘れない」というのは、当たり前なんですけど、ずっと考えてます。

だから、図書ボランティアの方たちが偲ぶ会をしてくださってたので、この五年間はそれがすごく自分としてありがたかったんですけど。たとえば羽菜ちゃんが埋葬された場所に行ってお花を供えさせてもらってとか〔考えたけれども〕、でもそういうのはつくられないというふうにお聞きしたし、お家に伺うこともいいのかわからなったし。だから年に一回でも、ああいう場を設定してくださって、そこでお花を預けさせてもらうことがすごいありがたかったんですけど……。

他方で、浅田さん夫妻は「偲ぶ会」に参列する保護者や子どもたちの思いには感謝の念を覚えながらも、事故に責任をもつはずの教職員や市教委職員までもが、保護者まかせの追悼式によって与えられる慰めに甘んじるべきではないと考えていた。二人が望んでいたのは、事故を過去のものとせず、真の意味で羽菜ちゃんを忘れないために、学校関係者がみずから主体的かつ実践的に行動することだった。前野さんとの対話の中で、遼子さんはつぎのように語っている。

なんか、いろいろ思うところはあるんやけど。私が一番嫌なのは、忘れられることやんか。だから、その〔校長などが話す前半の〕式典みたいなのって意味がないとは思うけど、「やらんよりはまし」っていうのは思ってて。市教委とか先生とかに、忘れられては困るよっていうのは思うもんね。〔略〕

〔子どもたちが中心になる後半は〕来てくれる子どもさんらが、羽菜を思い出してくれる大きなきっかけにはなるわけやから、それはそれですごくありがたいなと思うし。今までほんとに、自分たちとしてはあんまりイメージできひんかって。〔略〕正直自分らが、どうやってそこにかかわったらいいのかもわからへんし、特に求められてもいないし。じゃあ、自分から求めてかかわっていくっていうこともなんかおかしいし、ちょっと距離がよくわからないっていう感じやったけど。

まあ、それこそ学校を介してのものやから、やっぱりお互いに壁があったというところはあるもんね。

「これからは個人で」って言ってくれるのは、私もすごく楽やし。でもなんかひとつ、やっぱり心配なのは、「じゃあ学校ではどうするのか」って思ったときに、「やっぱり忘れられてしまうのは絶対嫌やな」と思ってて……。

（二〇一七年一二月一九日）

二〇一七年末の時点で遼子さんは、これまでのように参列者が互いに慰めあうとともに学校側に免罪符を与えるかのような追悼式のあり方ではなく、本当の意味で羽菜ちゃんのことを忘れさせず、事故のことを風化させないためにはどうすればよいのかということについて、「全国学校事故・事件を語る会」で出会った遺族たちとの対話などを通して考えを深めていった。そこから、学校に対する遼子さんの新しい試みが始まるのだが、それについては終章で取り上げたい。

初めて「偲ぶ会」が開催された二〇一三年の時点では、この会に集まった保護者たちのさまざまな思いを浅田さん夫妻は知る由もなく、学校による追悼式を対岸の出来事のような、いっそ的外れなものとして受けとめていた。「偲ぶ会」の内容は、参列者たちが羽菜ちゃんの死をともに悼みつつ、事故への悔恨と反省の上に立って未来へと進んでいくことを促すものであったが、先にふれたように浅田さん夫妻にとって、羽菜ちゃんは追悼の対象ではなく、事故は振り返られる「過去」ではなく、悲しみを乗り越えて進んでいくべき未来もまた、端的にいって存在しなかったからである。何よりも二人にとって、羽菜ちゃんはいまだ手放しがたい、常に慈しまれ、世話されるべき子どもとして存在していた。つぎにみるように、浅田さんの自宅で羽菜ちゃんの一周忌に催された小さな法要は、そうした両親と羽菜ちゃんのいまだ現前するきずなと、だからこそ癒されることのない二人の苦痛を表すものだった。

家族による供養——羽菜ちゃんを世話する

「偲ぶ会」が小学校で開かれた二〇一三年七月三一日の午前中、浅田さんの自宅では、羽菜ちゃんのためにささやかな法要が営まれていた。参列者は浅田さん夫妻と友人数名のみであり、法要を執り行う僧侶は、壮介さんの従兄にあたる男性であった。そのため、この法要は終始親密で心やすい雰囲気の中で進められた。

この法要の主眼は、それまでふたつの骨壺に分けて納められていた遺骨を、ひとつの骨壺に移すことであった。まず、羽菜ちゃんの遺影を掲げた小さな祭壇に向かって、僧侶が経を唱える。その後、両親と友人たちが順に、ひとつの骨壺からもうひとつのものへと、箸を用いて遺骨の一部を移し入れた。それが済むと、僧侶と両親は別室に移り、残りの遺骨をすべてひとつの骨壺に移し入れた。やがて僧侶は祭壇のある居間に戻ってくると、喉仏の骨を参列者に示した。そこでは羽菜ちゃんの遺骨についいて、両親と友人たちの間でつぎのような会話が交わされた。

「綺麗な骨……」
「こんなに綺麗なままなのは珍しいんだって」
「ずっと家《うち》にあったから……」
「〔僧侶の〇〇さんが言うには、骨の〕中身が詰まってるって」

「やっぱり詰まってたんだ」
「羽菜、重かったもんなぁ」

その後、家庭での供養の仕方について、僧侶は穏やかな口調で両親に伝授した。

「肉や魚をお供えしてはいけないということはないんです。ふだんの食事をお供えしてあげてください」
「〔御骨をひとつにまとめたのは〕身体《からだ》がばらばらになってしまっていると、可哀想ですから……」

このささやかな法要の内容には、学校で開かれたなかば公的な追悼式とは対照的な側面があることに気がつく。先にみたように学校における「偲ぶ会」は、事故という出来事と羽菜ちゃんの死を、参列者たちがともに歩んでゆくべき、過去から未来へと続く道程の中に位置づけるものだったといえる。そこでは、大人たちが羽菜ちゃんの思い出を語り、事故への反省に立って安全な未来を築くことを誓い、最後に子どもたちが「羽菜ちゃんの木」の前で遊びたわむれるという式の構造を通して、参列者たちが羽菜ちゃんの死をともに悼みつつ、悲しみを乗り越えてよりよい未来へと進んでいくことが促されていた。同時にこの式は、なまなましい事故の事実を穏やかな昇天のイメージに変換するとともに、ハナカイドウの若木が表しているように、羽菜ちゃんの存在をどこか抽象化する効果をもつものでもあった。

それに対して、家族を中心とした法要の場では、羽菜ちゃんの遺骨やお供えされる食事をめぐる会話にみられるように、羽菜ちゃんはいまだに世話をされるべき身体をもった存在として感じとられている。羽菜ちゃんの骨は、その存在を象徴するものではなく、ずっしりとした重みをもつ彼女の身体の一部である。そして羽菜ちゃんは、両親とともにあって常に気遣われ、愛情を注がれつづけるべき存在として、「まだここにいる」子どもとして遇されている。

このように、家族によって営まれたこのささやかな法要では、両親が羽菜ちゃんの存在を手元にひきとめ、「まだここにいる」実在として感じつづけることが了解されている。そして両親は、悲しみを乗り越えて日常生活に戻ることを促されるのではなく、茫漠とした生死の境にとどまり、我が子とともにありつづけることを肯定されている。

その一方で、両親は毎日のように羽菜ちゃんを想い、その存在をなまなましく感じつづけながらも、現実には我が子がもうこの世にいないということを痛いほど知っている。夢に現れる我が子の感触や、絶えず思い出される面影や声を通して、「まだここにいる」子どもの存在を感じとりつづけること。そして、それにもかかわらず、「もういない」という現実を繰り返し突きつけられ、打ちのめされつづけること。その耐えがたい痛みについて、遼子さんはフェイスブックにつぎのように綴っている。

夢をみました。

羽菜が走ってきて飛びついて、よじ登ってくる夢。手をつないで、私の膝に足をついて、「うんしょ！　うんしょ！」と口をとんがらかしてがんばって……途中で「できない～」と甘えベソ。「できるできる！　だいじょうぶー」と答えて抱きしめながら、「なにかを失ったと思っていたけど……なんのことだったんだろう。なにも失ってない、なにも変わってないのにな」と思っていました。

目が覚めたら羽菜がいなかった。

やっぱり……と泣きました。

でも、会えて嬉しかったよ、羽菜。


（二〇一四年三月一八日）


一番したくないことは、あの頃の自分の気持ちを思い出すことです。

あの子の姿や表情は、どんなにつらくても痛くてもずっと思っているし、思っていたい。でもあの子といたときの自分、愛おしさや誇らしさ、喜びや楽しさ、心強さにあふれていた幸せな自分を思い出すことは、つらくて苦しくて、どうにも恐ろしい、たまらないことです。

まったく世界が変わってしまって、過去とはつながれない。あの子がいないままの未来も意味はない。過去も未来もなくて、バラバラの目の前の現実をただなんとかやり過ごしているだけ、まさに、時間は止まっているという気がしています。

その意味で、「地獄の日々」ということもとてもわかる。過去も未来もなく、ただ繰り返し苦痛を与えられ、蘇っては殺されつづけるという地獄って、こういうものなのかなと思うからです。

私たちはとても恵まれていると思います。周りにとてもあたたかい人たちがいて、支援があって、導いてくれる人たちもいる。

それでも、どうしようもなく、そんな気持ちを抱えています。


（二〇一四年三月四日）

「止まった時間」。遼子さんの言葉が端的に表しているように、羽菜ちゃんを亡くしてから、浅田さん夫妻の日常は失われ、過去から未来へと続くはずの時間の流れもまた、確かなものとは感じられなくなっていた。羽菜ちゃんの存在を探し求め、ふとした瞬間や夢の中にその気配を感じとりながらも、羽菜ちゃんの不在という残酷な現実に直面しつづける日々。そんな毎日を必死にやりすごす浅田さん夫妻にとって、学校での「偲ぶ会」によってはからずも演出される未来への約束や日常の回復などは、まるで夢物語のように遠い事柄に感じられていた。

物語化に抗して問いつづける

学校で開かれる「偲ぶ会」は、浅田さん夫妻にとって、学校管理職や市教委などとの事務的なやりとりよりも複雑な意味合いをもち、ときに対応が困難なものでもあった。なぜなら、そうした集まりは羽菜ちゃんの死を悼む人たちの紛れもない誠意と善意、両親への同情に基づくものであり、したがって両親はそれらを穏やかな感謝をもって受けとめ、儀礼によってともに慰められることが期待されていたからである。

そのことを理解しながらも、浅田さん夫妻は学校における「偲ぶ会」を容易に受け入れることはできなかった。感動を伴いながら、参列者たちに癒しと慰めを与えるような式のあり方を受け入れることは、「どのようにして事故は起こったのか」という事実を追求し、その根底にあるはずの問題を厳しく問いつづける姿勢を手放すことにつながりかねないことに、二人は気づいていた。

この点に関連して、遼子さんは私へのメールの中でつぎのように述べている。

〔「偲ぶ会」については〕一部の式典的な部分はもちろん、二部のお友だちの参加する部分ですらも、両親の気持ちからは遠かったと思う。〔略〕どちらにも、事故の実際の恐ろしさや、羽菜が失われてしまった生々しさはない、実物の羽菜はいないなと。「あの事故を忘れていない」というアピールのための、単なる象徴、アイコンのように羽菜が扱われてしまうということを思ってしまいます。一部と二部が合わさると、事故そのものからも遠く、羽菜もいない行事になってしまうような……。

（二〇一九年一二月二九日）

遼子さんが述べているように、学校での追悼式は、事故による羽菜ちゃんの死という現実を穏やかな別れのイメージの中に包みこむとともに、彼女の存在を抽象化するものでもあった。そうした式のあり方を通して、これ以上、あの事故という出来事によって日常の秩序が脅かされることはないこと。だからこれ以上、死について問いつづける必要はなく、再び心安らかに、未来に向けて生きていくべきであることが言外に表明され、要請されている。それは、式に参列する人たちの意図にかかわらず、苦難を乗り越えて未来へ進んでいくという「回復の物語」を具現する追悼式そのものに含まれる前提であり、要請であったといえる(16)。しかし、そうした言外の前提や要請は、我が子の死をめぐって絶えず湧き上がり、片時も消えることのない「なぜ」という問いへの答えはおろか、「どのようにして」という問いへの答えも手にしていない両親にとっては、とうてい受け入れがたいものであった。

さらに、学校という場における追悼式は、まずもって「子どもたちのため」を主眼として行われるということが、事態をよりいっそう複雑なものにしていた。先にみたように、小学校で行われた「偲ぶ会」は、学校での事故による不慮の死を、子どもたちにとって受け入れられやすい自然な昇天のイメージに変換する効果をもつものだった。それによってこの儀礼は、「羽菜ちゃんとの楽しかった思い出を忘れない」ことを子どもたちに奨励する一方で、事故や死そのものについては速やかに忘れて、安心して学校生活を続けるよう促している。このように、日常の秩序を脅かさないような仕方で故人を「思い出す」ことを促す追悼式は、その裏返しとして、日常の秩序を揺るがせるような仕方で死を想起し、なまなましく感じとることを暗黙のうちに禁じるものだったといえる。

しかし、浅田さん夫妻が探し求めている、事故に至るまでの具体的な状況や羽菜ちゃんの行動をめぐる問いへの答えは、事故当日の出来事を子どもたちから詳しく聴き取り、あるいはプールにおいて当時の状況を再現するといった方法を抜きにして得られるものではない。そうした意味でも、学校における追悼式の方向性と両親の願いとは乖離し、互いに一致しえないものであった。

こうして学校において、よりよい未来へと向かう物語によって事故の事実が「過去」の領域にしまいこまれようとしているまさにそのとき、「どのようにして」という遺族の問いに何らかの回答を与えるべく、第三者委員会が調査を開始しようとしていた。

第二部 「公正中立」な調査とその限界

五章　プールでの再現検証と聴き取り

プールでの再現検証に向けて

二〇一三年の七月末に「京都市立叡成小学校プール事故第三者調査委員会」が発足すると、調査委員たちはプールでの再現検証に向けて迅速に活動を開始した。早くも八月一日には、同月の一九日に叡成小学校のプールを用いて再現検証を行うことが委員会において正式に決定されたのである。

事故当日と近い状況で検証実験を行うためには、プールに入ってくれる低学年児童の確保が不可欠である。この点について、第三者委からは浅田さん夫妻に対して、「小学校と〈夫妻の支援者たちである〉「歩む会」のそれぞれが同時並行で参加者を募ってほしい」という依頼があった。両親は第三者委が発足した当初から、再現検証の実施に向けた保護者説明会を開催するとともに、保護者に向けた告知文書を配布するよう、市教委を通して学校側に依頼していた。だが、第三者委の事務局を務める市教委総務課からは、説明会の開催についてはかばかしい返事はなく、「まずは「歩む会」で参加児童を募ってほしい」とだけ伝えられた。

こうしたやりとりの中で、学校側は再現検証の実施に向けて主体的に動く気配はなく、なおかつ実施主体である第三者委も児童の募集といった実務的な問題については無策であることが明らかになったが、その結果、参加児童の確保という課題を丸投げされた形となったのは、浅田さん夫妻とその友人たちからなる「歩む会」だった。

三章でみたように、「浅田羽菜さんの家族とともに歩む会」とは、浅田さん夫妻と友人たちが事故に関するウェブサイトを立ち上げた際に便宜的につけた名称であり、実体的な組織があるわけではなかった。それは浅田さん夫妻を気遣い、できることがあれば手伝いたいという思いをもつ友人たちのゆるやかなつながりであり、自発的な活動であるにすぎなかった。しかし、市教委や第三者委との度重なる交渉を通して、「歩む会」は次第に浅田さん夫妻の支援団体として実体化されていくことになる。このことは後でみるように、「羽菜ちゃんと両親のために何か役に立てれば」というそれぞれの素朴な思いを超えて、「歩む会」と呼ばれるつながりに、ある種の立場と集団性を外側から付与することにつながった。

ともあれ、第三者委からの依頼を受けた浅田さん夫妻と友人たちは、再現検証に参加してくれる低学年児童を集めるためにすぐさま行動を開始した。第三者委は児童の人数にはこだわらないという姿勢をみせていたが、それに対して両親は、事故当日と同じ状況をつくらなければ再現検証の意味がないと訴えた。友人たちは、京都市内の小学校や学童保育所、保育園などの施設をはじめ、近隣の商店や喫茶店などをまわり、プール事故の発生から再現検証の実施に至る経緯を説明するとともに、検証実験への参加をお願いするチラシを置いてくれないかと依頼した。また、再現検証の実施に関する情報をウェブサイトに掲載して広く協力を呼びかけ、フェイスブックなどを活用して児童の参加を募った。

一方、第三者委員会は当初、再現検証について学校管理職から保護者に周知するのではなく、PTA会長に周知を一任しようとしていた。そうした判断の背後には、事故を起こした側である学校を通して再現検証への協力を保護者に呼びかけることへの懸念があったものと思われる。

これに対して浅田さん夫妻は、再現検証について学校から正式に周知してほしいと再三にわたって訴え、それを受けてようやく学校から全児童の家庭に向けて告知文書が郵送されることになったのは、検証実施日のわずか六日前の八月一三日のことだった。

この時点で、再現検証への参加を申し込んだ児童の数は二六名。目標としている事故当日と同じ六九名ははるかに遠く、浅田さん夫妻は焦りを感じていた。ただし特筆すべきは、この二六名のうち、市教委事務局による参加募集に応じて、市教委職員を保護者とする児童の申し込みが一二名もあったことである。その背景に市教委としてのどのような判断や職員たちの思いがあったのかは定かではないが、このことは第三者委の調査に対する市教委の、口先だけではない協力姿勢を表すものであったといえる。

この日から再現検証の実施に至るまでの数日間、浅田さん夫妻と友人たちは知人などへの連絡と協力依頼を懸命に続け、わずか三日間で参加申し込み者数は当初の二六名から六二名にまで増加した。そして検証実施前日の一八日夜、再現検証への参加を申し込んだ児童の数は、目標としていた六九名を超える七二名(うち市教委関係者一四名)に達した。

検証実験の実施

二〇一三年八月一九日。薄曇りの空の下、叡成小学校のプールを用いて第三者委員会による再現検証が行われた。検証には事故当日と同じく、一年生から三年生までの児童計六九名が参加することになった。また、当日に水泳指導を担当していた三名の教員をはじめ、救護や連絡にかかわった教員たちも参加した。

この検証実験の主な目的は、学校と市教委によるこれまでの調査で明らかになった事故発生当時の水泳学習の様子とプール内の状況をできる限り再現し、児童や教員の動きを観察・測定するとともに、ビデオカメラで撮影することにあった。この目的のために、別の小学校の二年生である富澤茉実ちゃんが羽菜ちゃんの役を務めることになったが、彼女は事故の後、浅田さん夫妻を気遣ってきた富澤さん夫妻の次女であり、桜野保育園で羽菜ちゃんと一緒に育ってきた幼なじみであった。

再現検証は、事故当日の時系列に沿って水泳学習の開始時点から進められたが、ここでは事故が起こった自由遊泳の時間帯に焦点を当ててみていきたい。

二章でみたように、学校と市教委による調査から、すでにつぎのような事実が明らかになっていた。自由遊泳は、五分間の休憩を挟んで午後一時四五分頃から開始された。まず、三人の教員がプールサイドにある倉庫から、さまざまな形の大型フロートをプールに投げ入れた。その後、児童たちは一年生から順に、プールサイドから入水した。子どもたちの多くは競い合うように大型フロートに群がり、フロートを押したりその上に乗ったりしながら思い思いに遊びはじめた。

この自由遊泳の間の羽菜ちゃんの行動については、プール当番だった教員の証言などから、つぎのことがわかっていた。休憩時間中、羽菜ちゃんは他の一年生児童とともに、プールサイドの南西側に座っていた。自由遊泳が始まると、羽菜ちゃんは隣に座っていた二年生の女の子と、プール南西端の水深の浅い場所で追いかけっこをして遊んでいた。当番の一人だった吉村教諭は、プールサイドの北側から南側にある日除けテントの下あたりまで歩いてきたところで、プールの中にいた羽菜ちゃんから、「あそぼ」と声をかけられた。そこで教諭はプールの中に入り、羽菜ちゃんを抱き上げたり水につけたりするという遊びをしばらく繰り返した。すると、他の児童が「私にもやって！」と次々に近寄ってきたので、教諭は数人の児童に対して同様の遊びを繰り返した。その後、当時自分が担任していた三年生の児童が誘いに来たため、吉村教諭はそれまでの遊びをやめて、数人の子どもたちと鬼ごっこを始めた。教諭は、自分がオニになって児童を追いかけたり、逆に追いかけられたりしながら、プールの南側から北側へとプール内を縫うように移動していった。そして、プールの北端近くまで進んだとき、彼女は水中にうつぶせに浮かんでいる羽菜ちゃんを発見した。

このときの羽菜ちゃんの行動については、プールの南端で吉村教諭とかかわった後、北端付近で発見されるまでの数分間の情報が皆無であった。したがって、浅田さん夫妻がもっとも知りたかった事柄とは、羽菜ちゃんがなぜ、どのような経路で、プールの南側から北側へと移動したのか。またなぜ、そこで溺れてしまったのかという、溺水に至るまでの具体的な行動経路と溺水を招いた原因だった。この再現検証を通して、溺水の直接的な原因を明らかにすることまでは難しいにせよ、移動経路の範囲や溺水要因の可能性を絞り込むことが期待されていた。

自由遊泳時間中の羽菜ちゃんの行動に関する検証実験では、参加児童全員がプールに入った状況で、吉村教諭役の女性が茉実ちゃんを抱き上げたり水につけたりして、羽菜ちゃんとの遊びを再現した(17)。また、吉村教諭の代役と茉実ちゃんはそれぞれ、調査委員が設定した行動経路に沿ってプール内を移動し、その様子が数台のビデオカメラで撮影されるとともに、移動速度の測定が行われた。

このうち吉村教諭役については、事故当日に三年生児童と鬼ごっこをしながら移動した動きを再現するため、プールの南側中央付近から羽菜ちゃんを発見した北端付近までプール内をジグザグに移動

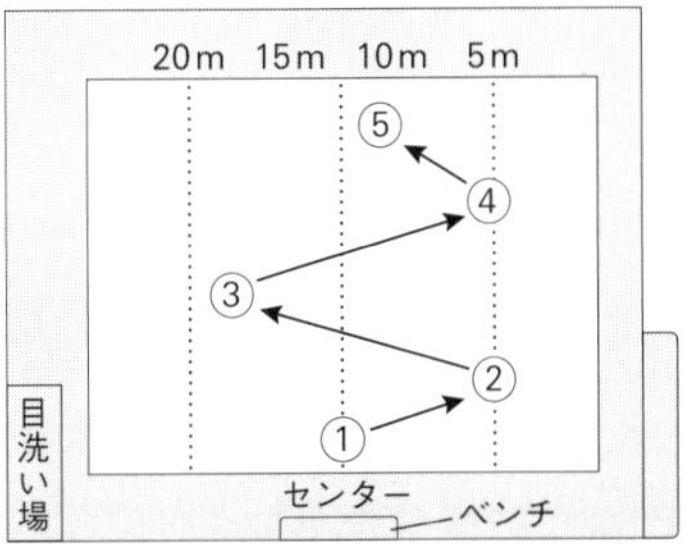

図2　吉村教諭役の測定経路
（報告書 46 頁の図をもとに作成）

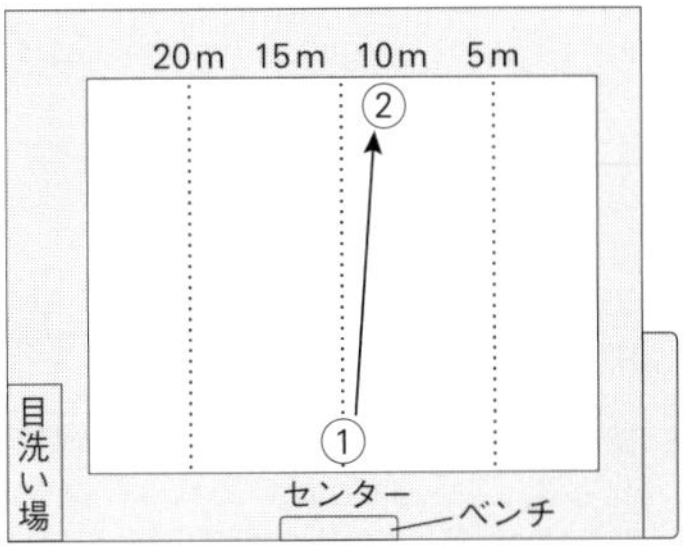

図3　茉実ちゃんの測定経路①
（報告書 48 頁の図をもとに作成）

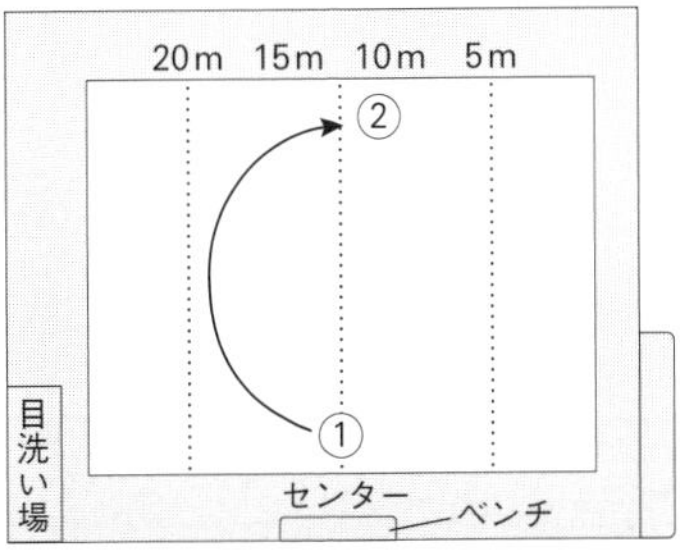

図4　茉実ちゃんの測定経路②
（報告書 50 頁の図をもとに作成）

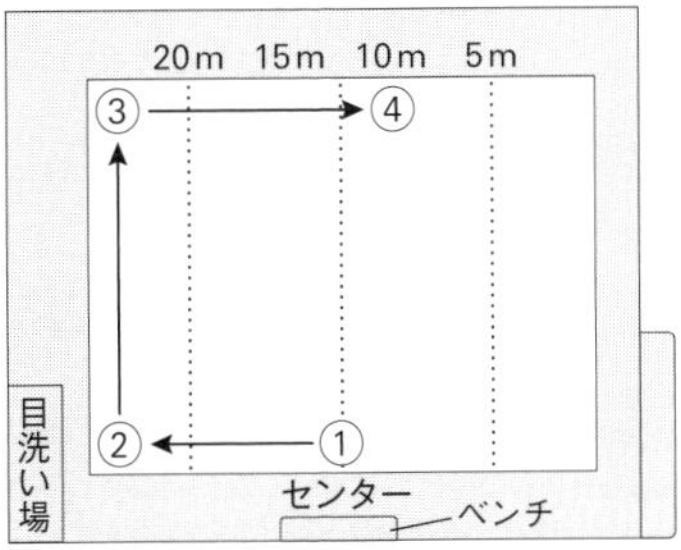

図5　茉実ちゃんの測定経路③
（報告書 52 頁の図をもとに作成）

する動きを計三回行ってもらい、それぞれの回についてかかった時間を委員がストップウォッチで測定した[18](図2)。また、茉実ちゃんについては、①南側中央から北端の発見場所付近までほぼ直線的に移動、②南側中央から発見場所付近まで、西側に大回りするような経路で移動、③南側中央から西に向かってプールの壁伝いに動き、発見場所付近まで「コ」の字型に移動という三つの経路で移動する動きをそれぞれ二回ずつ行ってもらい、かかった時間を委員がストップウォッチで測定した(図3・4・5)。さらに、羽菜ちゃんが吉村教諭の後を追って移動したという可能性を検証するため、プール内を南側中央から北方向にジグザグに移動する吉村教諭役の後から、ほぼ同じ経路で茉実ちゃんに移動してもらい、両者の位置関係を確認するという実験が行われた(19)。

この検証実験が行われた午後一時過ぎから一時間あまりの間、参加児童の保護者たちはプールの西側に位置する校舎一階の控室で待機していた。この教室の窓からプールの様子を見ていた保護者の一人は、その翌日に浅田さん夫妻に送ったメールの中で、検証実験の内容とその印象を詳しく伝えている。

一時一〇分頃より、三年生から順番にプールに入り、まずは水慣れ運動なのでしょう、水の中を歩き、のち、跳びはねながら両手を頭の上でたたき、そして泳ぐ人は軽く泳ぎながら、プールの長い方を一往復半から二往復していました。すでにこの準備運動の様子の印象として、やはり水の深さがありました。素人目で、しかも遠目でも、それが強く感じられました。また、思った以上に電車が通り、踏切の音、電車の音とも想定以上に大きく、頻度も高かったです。〔教員は〕拡声器を使っていましたが、指示の声が完全に漏れなく聞こえていたかどうかは不明だと思いました。また、〔事故〕当時はホイッスルもない中、全員の注意を一時に引きつけるのは困難かと思われました。

（二〇一三年八月二〇日）

控室で待機していた遼子さんの友人もまた、学校のすぐ近くにある踏切や電車の騒音に言及するとともに、自由遊泳の時間に投げ込まれた大型フロートの数の多さとその危険性について、遼子さんへの私信でつぎのように書いている。

自由遊びに入ってからのビート板〔大型フロート〕の数も、かなり多かったようです。水深が深いのもあってか、ビート板につかまって遊ぶ子供も多かったですし、上に乗る子供もひっきりなしにいました。周りの保護者の方たちも、あれは危なすぎる、見ただけでわかる、といった感想でした。夜、参加してくれた保護者の方から電話があって、子どもの感想を知らせてくれました。一年生の女の子は、もともと水が苦手なのもあって、もちろん怖かったと言っていた。三年生のお兄ちゃんは一二八センチ位の標準体型で、水泳もやってるのですが、あんな深かったら危なすぎる、自分でも怖かったと言っていた、とのことでした。

（二〇一三年八月二〇日）

このように、事故当日の様子を再現した検証実験は参加児童の保護者たちに、水位の高さや大型フロートの多さ、教員による全体への指示と監視の難しさなどの点において、当時の状況の危険性をあらためて認識させるものだった。

この再現検証については、翌二〇日に京都新聞が「叡成小プール事故市教委第三者委　児童六九人参加し検証　「空白の数分間」再現」という見出しで記事を掲載したほか、朝日、読売、産経といった大手新聞社がこぞって記事を掲載した。検証実験の後にプールサイドで開かれた記者会見で、第三者委委員長の安保弁護士は、「六九人の児童がロングビート板を浮かべて遊んでいる中で、一人の子どもの行動を確認するのは大変難しいと思った」という主旨の感想を述べている。

第三者委にとって最初の大きな仕事であった再現検証は、多数の児童や保護者たちの協力を得て、こうして無事終了した。再現検証終了の知らせを受けて、遼子さんは友人たちに向けてつぎのようなメールを送っている。

検証が無事に終わって、本当によかった。安全に終わることを第一に願っていました。立ち会ってくれた皆さん、本当にありがとうございました。私と夫に代わって、その場にいてくれて、いろいろな思いを引き受けてくれたのだなぁと思います。私たちにはできなかったけど……ほんとありがとうね。子どもたちにも心から感謝やわ。

今日のことで、あの日の事故がどれだけのことだったかを、委員の皆さんも知ってくれたのでは。でも、ほんとにいろんな思いが湧くね。今日が成功して、手放しでよかったと喜べるわけでもないし……むしろ悔しい、痛い思いもある。「なぜあのときに」とも、戻らないもののことを思い知ってほしいとも思うし。調査は、進んで嬉しいというものではないね。進めば進むほどに、そこにある痛みを思い知ります。委員の方々にもそれを感じてほしい。そう思います。

（二〇一三年八月一九日）

浅田さん夫妻の願いは、この検証実験で得られたデータの分析を通して、羽菜ちゃんの行動経路と溺水の原因について一定の見通しが得られるとともに、救護活動における問題点が示されることだった。そのために浅田さん夫妻は、かねて訴えていたように、事故当日にプール学習に参加していた児童への聴き取りを行うだけでなく、再現検証に参加した児童への聴き取りも実施することを第三者委に要望していた。事故当日と同じプールの状況がどのようなものであったかを子どもの目線や感覚から理解することは、そこにはらまれていた危険性や、羽菜ちゃんの行動の可能性を探るために不可欠だと思われたからである。

再現検証で羽菜ちゃんの役を務めた茉実ちゃんの両親である富澤さん夫妻もまた、これと同じ思いを抱いていた。早くも再現検証の翌々日、茉実ちゃんの母である加代子さんは、「委員の皆様にはできるだけ早く茉実への聴き取りをお願いしたい」という希望を第三者委に伝えている。同時に加代子さんは、浅田さん夫妻と友人たちにつぎのようなメールを送っていた。

茉実の面接、聴き取りは茉実自身の気持ちの面談ではないので、ご心配なく。茉実は元気にしています。当日、茉実がした行動をビデオや写真、タイムをはかるなど、科学的に分析することはもちろんのことなんやけど……。なんやろ……それだけでは足りない気がして。その時その時の状況で、感じたこと、思ったこと、茉実の声、聞いてほしくなりました。何もしゃべらないかもしれへんし、特になんの役にも立てへんかもしれない。でも、もしかしたら、何か聞いているかもしれない。

忘れてしまわないうちに。そんな気持ちです。

（二〇一二年八月二一日）

「茉実の声」「何か聞いているかもしれない」。

こうしたフレーズは、私がこのメールを受けとった時には特に不思議に思うこともなく読み流した言葉だったが、のちに、再現検証の後で加代子さんが茉実ちゃんと交わした会話の内容を知ったとき、不意に重要な意味をはらんだ言葉としてよみがえってきた。

「羽菜の最後の声を聴いてやりたい」——浅田さん夫妻が、事故の後のあらゆる行動の原動力としてきたこの思いと、加代子さんがはからずも使った「声を聞く」という言葉は、そこにおいて確かに共鳴しあっていた。

だが、私がそのことに気づくのはそれから数カ月後のことである。浅田さん夫妻と友人たちにとっての誤算とも思われたことは、夫妻や加代子さんの再三の依頼にもかかわらず、第三者委による児童への聴き取りがその後、一向に進められなかったことだった。

児童への聴き取りをめぐる問題

再現検証の終了後、第三者委は両親の依頼を受けて、検証実験に参加した児童の感想を集めるべく対象児童の自宅にアンケート用紙を送付した。ただし、浅田さん夫妻は再現検証の直後から、アンケート調査だけでなく参加児童への聴き取りを行うよう第三者委に依頼するとともに、住友教授の提案を受けて、児童や保護者からの相談を住友教授が受けつけられるような窓口を設置するよう市教委に求めていた。こうした両親の依頼に対して、調査委員たちはその都度、「すぐにでも聴き取りを始める」と約束はするものの、その約束は果たされないままに日数だけが過ぎていった。

そんな中、浅田さん夫妻は、再三の依頼にもかかわらず児童への聴き取りが実施される気配がないことや、第三者委員会の動きがほとんどみえないことに不安を覚えはじめていた。不安と焦燥を感じながら待ちつづけていた二人に、再現検証に参加した児童の保護者に宛てて聴き取りに向けた依頼文書を送りたいとの連絡が第三者委から入ったのは、再現検証からすでにひと月が経った九月下旬のことだった。

このように、児童への聴き取りがなかなか進まなかった背景には、複数の要因があったと思われる。

ひとつには、児童の証言の信憑性をはかることの難しさなどから、委員の中にも聴き取りに対して消極的な意見があったこと。いまひとつには、子どもへの聴き取りや面接に関するスキルをもった専門家が第三者委の中にいなかったこと。そして、委員同士の意思疎通や情報共有がうまくいっていなかったことである。最後の点は、第三者委の運営や意思決定にとって大きな問題であり、かつ浅田さん夫妻の不安の要因でもあった。また実のところ、この点については調査委員の一人から浅田さん夫妻に対して、直接に伝えられてもいた。この委員は、浅田さん夫妻に向けた私信の中で、それぞれの委員が誠実に任務に取り組もうとしていることを認めた上で、「現状では、委員全員のコンセンサスを得ることや、意思を反映させることが曖昧なまま、一部の委員と事務局の判断で事が運び、また、事が動かない感があります」と指摘している。

とはいえ、第三者委も聴き取りの実施に関して完全に手をこまねいていたわけではなかった。九月下旬には、第三者委は自分たちの面接スキルの不足を補うために司法面接の専門家を招いて研修を行うとともに、保護者の理解を得るためにＰＴＡ役員との会合をもった。そして、再現検証に参加した児童への聴き取りを一〇月中旬から開始するとして、対象となる児童の保護者に向けて依頼文書を送付した。

こうして児童への聴き取りに向けてようやく準備が整いはじめたかにみえた九月末、浅田さん夫妻はふたたび思わぬ困難に直面する。それは、第三者委による児童への聴き取りを危惧し、それに強く反対する地域住民からの訴えとして顕在化した。この住民は遼子さんに宛てたメールの中で、主に事故当日にプール学習に参加していた児童への聴き取りを念頭において、およそつぎのように訴えている。

──事故当日にその場にいた子どもたちは、想像を超えるダメージを受けている。その場にいたほとんどが幼い子どもたちであること、事故から時間が経ちすぎてしまったこと、加えて遺族と学校間で裁判が行われている最中であることなどが、問題をより難しくしていると感じる。保護者たちは、第三者委のメンバーがどういう人物かもきちんと知らされていない。今後、何が行われるのかという不安と、恐怖すら感じている人が多くいる。そうした不安や恐怖が、「歩む会」バッシングにつながっているのかもしれない。「歩む会」に加わっている人たちが、地域の中で孤立するのではと心配だ。第三者委の調査では、子どもたちへの最大限の配慮をお願いしたい。

このメールを受けとった浅田さん夫妻は、「不安と恐怖」や「歩む会バッシング」といった強い言葉に少なからぬショックを受けた。学校と遺族との対立を強調するような表現や、「歩む会」を圧力団体のように捉えていることへの違和感に加えて、自分たちへの気遣いという形ではあれ、「地域からの孤立」をほのめかす内容にも、二人は深い憂慮を覚えざるを得なかった。

しかし同時に、ここまで強烈な内容ではなかったにせよ、同様の意見が寄せられることはある程度予想されていたことでもあった。二章と三章でみたように、事故の後、学校の側はほぼ一貫して、事故に関するなまなましい事実は速やかに忘れて、安全な「日常」に戻るよう子どもたちを導こうとしていた。なかでも学校管理職は、在校生の保護者たちへの気遣いから児童への聴き取りを積極的には行わず、事故のことをともに考える場を設けようともしてこなかった。彼らがとってきたのはむしろ、羽菜ちゃんの死を穏やかな別れのイメージや抽象的な教訓へと変換することを通して、教職員と在校生、保護者一同が日常に復帰し、ともに未来へと歩んでいくことを促そうとする姿勢であった。こうした学校側の方向性と、第三者委が行おうとしている事実の解明を目的とした再現検証や聴き取りとは、明らかに相容れないものだった。

ただしその一方で、浅田さん夫妻には、この地域住民の意見が大多数の保護者たちの思いや考えを代弁するものだとも思われなかった。それは事故の直後から再現検証に至る過程において、小学校の保護者や地域の人たちのさまざまな思いを耳にし、助力を得てきたという経験に基づく実感であった。二人にとっては、「学校」対「遺族」という硬直した構図に自分たちまでもがとらわれて萎縮するのではなく、関係者の中に多様な意見があることを承知しつつも、よりいっそう粘り強く丁寧に説明することを通して、一人一人の理解を得ていくことの方が重要であると思われた。

「聴取」と「傾聴」の二重性

地域住民からの訴えをめぐる一件は、事実の解明を目指して調査を推進していくという姿勢と、事故の事実から遠ざけることによって子どもを守るというスタンスの間の緊張関係をあらためて浮き彫りにするものであった。この緊張関係について住友教授は、第三者委による再現検証の前日に、自身のフェイスブックにつぎのようなコメントを上げている。

学校での死亡事故事例では、事故原因の究明のために、実際に当日の様子の再現など、検証作業を行うこと自体がきわめて異例のこと。それこそ、学校関係者や他の保護者などがいろんな懸念を示すために、当日の様子の再現などを躊躇し、結局、やらないまま終わることのほうが多いように思います。実際、遺族側が「子どもを交えた形での事故当日の様子の再現を」と求めても、他の保護者や学校側に断られたケースもあります。その場合、たとえば「参加した子どもの心理的ケアをどうするのか」とか、「もしもなにか、当日のつらいこと・悲しいことを思い出したらどうするのか」とか、事故原因の再現作業については、こうした懸念がよく表明されます。〔略〕ただ、事故経過の再現作業だけでなく、死亡事故・事件発生後の聴き取り調査だって、〔略〕子どもたちにつらい出来事を思い起こさせる「再現」のリスクを抱えています。でも実際には、たとえば聴き取り調査の場面などにおいては「あのとき言えなかったことを、思い切りここで言えてよかった」「本当は言いたかったこと、いっぱいあるんだ」というような子どももいます。〔略〕そして、いろんな課題やリスクはありながらも、それを解消したり緩和したりする手立てを編み出して、この再現作業の実施というハードルをクリアしていくこと。それができなければ、学校事故・事件に関する原因究明作業というのは、今のレベルを超えることはなかなかできないのではないか……とも思います。〔略〕再現作業の結果、もしも何かつらいこと・悲しいことを思い出した子どもや保護者が出てきたら、そのつらさ・悲しみなどを、あらためてこの作業に参加したみんなで共有すること。それがまずは、大事なことなのではないかという風にも思います。それこそまさに、こうした検証作業を通じて、死亡事故という起きてしまった悲しい出来事にみんなで向き合っていく、ということですから。

（二〇一三年八月一八日）

ここで住友教授が述べているのは、再現検証や聴き取りが子どもに心理的な負担を与えるというリスクをもつ一方で、聴き取り調査において「話を聴いてもらう」ということそれ自体が、子どもにとって大切な経験になりうるという可能性である。

小学校で羽菜ちゃんと同じクラスだった娘をもつ前野朋子さんもまた、遼子さんとの対話の中で、同様の見解を述べている。前野さんは事故の後、子どもたちにとって安心できる場で、先生と親が子どもの話を聞く機会を設けた方がよいのではないかと思い、そのことを校長と教頭に何度か伝えていたという。

〔事故のことが〕なかったことみたいにされるのはすごく怖いし。夏休みが明けて羽菜ちゃんが〔クラスに〕おれへんっていう事実の方が大きいのに、それを普通になんか、「羽菜ちゃんのことを思ってあげて」とかそういうんじゃなくてって〔言って〕。できることをやって、それがほんまにその〔事故〕当日の状況につながらんかっても、やることでお互いのためになるんじゃないかなと思って、〔校長に〕言ったんですけど。「気にする人が多い」とか、「もう、そういうのやめてくれって言う人がいる」とか言われて。でもたぶん、そんなんも少数やと思うけど、マイナスの声ってすぐ大きくなっちゃうから。〔略〕聴き取りっていっても、カウンセラーの人とかという意味ではなくて、ほんまに先生と安心できる人たちの中で、ちょっとクラスで話すのでもいいし。「そんなんしてあげた方が、子どもらのためにもいいんじゃないですか？」っていうのは〔言っていて〕。

（二〇一七年一二月一九日）

ここで住友教授や前野さんが語っているのは、大人が詳細を聞きだそうとするのではなく、子どもが自分から話そうとすることに耳を傾け、共有するという姿勢の大切さである。二人はそれぞれ、信頼できる他者に話を聴いてもらい、思いを共有することが子ども自身にとって大切な経験になることに触れている。なかでも住友教授のコメントには、「児童への聴き取り」という調査の実践においても、単に「事実の究明」に還元できない次元や効果が現れてくることが示されている。ここで示唆されているのは、事実に近づくために証言を「聴き取る」という行為においても、ただ「聴く」ことに専心する傾聴の姿勢が、聴き手と語り手の双方にとって重要となるということだろう。

実際の聴き取り調査では、調査者を主体とした「聴取する」という姿勢と、あくまで語り手の主体性を重んじて「傾聴する」という姿勢のどちらに重点をおくのか、あるいは事実の追求と語り手の思いの尊重との間にどのように折り合いをつけるのかといったさまざまな問題が浮上してくることが予想される。ただ、ここで住友教授や前野さんが示したような見方は、「聴き取り」という行為の意味を見直すとともに、その可能性を広げていくためにも重要だと思われる。

羽菜ちゃんのまなざしになりかわる

こうした紆余曲折を経て、再現検証に参加した児童への聴き取り調査が実際に開始されたのは、一〇月も半ばになろうとする頃であった。先にみたように、再現検証で羽菜ちゃんの役を務めた茉実ちゃんの母である富澤加代子さんは、この間ずっと、娘への早急な聴き取りを第三者委に望んでいた。「茉実の声を聞いてほしい」。それは、再現検証の後に娘と交わした会話に基づく加代子さんの直感的な思いだったが、その短い会話には、単なる事実の聴き取りとも、語り手の気持ちの吐露とも異なる次元――プールの中で羽菜ちゃんになりかわって行為するという茉実ちゃん自身の体験に基づく、ある洞察――が含まれていた。

加代子さんによれば、茉実ちゃんは再現検証で羽菜ちゃんの役をすることを自分で決めたのだという。当時の羽菜ちゃんと同じくらいの背格好で、泳ぐことができないという条件に当てはまる女児として自分が選ばれたとき、茉実ちゃんは、「よかった、茉実泳げなくて。泳げてたら〔羽菜ちゃんの役が〕できなかったもんな」と言って喜んでいたという。

茉実ちゃんは羽菜ちゃんと同じ保育園を卒園していたが、羽菜ちゃんとは別の小学校に通っており、事故当日のプールの状況や再現検証の内容などについては、それまで何も知らされていなかった。また、検証実験を行った第三者委の委員や市教委職員らとも面識はなく、検証の当日が初対面だった。加代子さんによれば、茉実ちゃんは普段から人見知りをする性格で、不安なことがあるとすぐに母親に泣きついて助けを求めることも多かったにもかかわらず、検証の当日は不安や弱音を一切口にすることなく、自分から母親の手を放して調査委員の指示に従っていたという。

一〇月一三日に行われた第三者委による聴き取りでも、茉実ちゃんは委員の質問に臆することなく、よく考えながら自分の言葉で答えようとしていた。その様子を、遼子さんへのメールで加代子さんはつぎのように伝えている。

茉実の聴き取りは、私と夫と茉実の三人と、委員会の方七人とで行われました。〔略〕まずは茉実自身がプールの深さをどう感じたかと聞かれました。茉実は、やはりちょっと深いと思ったけど、怖いとは思わなかったと答えました。〔略〕「せんたくき」の時に足が立たない場所に行くことになったが、そのとき、どう思ったかという質問に対して、怖いとはやはり言わず、少しドキドキしたと表現していました。茉実は、水が大好きやし、泳げないにもかかわらずあまり怖さを感じることなく、プールに入っていたんだなぁと思いました。ひとつひとつの質問によく考えて思い出しながら答える様子で、机の下でスカートの裾をキュッと硬く握ってクルクルと上に上げたり下げたりしながら答えていました。

先生〔の代役〕との関わりの後、北へ向かうのが行きにくかったことについては、ビート板が当たったり、人がいるから行きにくかったと答えました。そのとき、行きにくい以外に恐怖を感じたり、強い痛み（ビート板と接触したことによる）を感じたことはなかったと、茉実の言葉で答えました。

（二〇一三年一〇月一四日）

このときの聴き取りで、第三者委は主に再現検証時のプールの状況に対する茉実ちゃんの印象を尋ねている。水の深さや移動の難しさといった点に集中した委員の質問は、加代子さんが娘との会話からその重要性に気づき、委員たちにも聞いてほしいと感じていた事柄に踏みこむことはなかった。

再現検証の翌日、加代子さんはいずれ近いうちに第三者委員会による正式な聴き取りがあるものと思い、検証実験の印象などを娘に詳しく訊くことは控えていた。ただ、プールにおける水深や吉村教諭役とのかかわりについてなど、いくつかの事柄については少しだけ話しあっていた。そのときの会話は、つぎのようなものだった（以下、私が加代子さんからいただいた手紙より抜粋）。

加代子　水は深かった？　怖くなかった？

茉実　学校のプールよりは深いけど、別に大丈夫やった。でも、せんたくきのとき、深いところがあって一回沈んだけど、すぐ先生が助けてくれたよ。

加代子　先生に三回くらい高く上げて〔身体を持ち上げて〕もらって、どう思った？

茉実　恥ずかしかったし、嫌やったわ。

加代子　なんで恥ずかしいの？
茉実　だって、全然知らん人に急にあんなんされたら嫌やわ。恥ずかしいわ。
加代子　じゃあ知ってる先生だったら？　たとえば○○先生〔茉実ちゃんの小学校の先生〕とか……。
茉実　それやったら嬉しい。
加代子　羽菜はどう思ったやろ。
茉実　羽菜も嬉しいんちゃう。
加代子　もし、○○先生があっち行ったらどうする？
茉実　追いかけるー。
加代子　羽菜やったら、どうするやろ。
茉実　追いかけたんちゃう？
加代子　なんで？
茉実　先生にもう一回遊んでもらいたくて、追いかけたと思うで。羽菜は、ああいうときに一人でいるのが嫌やねん。誰かと一緒にいたいと思うねん。

以上のような茉実ちゃんの言葉には、代役としての役割だけを彼女に期待していた第三者委が想定していなかったであろう側面が含まれていることに気がつく。それは、プールの中にいた羽菜ちゃんの視点であり、その感覚や感情という側面である。茉実ちゃんは、プールの中で羽菜ちゃんになりかわり、その行動をなぞるという経験を通して、当時の羽菜ちゃんのまなざしや思いをごく自然に感受し、そのことを通して羽菜ちゃんの行動の可能性と、その理由を示唆している。しかも茉実ちゃんの言葉は、自分自身の感覚だけに基づくものではなく、自分とは異なる性格や感じ方をもった存在としての羽菜ちゃんの思いを伝えようとするものであった。それはおそらく、物心つかない頃から保育園で羽菜ちゃんと生活をともにし、さらに自分の意志で「羽菜の役」に臨んだ茉実ちゃんだからこそ感じとることのできた事柄であったかもしれない。

この母娘の短い会話には、したがって、先にみたような「聴き取り」という行為のもつふたつの側面――「事実を聴き取ること(聴取)」と「語り手自身の気持ちを聴くこと(傾聴)」――のいずれとも異なる次元が含まれていたといえる。羽菜ちゃんの行動に関する茉実ちゃんの言葉は、再現検証という経験に基づいているという意味で、事故現場にいた者の「証言」とは異なっている。だが、プールにいた羽菜ちゃんの視点になりかわることは、そのとき現場にいた誰にも不可能である。その意味で、羽菜ちゃんの行動と経験を自分の身をもってたどりなおした茉実ちゃんの言葉は、証言とは位相を異にする、ある種の啓示的な洞察となりえている。

一章でみたように、桜野保育園のベテラン保育士である原田さんは、事故当日のプール授業においてあるべきだった教員の姿勢として、「どの子がいるか」ということをきちんとわかっていること、さらに言えば「羽菜という存在を知っていること」の大切さを語っていた。原田さんの言うように、羽菜ちゃんがどんな子であるのかをわかっていなければ、彼女を適切に見守ることはできない。同様に、羽菜ちゃんがどんな子であるのかを知らなければ、彼女の思いや行動を想像することは難しい。言い換えれば、事故に至るまでの羽菜ちゃんの行動を理解するためには、あの時、あの場所で、羽菜ちゃんがどのように周囲とかかわり、何を思い、どんなことを感じていたのかということから考えはじめなくてはならないのである。茉実ちゃんの言葉は、このように、「羽菜という存在を知っていること」という原田さんの言葉と響きあい、それを具体化するものだったといえる。

ただし、茉実ちゃんの言葉によって示唆された羽菜ちゃんの行動の可能性は、他の多くの可能性の中のひとつであるに過ぎず、それが事実であったことを証明するのは言うまでもなく困難である。その意味で茉実ちゃんの言葉は、羽菜ちゃんの行動や溺水の経緯をめぐる「どのようにして」という問いに対して、それ自体で科学的に蓋然性の高い答えを与えるものであったわけではない。だがそれでもなお、茉実ちゃんの言葉は、我が子の思いや行動を周囲とのかかわりの中に位置づけなおし、その視点になりかわり、その最後の声を聴き取ろうとする両親の、「なぜ」という問いかけへの応答となりえているという点で、重要な意味をもつものであった。

「茉実の声、聞いてほしくなりました」「何か聞いているかもしれない」。

再現検証の直後に、加代子さんが浅田さん夫妻と友人たちに送ったメールにあった「茉実の声」とは、あるいは羽菜ちゃんの声でもあり、茉実ちゃんがプールで聞いたかもしれないと加代子さんが感じたのは、羽菜ちゃんの声であったのかもしれなかった。

このとき茉実ちゃんが示唆した羽菜ちゃんの行動の可能性は、それから約九カ月後、第三者委員会が提出した調査報告書を両親と友人たちが検討した際に、ふたたび焦点化されることになる。次章でみるように、第三者委の提出した報告書において、吉村教諭と別れてから溺水に至るまでの羽菜ちゃんの行動は、外部との接点をほとんどもたない自己完結したものとして示された。一方、茉実ちゃんの言葉を通して、羽菜ちゃんの行動はそれまで自分と遊んでくれていた先生や、周囲の子どもたちとのかかわりと切り離しえないものとして立ち現れている。

「どのようにして」という問いへの答えを羽菜ちゃん一人の行動に帰すことで、「なぜ」という問いをそれ以上投げかけることを阻むような報告書の内容とは対照的に、茉実ちゃんの言葉は、羽菜ちゃんという存在の独自性に立った上で、その思いや行動を周囲との関係性の中で理解しようとすることで、「なぜ」という両親の問いかけを受けとめるとともに、それをさらなる問いへとつなげていく契機となりうるものであった。

この点について加代子さんは、第三者委による聴き取りの際、調査委員による茉実ちゃんへの一連の質問が終わった後に、委員に向けていくつかの問いを投げかけている。この聴き取りに関する加代子さんのメールの報告に戻ろう。

それから夫が、再現検証の後に、先生との関わりの後のことだけ、茉実に聞いたと発言し、茉実がもし同じ状況ならどうするかと問いかけると、茉実は追いかけると答えたと言いました。私も、先生を追いかけたと思うと言いました。

先生を信じていた羽菜。大人を信じていた羽菜。たった三回ほど持ち上げただけで何も言わず深い方に行ってしまった先生、羽菜は関わりが終わったと感じてなかったのではないかと思うこと。その理由として、保育園での先生との関わりを話しました。子供と本気で関わり、向き合い、とことん遊ぶ大人と羽菜は関わって生きてきたからと伝えました。羽菜を抱き上げ、羽菜の顔を見て、羽菜の水着も見て、なんでその場を離れたのかと思うともいいました。

その先生との関わりの後の話については、委員からの発言はなかったです。監視能力のなさについても話しましたが、監視やビート板の使用方法などについては、叡成小学校だけが、当日の先生だけが悪かったわけではなく、全市的にできていなかったとか、かなり長く説明され、あま

り理解できませんでした。（二〇一三年一〇月一四日）

なぜ、先生は遊びをやめて何も言わずに去ってしまったのか。なぜ、羽菜ちゃんは水の中を移動しようと思ったのか。なぜ、誰もそれに気づけなかったのか。なぜ……。

茉実ちゃんによって示唆された羽菜ちゃんの行動とその意味をめぐって、加代子さんはつながりあったさまざまな「なぜ」という問いを投げかけながら、問題の深部に分け入ろうとしている。その問いは、事故当日のプールにおける水深や大型フロートの使用といった具体的な状況を問題化するだけではなく、そうした状況をつくりだし、容認していた学校と教育委員会の体質や、子どもとかかわる大人の姿勢そのものへの根本的な問い直しを迫るものだった。

だが、その場にいた調査委員の誰一人として、その問いかけを受けとめることはなかった。同様に、茉実ちゃんの言葉によって示唆された羽菜ちゃんの行動の可能性についても、とりたてて何の応答もなされないままに、茉実ちゃんへの聴き取りは終了した。

その後、第三者委は一〇月一九日に、再現検証に参加した児童とその保護者計八組への聴き取りを実施し、その数日後に浅田さん夫妻への聴き取りを行った。また一一月半ばから年末にかけては、決まった曜日に住友教授が小学校に赴き、任意でやってくる児童や保護者の話を聴くための時間を設けることになった(20)。

この間、浅田さん夫妻は第三者委に対して、事故当日にプール学習に参加していた児童への聴き取りを実施するよう要望を続けていたが、委員たちの反応は鈍く、実現に向けた準備は遅々として進まなかった。一部の調査委員からは、委員間の意思疎通がうまくいっておらず、運営に苦慮しているといった事情が幾度となく伝えられ、そのたびに二人の不安と心労はいやが上にも増していった。そして、両親による再三の依頼を受けて、ようやく事故当日の出来事に関する児童への聴き取りに向けた学校説明会が開催されたのは、二〇一四年の三月末のことであった。

六章　第三者委員会の解散と残された疑問

調査報告書の提出と第三者委の解散

前章でみたように、第三者委は二〇一三年の七月末に発足した後、八月中旬に小学校のプールを用いて再現検証を実施するという順調な滑り出しをみせた。だがその後、児童への聴き取り調査に向けた準備はなかなか進まず、浅田さん夫妻は次第に委員会の活動や調査の進捗に不安を覚えるようになっていった。

二〇一四年の春以降は、委員会から両親への連絡も滞りがちになり、自分たちの質問や要望が委員全員に共有されているのかどうかさえ、二人には不透明となった。浅田さん夫妻は、報告書の提出に先立って、第三者委が自分たちと市教委に対して中間報告を行うよう求めたが、これに対して第三者委は、「報告書案の事前開示、説明、意見聴取は、本委員会の独立性、中立性、公正性を損ねる重大な問題であり、できない」(「京都市立叡成小学校プール事故調査報告書」。以下、「報告書」三一四頁)としてこの要望を退けた。

このように、両親と第三者委の関係が次第に疎遠になり、硬直化していく中で、ふたたび七月がめぐってきた。委員会の任期は一年間であり、解散期日は七月二六日に設定されている。解散までわずか九日間を残すところとなった七月一八日の夕方、夫妻は第三者委から調査報告書を受け取るとともに、二日後に両親と市教委に対する説明会を開催すると通知された。

「調査報告書を受け取った」との連絡を受けて、説明会当日である二〇日の朝に浅田さん宅に集まった友人たちは、ほぼ徹夜で報告書を読み込み、憔悴しきった様子の遼子さんと壮介さんに迎えられた。この報告書は全九章、三〇〇頁以上からなる大部のものであったが、浅田さん夫妻は報告書の受領から説明会までのたった二日間でその内容を把握するとともに、質問事項を準備しなくてはならなかった。

この調査報告書は、①前提となる事実関係の記述(一章)、②事故当日の経過の記述(二章)、③事故の発生状況の分析(三章)、④事故当日のプールにおける溺水リスクの検討(四章)、⑤事故直後の救護措置の検討(五章)、⑥医学的側面からの検討(六章)、⑦水泳指導という観点からの検討(七章)、⑧学校と教育行政による事後対応の検討(八章)、⑨提言　という構成をとっている。

この報告書の全体に目を通した浅田さん夫妻がもっとも疑問に感じたのは、再現検証で得られたデータと一部の教員への聴き取りに基づいて、自由遊泳の開始から溺水に至るまでの羽菜ちゃんの行動を分析した三章の内容であった。この部分はのちに、浅田さん夫妻の依頼を受けた若手研究者による数理的な検討の中心となり、さらに遺族を中心に行われた自主検証の内容ともかかわってくるため、以下にやや詳しく紹介しておきたい。

報告書における羽菜ちゃんの行動分析

報告書の三章において、第三者委は主に水中での検証実験に基づき、プールの南端で吉村教諭とかかわってから北端付近で発見されるまでの羽菜ちゃんの行動経路と溺水の原因を検討している。その結果として導きだされた羽菜ちゃんの行動のきっかけと移動経路、そして溺水の原因に関する第三者委の推定は、以下のようなものであった。

羽菜ちゃんはプールサイド南側テント前から、その対岸であるプールサイド北側センターライン付近に向けて単独で移動を開始し、その間、大型フロートなど浮遊物や他の児童との接触など外的な要因の影響を受けることなく、速やかに移動し、北側プールサイド付近まで移動した。そして、羽菜ちゃんは同所で溺水して意識を喪失した状態で発見、救助されたものである。

（「報告書」八九頁）

溺水に至った経緯に関しては、A教諭と三年生児童らが、羽菜ちゃんの目の前で始めた「鬼ごっこ」〔略〕が、羽菜ちゃんの興味関心を惹きつけ、羽菜ちゃんの行動を触発したと考えることができる。〔略〕行動を開始した羽菜ちゃんは、速やかに対岸に一人で向かったものと推認することができる。このようにして対岸に向かったところ、プールサイド北側やや東側付近において体のバランスを崩す、顔に水がかかる、せき込む、あるいは頭部が水没するなど突発的、偶発的な事態に遭遇した際、不意に少量の水を飲み込んだことで一時的な窒息状態に陥り、数秒以内の短時間で意識を喪失したものと考えられる。

（「報告書」一〇二頁）

これらの文章は、羽菜ちゃんの行動の経路と動機について、ほぼ同じことを言い換えている。すなわち、第三者委の推定によれば羽菜ちゃんは、①吉村教諭と三年生が始めた鬼ごっこに触発されて、

②たった一人で速やかに対岸に向かい、③外的要因の影響を受けることなく、偶発的な原因によって単独で溺れた。

報告書において第三者委は、このような「単独での直線移動と溺水」という仮説(以下、「単独移動・溺水仮説」とする)をもっとも説得的なものとして提示しているが、その根拠とされているのは検証実験における測定の結果である。五章でみたように、再現検証において第三者委は、羽菜ちゃん役を務めた茉実ちゃんと吉村教諭の代役に前もって指定した経路を移動させ、移動にかかった時間を計測している。

まず、吉村教諭役については、三年生児童と鬼ごっこをしながら移動した動きを再現するため、プールの南側中央付近から羽菜ちゃんを発見した北端付近までプール内をジグザグに移動する動きを計三回行わせ、それぞれの回についてかかった時間を委員がストップウォッチで測定した。報告書において第三者委が提示している「A教諭」の移動所要時間の幅(四七秒から五七秒)は、この計三回の測定記録(一回目四七秒、二回目四九秒、三回目五七秒)に基づいている(「報告書」四五頁)。

一方、茉実ちゃんについては、①南側中央から北端の発見箇所付近まで直線的に移動、②南側中央から発見箇所付近まで、西側に大回りするような経路で移動、③南側中央から西に向かってプールの壁伝いに動き、発見箇所付近まで「コ」の字型に移動　という三つの経路での移動をそれぞれ二回ずつ行わせ、かかった時間を委員がストップウォッチで測定した。その結果、それぞれのルートにおける一回目と二回目の計測結果は、ルート①の場合は二九秒と三一秒、ルート②の場合は四五秒と四六秒、ルート③の場合は一分二九秒と一分二〇秒であった(「報告書」四七-五二頁)。

このうち②と③のケースについて第三者委は、検証実験において茉実ちゃんが発見場所付近までの移動に要した時間が、吉村教諭役の移動所要時間と近接しており、あるいはそれを超えているために、「A教諭が溺れて意識を失った状態の羽菜ちゃんを発見したという事故当時の状況とは整合しない」として、これらの可能性を棄却している（「報告書」五三-五四頁）。そこから第三者委は、南北の直線移動であるルート①を羽菜ちゃんの移動経路と推定した上で、羽菜ちゃんが北端付近で溺れてから吉村教諭に発見されるまでの時間は「一六秒から二八秒」（吉村教諭役の最短所要時間四七秒からルート①での茉実ちゃんの最長所要時間三一秒を差し引いた秒数と、吉村教諭役の最長所要時間五七秒からルート①での茉実ちゃんの最短所要時間二九秒を差し引いた秒数の幅）であったと推定している（「報告書」五五-五六頁）。

また、第三者委は報告書の中で、この「単独移動・溺水仮説」と競合する仮説として、①羽菜ちゃんが吉村教諭の後を追って移動したという可能性（以下、「後追い仮説」とする）、②吉村教諭を待ち伏せするために先回りしたという可能性、③移動の途中で大型フロートなどに接触した可能性（以下、「接触仮説」とする）、④他者による加害行為を受けたという可能性、⑤水流などの外的影響を受けた可能性、⑥心臓発作や熱中症を発症した可能性　という複数の仮説を立てて検討し、結論としていずれの可能性も棄却している。

これらの検討のうち、浅田さん夫妻が報告書の記述に特に疑問を感じたものとして、ここでは①の「後追い仮説」と③の「接触仮説」に関する第三者委の見解をみてみよう。報告書によれば、①の後追い仮説を第三者委が排除した理由は、主に次の二点にある。

（1）A教諭の移動経路（東西にジグザグに移動）と羽菜ちゃんの推定移動経路（北方向への直線移動）は少なくとも二箇所で交点をもつと考えられ、両者は近接した位置関係で移動していた。そのため、もしも羽菜ちゃんがA教諭の後を追うように移動していたならば、教諭は自分の進路の前後のどこかで羽菜ちゃんの姿を視認できたはずである。しかし、実際には教諭は羽菜ちゃんの姿を一度も見ていない。したがって、羽菜ちゃんが教諭の後追いをしたと考えることはできない。(「報告書」六八―六九頁)

(2)再現検証において、A教諭[21]に事故当時と同じくらいの速さでプール内を東西にジグザグに移動してもらい、その後を追って羽菜ちゃん役の児童(茉実ちゃん)が移動するという実験を行った。その結果、児童は教諭のスピードについていくことはできたが、追い越すことはなかった。このことは、事故当時、A教諭が溺れている羽菜ちゃんを自分の進行方向の先に発見したという事実と矛盾するため、羽菜ちゃんが教諭の後追いをしたという可能性はありえない。(「報告書」七〇頁)

また、③の接触仮説については、第三者委はつぎのふたつの理由でこの仮説を棄却している。

(1)途中で大型フロートに接触したとすれば、プールの南端から発見地点まで羽菜ちゃんがたどり着くのに一分以上を要することになり、A教諭の推定移動所要時間(四七秒から五七秒)を超えてしまうことになる。

(2)大型フロートに接触したとすれば、身体に顕著な痕跡が残る可能性が高いにもかかわらず、羽菜ちゃんにはそうした外傷がなかった。(「報告書」七三―七四頁)

第三者委によれば、このうち(1)の見解は、再現検証で茉実ちゃんがプールの南端から北端まで移動しようとした際に、「児童が乗った浮島(大型フロート)と接触し、東側へ七〜八メートル押しやられるという事態が偶然発生した。その際の所要時間（出発地点から羽菜ちゃんが発見された地点までの移動に要した時間）は、六五秒であった」という事実に依拠している（「報告書」四八頁、七三頁）。

以上の検討から第三者委は、羽菜ちゃんの移動経路と溺水の経緯として、「A教諭と三年生児童が始めた鬼ごっこに触発され、鬼ごっこの開始とほぼ同時に単独で速やかに対岸に向かい、外的要因の影響を受けることなく偶発的な原因によって溺れた」という「単独移動・溺水仮説」をもっとも説得的な可能性として提示している。このうち、「鬼ごっこに触発されて」という羽菜ちゃんの行動の動機に関して、第三者委は報告書でつぎのように述べている。

……羽菜ちゃんの目の前で楽しそうに追いかけっこを始めたA教諭と数人の三年生児童の様子に、羽菜ちゃんが興味、関心を惹かれ、これに触発された可能性が高い。そして、これに動機付けられ、あるいは触発された羽菜ちゃんが移動を開始したことが合理的に推認できる。この移動中に少量の水を不意に吸引したことを契機として溺水し、窒息に陥ったとしても不自然な点はなく、また、羽菜ちゃんがA教諭よりも先に対岸へ到達していたという点も、鬼ごっこに触発され、対岸まで速やかに単独で移動したと考えれば、ごく自然な行動であったと理解できる。

（「報告書」一〇二頁）

「対岸まで速やかに単独で移動」「外的な要因の影響を受けることなく」。同じ内容を異なる言葉で何度も言い換えた文章を読み込めば読み込むほど、浅田さん夫妻の困惑と疑問は膨らんでいった。前章でみたように、「羽菜の最後の声を聴いてやりたい」という言葉に凝縮された両親の願いは、再現検証や聴き取りの結果を手がかりに、プールにおける羽菜ちゃんの行動をできるだけ詳しく明らかにすることで、どのようにして羽菜ちゃんが溺水に至ったのか、その具体的な状況に迫ることだった。そしてさらに、そのとき我が子が何を見聞きし、どのような思いでプールの中を動いていったのか、なぜ、ほかでもなく我が子が溺れなくてはならなかったのかという、より根源的な問いの答えへとにじり寄ることであった。

こうした両親の問いかけに対して第三者委員会の示した回答は、羽菜ちゃんが何らかの理由で、たった一人でプールの中を移動し、外部からの影響を受けることなく自分自身の行動によって溺水したというものだった。報告書は、羽菜ちゃんが移動を始めたきっかけとして「鬼ごっこに触発された」という可能性を挙げているものの、その後の彼女の行動は終始、他の誰ともかかわりのない自己完結したものとして推定されている。

夏の日盛りのプールで、水しぶきを上げてはしゃぎまわる子どもたち。その間を縫うように動きまわる教員たち。波に乗って動く大型フロート、水面に反射する陽の光と歓声——そのとき我が子が体験し、見聞きしていただろう光景と、そこにあったすべてのものとの関係性の中に娘の行動を位置づけなおし、その見えない軌跡に目を凝らそうとする両親の願いは、まるで透明なカプセルに包まれていたかのように誰と接触することもなくプール内を移動し、たった一人で溺れた羽菜ちゃんのイメージを提示する報告書の結論によって遮断された。

前章でみた茉実ちゃんのまなざしのように、羽菜ちゃんという存在の独自性を基点として、その行動を周囲とのかかわりの中で理解しようとする視座とは対照的に、報告書の結論は、「どのようにして」という問いへの答えを羽菜ちゃん一人の行動に帰すことで、他者とのかかわりや出来事のつながりの中にこそ答えを見出されるべき「なぜ」という問いを、それ以上投げかけることを無効にするものであったといえる。

ただし、浅田さん夫妻はこの時、そうした親としての思いや直感的な違和感という次元を超えて、報告書の問題点を客観的かつ論理的に指摘する必要に迫られていた。報告書の分析に対して浅田さん夫妻が抱いたもっとも根本的な疑問は、羽菜ちゃんの行動経路と溺水の原因を推定するにあたって、①報告書が依拠している数値の測定方法と計算は妥当なものなのか、②報告書がある仮説を支持し、他の仮説を棄却するために用いている論理には恣意的な点が多く、それぞれの仮説の支持や棄却の十分な根拠となりえていないのではないか、③それにもかかわらず、報告書が「単独移動・溺水仮説」だけを唯一の可能性としていることはおかしいのではないか、ということだった。浅田さん夫妻はこれらの疑問を放置することなく、解散を目前にした第三者委に投げかけていくことになる。

「羽菜はどう動いたのか?」――両親の疑問

二〇一四年七月二〇日、第三者委は両親と市教委を対象に、調査報告書の内容に関する説明会を開催した。説明会の開始から二時間あまりの間、委員長と副委員長の説明を黙って聞いていた浅田さん夫妻は、彼らの説明が一段落した後、報告書に対する質問を始めた。壮介さんはこのとき、つぎのように口火を切っている。

「これが本当の羽菜の最後の声だと思うので、細かいことですけど、可能性について聞かせていただきたいんですが」

壮介さんの言うように、両親にとって第三者委による調査は羽菜ちゃんの最期を明らかにするための最後の手段であり、この報告書は羽菜ちゃんの「最後の声」を聴き取った結果であるはずのものだった。だが、浅田さん夫妻には、この報告書がそうしたものになりえているとは到底思われなかった。

報告書に対する浅田さん夫妻の質問は、自由遊泳中の羽菜ちゃんの行動と溺水の原因を分析した三章の内容に集中していたが、この章を担当した調査委員は両親の質問に対して、「それは書いてあるとおりです」「可能性を全部挙げていったら一万ページあっても足りない」といった言葉を繰り返すばかりだった。委員との間で嚙み合わないやりとりが続く中、遼子さんは失望と苛立ちを隠せずにいた。

遼子　だから私たちが問題にしているのは、羽菜が溺水したっていうことの事実の推定の中で、可能性がどんどんどんどん削られていってる。その排除されていく可能性に対しては「立証できないから排除されている」っていうイメージなんですけど、そうは思われなかったですか？　先生方は、これを読んで。

調査委員　意味がよくわからないんですが。

このやりとりに顕著にみられるように、両親の投げかけた疑問や訴えは十分に理解すらもされないままに、第三者委による説明会は終了した。その四日後の七月二四日、解散までになんとか疑問に答えてもらいたいと、両親は報告書に対する疑問点を整理した質問状を作成し、第三者委員会に提出した。しかし、この質問状に対して第三者委の委員長からは、「当委員会は規則に基づく報告を終了しており、質問状へのご回答は差し控えさせていただきます」というにべもない返答が戻ってきた。それでも浅田さん夫妻は諦めず、解散当日の二六日に、最後のお願いとして再度質問状を送付した。

この二通の質問状の中で両親は、報告書の三章の内容について多くの疑問点を挙げているが、ここではその中でも、①数値の測定、②後追い仮説、③接触仮説、④羽菜ちゃんの移動の動機　のそれぞれに関する両親の疑問点を整理しておきたい。

まず、①**数値の測定**について。浅田さん夫妻は、報告書において羽菜ちゃんの行動と経路を推定する際の根拠とされている、プール南端から発見場所に至るまでの吉村教諭と羽菜ちゃんの推定移動所要時間について、主に次の三点から疑問を投げかけている。

(1)報告書では、再現検証での測定結果に基づき、事故当時の吉村教諭の推定移動所要時間は四七秒から五七秒とされており、一〇秒の幅がある。これに対して、羽菜ちゃんの推定移動所要時間は、再現検証時の茉実ちゃんの移動所要時間(直線移動時)の測定に基づき、二九秒から三一秒であったとされ、たった二秒しか幅がないとされているのは不自然である。加えて、報告書では羽菜ちゃんの移動所要時間を推定するにあたって、茉実ちゃんが移動の途中で大型フロートに接触し、目的地まで一分以上かかった時のデータは除外されている。

(2)プールで指導にあたっていた教員の証言によれば、羽菜ちゃんは水中では「ぴょんぴょん跳ねるように」、「〔せんたくきでは〕一番速い人と一緒に飛び跳ねて」移動していたという。しかし、再現検証の際に第三者委は、茉実ちゃんに対して「少しゆっくり歩くように」と指示した。このため、再現検証における茉実ちゃんの移動の速度と、羽菜ちゃんが実際に移動していた速度が有意に異なっていた可能性がある。

(3)再現検証における所要時間の測定結果(後掲の表1参照)[22]に基づくならば、羽菜ちゃんと吉村教諭がプール南端で接触してから119番通報までにかかった時間は最短で一四六秒、最長で一八九秒であったと推測される。吉村教諭が119番通報をした時刻(一三時五一分五一秒)は消防署の記録に残っているため確実であるが、第三者委が測定結果に基づいて算出した「二人が接触を開始した時刻(一三時四八分一四秒〜一三時四九分七秒)」にこれらの所要時間を足した場合、必ずしも実際の通報時刻には届かず、最長で一分以上の時間的余裕があることになる。

以上から、第三者委による再現検証時の数値の測定と所要時間の計算には問題がある。したがって、この測定数値に依拠した仮説の推定も再考されるべきである。

つぎに、②**後追い仮説**について。先にみたように、報告書において第三者委は、(1)羽菜ちゃんが吉村教諭の後を追って移動していたとすれば、吉村教諭が進路のどこかで羽菜ちゃんの姿を視認していたはずであるが、実際には一度も姿を見ていない、(2)再現検証の際に、ジグザグに移動する吉村教諭(実際には代役)の後を茉実ちゃんが追って移動するという実験を行ったところ、茉実ちゃんが教諭を追い越すことはなかった、という二点からこの仮説を棄却している。

このうち(1)に対して浅田さん夫妻は、六九名もの児童が縦横無尽に遊びまわるプールの中を、鬼ごっこをしながら移動している最中に、その日が初対面の羽菜ちゃんを吉村教諭が視認することができたかという点に疑問を投げかけている。また、(2)について浅田さん夫妻は、第三者委が再現検証で実施した「後追い」の実験では、吉村教諭の後から同じ軌跡をたどってついていくことだけが想定されていたのに対して、吉村教諭を目で追いながら、その動線上で合流しようと動いていくような「後追い」もありえると指摘している。ここで浅田さん夫妻が述べている、「追従するのではなく、吉村教諭に近づくように移動する」という意味での後追いの可能性は、後でみるように、コンピュータによるシミュレーションと自主検証における検討の主眼となる。

③**接触仮説**について。先にみたように報告書では、(1)大型フロートに接触したとすれば、プールの南端から発見地点まで羽菜ちゃんがたどり着くのに一分以上を要することになり、吉村教諭の推定移動所要時間を超えてしまう、(2)大型フロートと接触したとすれば、身体に痕跡が残る可能性が高いにもかかわらず、羽菜ちゃんにはそうした外傷がなかった、という二点からこの仮説を棄却している。

このうち(1)について浅田さん夫妻は、仮に吉村教諭の推定移動所要時間が妥当なものであり、かつ羽菜ちゃんが南北に直線的に移動していたとしても、発見場所付近で大型フロートに接触したという可能性は排除できないと指摘している。また、(2)については、再現検証時に茉実ちゃんが大型フロートに接触したにもかかわらず何の外傷も受けていないことから、「ぶつかったなら痕跡が残るはず」という第三者委の推測に疑問を呈している。

最後に、④**羽菜ちゃんの移動の動機**について。先にみたように報告書において、羽菜ちゃんは「吉村教諭と三年生児童が目の前で始めた鬼ごっこに触発されて移動を開始し、一人で速やかに対岸に向かった」と推測されている。これに対して浅田さん夫妻は質問状において、羽菜ちゃんが普段から「人に惹きつけられて動く」傾向にあったことに言及しつつ、羽菜ちゃんが自分の目の前で始まった鬼ごっこに触発されたとすれば、それに背を向けて「速やかに対岸へ一人で向かう」という行動に出たとするのは不自然ではないか、という疑問を投げかけている。

以上の浅田さん夫妻の疑問は、報告書の内容に対する重要な問題提起を含んでいる。まず、①の(1)でみたように、再現検証における測定値の妥当性が不確実であることに加えて、①の(3)でみたように、報告書に記載された推定時刻と推定所要時間から導き出される通報時刻と実際の通報時刻との間にはずれがある。ここから言えることのひとつは、吉村教諭と羽菜ちゃんが接触したのちに、二人がそれぞれプール南端から発見場所まで移動するために実際に要した時間が、測定結果に基づく推定所要時間よりも長かったという可能性を排除することはできないということだ。

この点に関して、二〇一八年八月二五日に行ったインタビューで吉村教諭は、第三者委による再現検証では、プール内を東西にジグザグに進むという動きを代役が単独で再現したため、事故当日に吉村教諭自身が子どもたちと鬼ごっこをしたときの動きとは異なっていたと語っている。また吉村教諭は、八章でみるように二〇一五年八月二二日に両親らが行った自主検証の際に、自分自身が単独で鬼ごっこの動きを再現した時のことについて、事故当日と比較しながらつぎのように語っている。

鬼ごっこはやっぱり、遊んでいた時のことなので、こう行ってこう行ってこう行ったっていうことをはっきり覚えているわけではないので、〔略〕〔実際の状況と再現とでは〕少し時間にずれがある可能性はあると思います。〔略〕でも、子供がいない〔状態〕でやってる時は絶対、短くなってると思います。

たぶんこう〔普通に〕鬼ごっこをしてたら、こう行って、すぐ引きかえさずに、ちょっと子どもたちがどこにいるかなって見たりしてると思うんですよね。だから〔単独での再現では〕そういう余計な動きがなかったなと思います。

この吉村教諭の言葉は、事故当日、彼女が子どもたちと鬼ごっこをしながらプール南端から発見場所まで移動するのにかかった時間が、再現検証での測定に基づいて推定された時間よりも長かったという可能性を示している。加えて、①の(2)でみたように、羽菜ちゃんの水中の移動速度は、再現検証における茉実ちゃんの移動速度よりも速かったという可能性がある。

以上のように、吉村教諭の移動所要時間が推定された時間よりも長く、かつ羽菜ちゃんの移動速度が想定よりも速かったとすれば、再現検証における吉村教諭役と茉実ちゃんの移動所要時間の差から第三者委が推定したように、「南から北へ速やかに直線的に移動した」という行動経路を、羽菜ちゃんがとりえた唯一の行動経路であると考える理由はなくなる。同様に、羽菜ちゃんがこの間に直線的ではない経路で発見場所まで移動したという可能性や、途中で障害物と接触して発見場所まで押しやられたといった可能性を排除する理由もなくなる。

以上みてきたように、浅田さん夫妻は一八日の夕方に報告書を受け取ってからの数日間で報告書を必死に読み込み、二度にわたって詳細な質問状を提出した。しかし、第三者委員会は夫妻の質問に十分な回答を与えることなく予定通り解散してしまい、後には答えられなかった数々の疑問とともに、夫妻の行き場のない失望と無念さが残された。しかしその一方で、この報告書の検討を通して、二人は新たな出会いを得ることになる。

浅田さん夫妻と友人たちは報告書の内容を検討するうちに、三章において棄却されたいくつかの仮説を含めて、異なる行動や経路の可能性があることをなんとか実証する手立てはないかと考えるようになった。たとえば、浅田さん夫妻が質問状で指摘しているように、単なる追従ではなく、「動線上で吉村教諭と合流するように動いていく」という後追いがありえたのではないか。あるいは、吉村教諭が鬼ごっこの際に、再現検証で設定された回数よりも一回多くターンをしていたとすれば、教諭と羽菜ちゃんの位置関係はどのようなものでありえたのか。

こうした可能性を話し合ううちに、報告書に記載されているデータや再現検証で得られた一次資料を用いて、コンピュータでシミュレートできないか、というアイデアが生まれた。だが悲しいことに、私を含めてその場にいる面々の中には、それを実行に移せるだけの知識と技術を持った人は一人もいなかった。そんな折、このアイデアの実行可能性について考えをめぐらせていた私の頭に、勤務先である大学の博士課程に在籍している森下翔さんのことがひらめいた。森下さんの専門は文化人類学であるが、科学技術社会論にも詳しく、研究テーマは「測定」にかかわっている。さっそく事情を説明して助力を請うたところ、森下さんはプール内の羽菜ちゃんの行動に関するシミュレーションの制作という難題にみずから取り組むことを承諾してくれた。

その後、森下さんは私たちの予想をはるかに超える短期間のうちに独力で報告書を精査し、数値的データの測定と算出に関する問題点をより明確に指摘した上で、独自に作成したシミュレータを用いて報告書が棄却した競合仮説を検討しただけでなく、報告書と再現検証の改善案を提示するという作業をこなしてくれたのだった。

若手研究者による数理的な検討とシミュレーション

第三者委の解散から約ひと月後の九月三日、浅田さんの友人宅で、森下さんを囲んで報告書の検討会が開かれた。(23) このとき森下さんはパワーポイントを用いて検討結果の解説を行ったが、その冒頭には、この検討の第一の目的がつぎのように記されていた。

「自由遊泳開始から通報までの約七分間の行動について、性格証言を用いず、距離・時間・速さといった計測可能な仮定のみに基づいて、数理的シミュレーションなどを用いつつ検討すること」。

ここで重要なことは、森下さんの検討は浅田さん夫妻や友人たちによるそれまでの検討とは異なり、羽菜ちゃんの性格や行動の傾向などに関する知識や証言に依ることなく、純粋に数量的な側面から報告書の内容を吟味するものだったということである。性格証言を加味した場合には、往々にして主観性や解釈の違いといった問題に行き当たるが、森下さんの検討はそうした問題を避けつつ、浅田さん夫妻の疑問に客観的な視座から示唆と根拠を与えようとするものであった。以下では、森下さんが説明用に作成した資料に基づきつつ、検討の概要をみていきたい。

報告書に記載された数値の検討

報告書にあるように、第三者委は羽菜ちゃんと吉村教諭がプール南端で接触してから通報に至るまでの時間を、再現検証に基づいて推定している。報告書を検討するにあたって森下さんは、自由遊泳の開始から通報に至るまでのいくつかの局面を、①「接触前フェーズ」(自由遊泳開始から羽菜ちゃんと吉村教諭が接触するまで)、②「接触中フェーズ」(接触の開始から吉村教諭が移動を開始する直前まで)、③「接触後フェーズ」(吉村教諭が移動を開始してから羽菜ちゃんを発見するまで)、④「通報フェーズ」(羽菜ちゃんを発見してから通報まで)に分けている(図6)。

第三者委の報告書と補足資料における、各フェーズの開始時刻と所要時間に関する記載をまとめると、表1のようになる。このうちで確実なのは消防署に記録が残っている通報時刻(一三時五一分五一

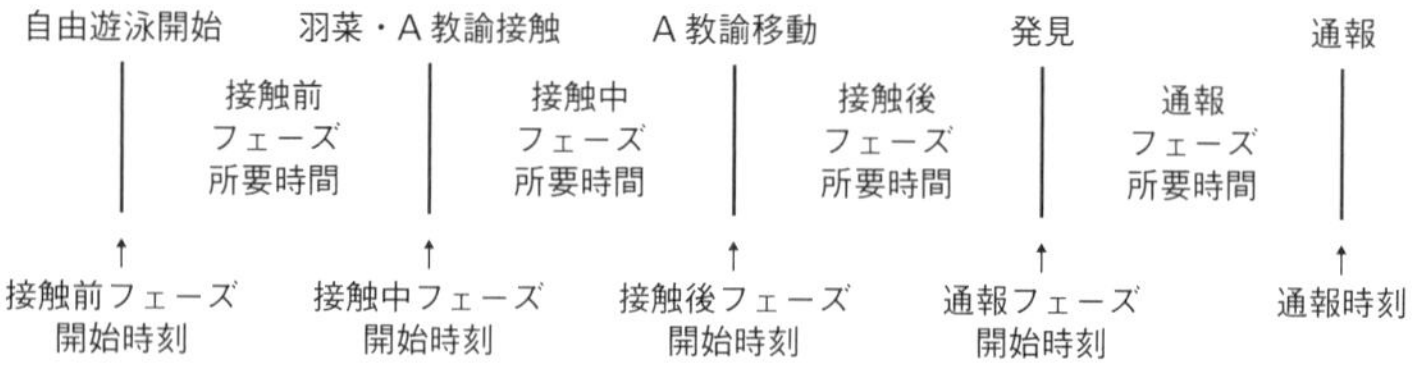

図6　用語の定義

表1　報告書に記載されている時刻と所要時間

接触前フェーズ開始時刻	13 時 45 分頃（報告書 36 頁）
通報時刻	13 時 51 分 51 秒（178 頁，204 頁）
フェーズ全体の時間	報告書に記載なし
接触前フェーズ所要時間	報告書に記載なし
接触中フェーズ開始時刻	13 時 48 分 14 秒～13 時 49 分 07 秒（38 頁）
接触中フェーズ所要時間	最短：0 分 18 秒　中間：0 分 19 秒　最長：0 分 42 秒（資料「自由遊泳から 119 番通報まで」による）
接触後フェーズ開始時刻	13 時 48 分 56 秒～13 時 49 分 25 秒（39 頁）
接触後フェーズ所要時間	1 回目：0 分 47 秒　2 回目：0 分 49 秒　3 回目：0 分 57 秒（報告書 45 頁「A 教諭の「鬼ごっこ」所要時間」による）
通報フェーズ開始時刻	13 時 49 分 53 秒～13 時 50 分 12 秒（176 頁）
通報フェーズ所要時間	最短：1 分 21 秒　中間（平均）：1 分 25 秒　最長：1 分 30 秒（資料「自由遊泳から 119 番通報まで」による）

秒）のみであり、自由遊泳開始時刻は一三時四五分「頃」とされており確実ではない。報告書の中で、自由遊泳開始時刻と通報時刻以外の時刻は、再現検証における所要時間の測定に基づいて算出されたと考えられる。なお報告書には、フェーズ全体の所要時間と接触前フェーズの所要時間についての記載はない。

報告書に記載されている各フェーズの開始時刻と所要時間を、図の中に整理すると図7のようになる。第三者委の報告書には、接触中・接触後・通報フェーズの開始時刻、ならびにそれぞれのフェーズの所要時間がどのように算出

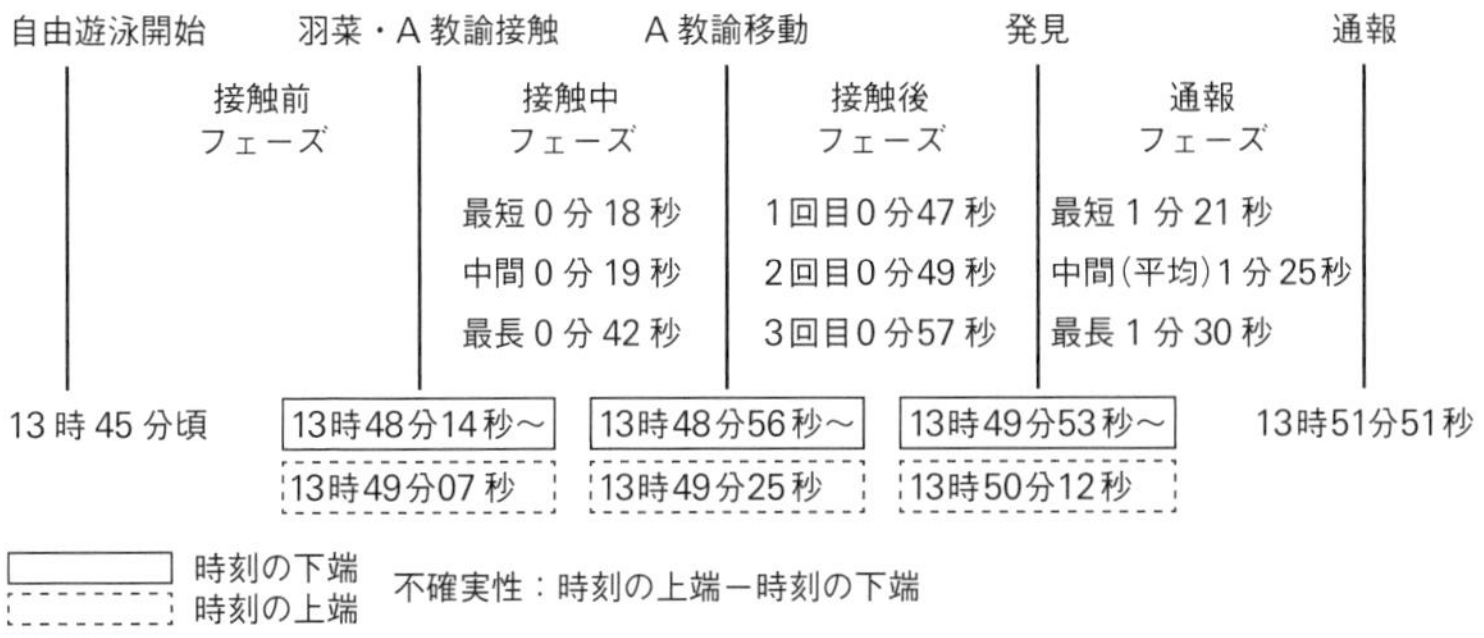

図 7　各フェーズの開始時刻と所要時間

されたのかが明示されていない。したがって、報告書の書き手がそれぞれの時刻と所要時間の関係をどのように捉えているのかを、読み手が推測する必要が出てくる。このような推測が必要にならないよう、書き手は報告書に計算方法を明記しておくべきである、と森下さんは指摘している。

それぞれのフェーズの開始時刻と所要時間の関係をみると、図8の中で実線と破線で囲った枠内の数字を関連づけているのは明らかである。たとえば、接触中フェーズ開始時刻の下端(もっとも早い時刻)である一三時四八分一四秒に接触中フェーズの最長所要時間である四二秒を足すと、接触後フェーズ開始時刻の下端である一三時四八分五六秒になる。同様に、接触中フェーズ開始時間の上端(もっとも遅い時刻)である一三時四九分七秒に接触中フェーズの最短所要時間である一八秒を足すと、接触後フェーズ開始時間の上端である一三時四九分二五秒になる。

しかしながら、接触中フェーズの開始時刻から始めて数字を足し合わせる場合、開始時刻の下端(もっとも早い時刻)に最長所要時間を足し、開始時刻の上端(もっとも遅い時刻)に最短所要時間を足すのは不合理である。したがって、図8内の実線と破線それぞれの枠内の数字は、発見時点の時間からその前の所要時間を差し引

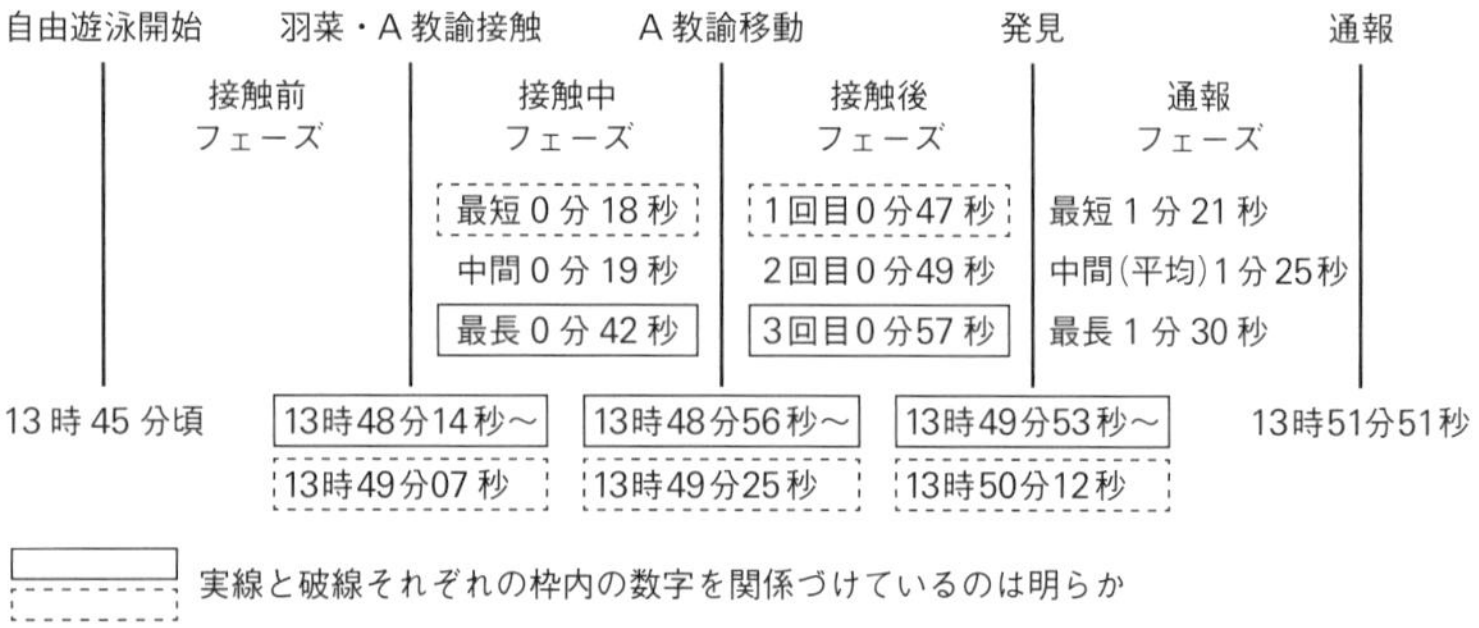

図 8　報告書における各フェーズの開始時刻と所要時間の算出方法の推測

いていると考えられる。たとえば、通報フェーズ開始時刻の上端である一三時五〇分一二秒から接触後フェーズの最短所要時間である四七秒を引くと、接触後フェーズの開始時刻の上端である一三時四九分二五秒となる。

ところが、報告書に記載されている数値に基づいて計算した場合、通報時刻である一三時五一分五一秒から通報フェーズの最短・中間・最長いずれの所要時間を差し引いても、通報フェーズの開始時刻の上端とも下端とも一致しない。逆に言えば、通報フェーズ開始時刻の上端(一三時五〇分一二秒)に通報フェーズの最長所要時間である一分三〇秒を足しても、一三時五一分四二秒となり、唯一の確実な時刻である一三時五一分五一秒には届かない。この点は、浅田さん夫妻も質問状で指摘していたとおりである。このように、報告書では通報フェーズの開始時刻と通報フェーズの所要時間、通報時刻の関係が不明である。またこの場合、通報フェーズの開始時刻がどのようにして算出されたのかも不明である。

この問題について森下さんは、通報フェーズ以前でおおよその時刻がわかっているのは自由遊泳開始時刻のみであるので、再現検証において測定されたそれぞれのフェーズの所要時間の妥当性を検討するためには、接触前フェーズの所要時間も計測しておかなくてはならないと指摘している。第三者委の報告書に記載された時刻と所要時間には、以上のような問題点があることが、まず指摘できる。

シミュレーションを用いた「後追い仮説」の検討

つづいて森下さんは、報告書で棄却されている仮説のひとつである後追い仮説について、コンピュータのシミュレーションを用いて検討している。

先にみたように、第三者委の報告書は、(1)羽菜ちゃんが吉村教諭の後を追って移動していたならば、進路上で吉村教諭が羽菜ちゃんを視認できたはずであるのに実際は見ていない。(2)再現検証で、吉村教諭〔の代役〕の後を茉実ちゃんが追って移動する実験をしたところ、茉実ちゃんが吉村教諭〔の代役〕を追い越すことはなかった、という二点から後追い仮説を棄却している。

これについて森下さんは、(1)についてはさしあたって検討の対象とせず、(2)について浅田さんが質問状で指摘した「異なる後追い」の可能性を検討している。つまり、単なる追従ではなく、「吉村教諭を目で追いながら、その動線上で合流しようとする動き」としての後追いの可能性である。

このシミュレーションにおける後追いは、「羽菜ちゃんが吉村教諭との位置関係と移動方向に対応する形で、教諭との距離が縮まる方向に速度(移動方向)を随時変更すること」と定義される。このとき、再現検証で測定されたような「直線移動」には速度変化(加速度)がないのに対して、「後追い」には速度変化があるということに注意すべきである。シミュレーションの作成にあたっては、再現実験における吉村教諭役と茉実ちゃんのそれぞれの速さの平均が、吉村教諭と羽菜ちゃんの上限速度と

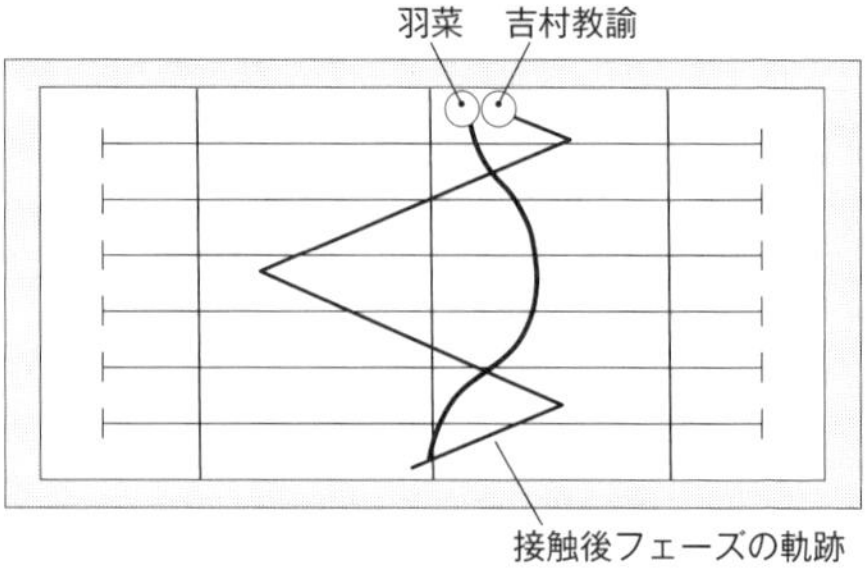

図9　後追いが可能な条件の一例

して設定された[24]。

さて、このシミュレーションにおける羽菜ちゃんと吉村教諭の位置関係と東西方向の成分速度の関係は、①追いかけ（吉村教諭が前方におり、二人が同じ方向に移動）、②追いつき（羽菜ちゃんが前方におり、二人が同じ方向に移動）、③すれ違い（二人が離れていく方向に移動）、④対面（二人が近づきあう方向へ移動）の四つに類型化することができる。

このとき、羽菜ちゃんの加速度方向は、①追いかけ時：追いかける速さを増加させる方向への加速度、②追いつき時：追いつかれるよう、速さを減少させる方向への加速度、③すれ違い時：すれ違いを解消する方向への加速度、④対面時：近づく速度を増加させる方向への加速度　として設定される。つまり、いずれの場合も常に吉村教諭に近づく方向に速度を変化させるよう、加速度をかけている。

ここで、羽菜ちゃんが発見場所に到着する時刻が、吉村教諭が発見場所に到着する時刻よりも早くなるような加速度の条件を、「後追いが可能な条件」と呼ぶこととする。この「後追いが可能な条件」の一例をシミュレーションで示したのが図9である。先に述べた四つの類型それぞれの加速度の絶対値を三・二cm/s^2に設定した場合、図9のような軌跡で後追いが可能である。この場合、羽菜ちゃんの方が吉村教諭よりも一五・八秒先に発見場所に到着する。

第三者委の報告書は、羽菜ちゃんが吉村教諭の後追いをしたにもかかわらず発見場所に先に到着するという事態は、「羽菜ちゃんがA教諭の進路及び進路変更を正確かつ的確に予測して、先回りしない限り不可能である」（七〇頁）としている。これに対して、このシミュレーションの結果から、羽菜ちゃんが吉村教諭の進行方向を予測せずとも、実際の移動方向を確認しながら教諭に近づく方向に移動方向を修正し、かつ発見地点に先に到着することは可能であることが示された。

先述したように、直線移動と後追いでは、前者には速度変化（加速度）がないのに対して、後者には速度変化があるという点が異なっている。速度変化の値が自由に決められる限り、後追いがあったという可能性を排除することはできない。したがって、浅田さん夫妻の主張する後追い仮説を検証するためには、速度変化に関する何らかの拘束条件が必要である。ここから森下さんは、第三者委は再現検証において速度変化に関するデータを計測すべきだったと指摘している。

報告書と再現実験の改善案

ここまでは、第三者委の報告書における推定時刻・推定所要時間・移動距離・移動速度等を基本的に正しいものとみなして、報告書の結論と競合する仮説に関係する部分だけを検討してきた。つづいて森下さんは、報告書に記載されたさまざまな数値の妥当性それ自体を、①測定の精度、②測定のばらつき、③測定回数の評価　という観点から吟味している。やや専門的な内容になるため、ここでは適宜、森下さんによる解説を補足しながらその概要を紹介したい。

①測定の精度について

第三者委の報告書では、時間が秒単位までしか計測されていない。人が水中を秒速六〇センチで移動しているとすると、一秒の差で一人あたり半径六〇センチの移動距離の誤差が生じることになり、数秒の誤差が数メートルの不確実性を生む。数秒、数メートルの差しかない仮説の違いを検討する以上、時間はミリ秒単位まで計測するべきである。

②測定のばらつきについて

二、三回程度の測定を行い、それらの値のあいだに無視できない大きさのばらつきがある場合、「実際に測定された値の最大値と最小値」をそのまま、「その測定が潜在的にとりうる最大値と最小値」とみなすのは安易である。その一方で、それぞれの計測値があまりに極端な値をとることも考えにくい。つまり、測定値の不確実性には妥当な幅がある。限られた回数の測定からその測定値の不確実性を見積もるには、統計的な方法が有効である。

この「測定のばらつき」に関する問題について、二〇一五年三月二五日に行われた市教委との会合の場で、森下さんは検討会と同じ資料を用いてつぎのように解説している。

たとえば、再現検証で「鬼ごっこ〔接触後フェーズ〕の所要時間を測定しました」と。一回測って四七秒でした、二回測って五七秒でした。じゃあ、実際に鬼ごっこはどれくらいの所要時間で行われたと推論することが妥当でしょうか？　そうなったときに、報告書でやっていることは、「四七秒が最短でした。五七秒が最長でした。じゃあ、四七秒から五七秒の間になりますね」と、こういう処理をしているわけですね。まあ当たり前ですけど、四七秒より短い可能性だってある。四六秒、四五秒っていう測定値が出た可能性だってもちろんあるし、五七秒より長い、五八秒、五九秒というデータが出る可能性だって捨てきれないはずなんです。この測定ではね。

それにもかかわらず、〔この報告書では〕測定したデータの処理について、実際に測定された値の最大値と最小値を、その測定が潜在的にとりえる最大値と最小値とみなすという、統計的にみて稚拙なレベルでしか処理がされていない。そういうことになってしまうと、まず測ったデータが無駄になってしまうんですね。「取った定量的データからどういうことが言えるのか」っていうことについては、専門的な技術がいっぱいあるにもかかわらず、そういう技術が欠けていることによって、「ここから一体何が言えるの？」ということの推論に、もっとも基本的なレベルで失敗しているというのが、僕の認識なんです。(25)

③測定回数の評価について

それぞれのフェーズの測定回数が十分であるかどうかを、「標本平均値μの標準偏差」(すなわち標準誤差SE)を用いて評価すると、移動時間をミリ秒単位で推定するには測定数が足りないことは明らかである。第三者委の再現実験によって得られた数値のばらつきから推定される、所要時間の平均を誤差一秒以下で推定するために必要な測定数は、たとえば接触中フェーズの所要時間であれば七〇〇回以上にもなる。しかし実際には、各フェーズについてこれほど多くの回数の測定を行うことは難しい。そのため、ひとつの方策としては、ばらつきが小さいと予想される種類のデータを取得することが考えられる。たとえばプール内に人がいない状態での仮想的な移動速度のように、分散が小さいと見積もられるデータを取得することで、測定回数が少なくても、シミュレーション上意味のあるデータを取得することができる。

この「測定回数の評価」に関する問題について、先述した市教委との会合の場で、森下さんはつぎのように解説している。

また同時に、こういういろんな数字が出てきてしまうような測定というのは、次に測定したときにどういう数字が出るか全然わからないものですから、「報告書に記載されているような測定回数では全然足りませんよ」と。だからそもそも、データを取る時の取り方を考えると同時に、そういうタイプのデータだったら何回データを取らないといけないんですか、ということも含めて実験のデザインというものを本当は考えないといけない。

けれども、事故の状況を再現するということを優先して、六九人もの人を入れてしまった状態でデータを測定すると、測定したデータの数値が安定しないんですよね。水遊び〔接触中フェーズの所要時間〕では一番短かったら一八秒、長かったら四二秒みたいな数字が出てしまうと。だから、こういうふうに数字が安定しないデータほど、たくさんのデータを取らないといけなくなる、ということが統計的に指摘できます。

それで、仮にこういうデータがあるとしたら、何回測定する必要があるかっていうことも見積もることができる。その結果が、この「測定回数の評価」というスライドに書いてあることです。(26)接触中フェーズの所要時間については、実際の測定値の標準誤差が大きすぎるので、七〇〇回以上も取らないといけないっていうような結果が出てきてしまう。

もちろん現実的には七〇〇回もデータを取れるわけではないわけですから、そもそも「どういうデータを取るか」ということのレベルから、もう一度〔実験の〕デザインを考え直して。こういう〔再現検証時のような実験の〕設計であれば、実際に子どもさんに何十回もやってもらうわけにはいかないわけですから、四回か五回のデータでも十分な精度で合理的に推論を組み立てることができますよ、という実験のデザインをあらかじめ考えて、再現実験をやり直すっていうことが、報告書をもっと納得できるものにしていくために大事なことだろう、というのが私の思っているところなんです。

先にみたように、第三者委の報告書に対する浅田さん夫妻の根本的な疑問は、羽菜ちゃんの行動経路と溺水の原因について、①報告書が依拠している数値の測定方法と計算は妥当なものなのか、②報告書がある仮説を支持し、他の仮説を棄却するために用いている論理には恣意的な点が多く、それぞれの仮説の支持や棄却の十分な根拠となりえていないのではないか、③それにもかかわらず、報告書が「単独移動・溺水仮説」だけを唯一の可能性としていることはおかしいのではないか　ということだった。これらの点について森下さんは、市教委との会合の場でつぎのように報告書の問題点を指摘している。

要は報告書では、その数値のデータを厳密に取り扱ってみれば、全然ほかの仮説を棄却できないにもかかわらず、「直線移動をした」っていう仮説だけを支持しているように思われるんですね。〔略〕まず〔他の仮説を〕「棄却できない」ということすら――いろんな仮説がありすぎて、それを絞り込むことはこのデータの計り方ではできないんだよ、ということすら言えてない、というか。〔略〕報告書に書いてあることから「ああも言えるんじゃないの、こうも言えるんじゃないの？」って僕らがいろんな解釈を与えたときに、それに対して「いや、その可能性はないよ」って言えるようなことが〔報告書の記載には〕何もないんですよね。だから、それがある種、報告書が書きたいと思っている仮説を正しいものとして受けとめて、それ以外の仮説を認めたくないからって捨てているようにみえてしまう理由なんだと思うんです。

だけどそうじゃなくて、もうちょっときちんとデータを取れば、こういう仮説の可能性は低そうだよね、とか、こういう仮説はもっと確率としてはありそうだよね、とか、そういう話の方向にもっていけるはずだと考えているし、ある程度はそれが確実に可能であるというふうに僕は思っているわけです。だからこそ、再々現検証をやるというのは、僕はすごく意味があると思っています。

この説明の最後に森下さんが触れているように、二〇一五年の三月にもたれた市教委との会合は、実は「再現実験のやり直し」に関する交渉の場であった。

森下さんによる詳細な検討と解説によって、浅田さん夫妻と友人たちは第三者委の調査報告書（特にその三章）に含まれる問題点への認識を深めるとともに、より精確な測定と分析の必要性を痛感した。だが、森下さんを囲んで報告書の検討会が開かれた二〇一四年九月初旬の時点においてすぐさま、「再現検証をやり直そう」というアイデアが打ちだされたわけではない。森下さんの助言の下で浅田さん夫妻はまず、第三者委による再現検証で得られた測定データや映像記録などの一次資料をもとに、統計的な方法を用いて数値を計算しなおすことで、より蓋然性の高い分析結果が得られるのではないかと考えた。そのために一次資料を開示するよう市教委に依頼した浅田さん夫妻に対して、総務課から返ってきたのは、「一次資料はすべて廃棄されている」という思いがけない回答だった。

七章　自主検証の実現を求めて

廃棄された調査資料

二〇一四年一一月二三日、浅田さん夫妻は市教委総務部総務課の係長である堀田氏宛に、再現検証で得られた映像資料の貸与を依頼するメールを送った。その理由は、先述したように、映像資料をもとに検証実験の数値をより精確に計算し、より精度の高い分析を行うためであった。

「あらためて、なぜ映像が必要であるのかの説明を添えて、きちんと文書で要望させていただこうと思いました。もし可能ならば、私たちから資料を持って、教育委員会の方々への説明に伺いたいと思っています」という遼子さんのメールに対して、その年の四月に総務課長に着任した津島道弘氏から戻ってきた回答は、つぎのようなものであった。

結論から申し上げますと、大変心苦しいのですが、ご要望をいただきました映像や聴き取り資料等の調査資料は、教育委員会でも、調査委員会でも、保管しておりません。まず、調査委員会におきましては、〔略〕再現検証や関係者からの聴き取り調査は、報告書の作成のためにのみ使用するものとして、その他の目的には使用しないことを前提に実施しており、調査委員会以外の者に資料を提供することは想定しておりませんでした。その上で、調査委員会では、報告書の完成という最終目的を達した後においては、プライバシーなど、秘密性の高い当該資料を保持しておくことは適当ではないと判断し、廃棄することを委員間で確認されております。

また、教育委員会は「叡成小学校プール事故第三者調査委員会」の設置主体であり、特に当課は本調査委員会の事務局と位置づけられておりましたが、〔略〕調査委員会からの指示に基づき、〔略〕事務局として報告書作成に必要な資料を保持していました。そして、報告書完成後に、調査委員会の上記の意向に基づき、保持していた資料は全て廃棄しております。

（二〇一四年一一月二六日）

この回答を受け取る前、浅田さん夫妻は第三者委によって調査資料の一部が廃棄されているのではないかという恐れを抱いていたが、まさか第三者委と市教委の双方において、すべての資料が廃棄されていたとは想定していなかった。この予想外の回答に夫妻は大きなショックを受けたが、第三者委と市教委が全資料の廃棄に至った経緯を明らかにすべく、一二月下旬に市教委に対して質問状を送付した。この質問状に対して、総務課の津島課長から書面で回答があったのは翌年の一月二九日のことだった。

以下にみるように、この問答の中には、①第三者委員会と市教委の関係、②公文書という観点からの報告書と調査資料の位置づけ、③第三者委の調査と報告書に対する評価と説明責任、といった問題をめぐる、遺族と市教委の間の認識の違いが如実に表れている。

「報告書は自己完結している」？

二〇一四年一二月二三日に市教委に提出した質問状において、浅田さん夫妻はまず、第三者委員会が京都市教育委員会の附属機関として設置されたことに言及し、「第三者調査委員会の設置主体として諮問を求める立場にある教育委員会組織と、第三者委の事務局として公平性・中立性をもって庶務にあたった教育委員会総務部の立場は峻別されるべき」だと指摘している(図10)。その上で、夫妻はなぜ、第三者委の設置機関である市教委が、内部で十分な検討を行うことなく第三者委の意向に従って廃棄を容認したのか、と問うている。

この夫妻の質問に対して、総務課長の津島氏はつぎのように回答している(以下、この節に引用した市教委総務部総務課の回答は、二〇一五年一月二九日付で課長の津島氏から浅田さん夫妻に送付された回答文書による)。

まず、第三者委の事務局である総務部総務課としては、第三者委の意思に従う必要があった。一方、設置機関である教育委員会としても、調査資料の廃棄については第三者委の意向に沿った処理が適切であると判断した。その理由は、以下の二点である。

1　市教委としては調査資料の組織的な共有は行っておらず、したがって、「調査資料は教育委員会の文書としての公文書性が極めて希薄である」と判断したこと。

2　市教委としては「そもそも、調査委員会から提出された報告書を設置者として検証することは予定しておらず」、第三者委の事務局を担当する中で「本来は接するべきではなかった情報に接さざるを得ない状況にあり、調査委員の指示に基づき、これを限定的に取り扱っていた」にすぎないこと。

また津島氏は、上述のように調査資料は公文書とはいえないのに対して、公開資料である報告書は公文書として扱われるとした上で、調査報告書は「調査委員会として導かれた事実認定や提言などについて、必要な根拠などの事項をすべて記載する方針でまとめられたものである」ことに加えて、「記録やメモといった調査資料の字面のみから論理的に演繹されることに加え、各調査委員の知見、経験、教養、良識、良心などを踏まえ、総合的に評価・判断された結果である」ことから、市教委としては「調査報告書それ自体で自己完結していると認識している」と述べている。

以上の見解を述べた上で津島氏は、市教委として調査資料の廃棄が適切であったと考える理由を、以下のように列挙している。

1 調査資料は、報告書を作成するための補助的な文書として取り扱われるべきものである。

2 報告書には調査の全容が掲載されており、それ自体で自己完結している。

3 調査資料は、報告書が完成した時点で補助的な文書としての役目を終えたことから、保存しておく必要はない。

4 調査資料には機密性の高い情報も多く含まれており、情報漏洩を防止する必要がある。

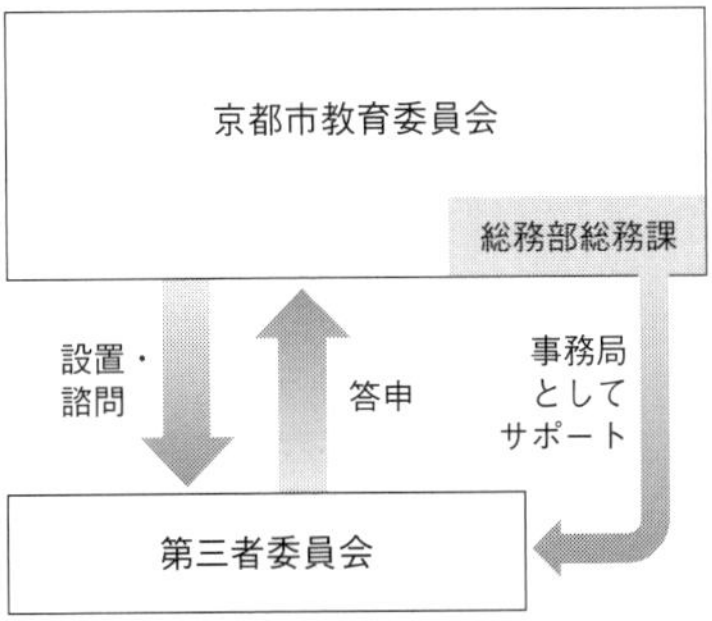

図10 京都市教育委員会と第三者委員会の関係

津島氏はこのように、調査資料は「補助的な文書」としての価値しかないのに対して、調査報告書は「完全で自己完結している」がゆえに、「調査資料の廃棄に問題はない」という結論を導きだしている。加えて津島氏は、「情報漏洩の防止」という観点からも調査資料の廃棄を正当化している。

さて、先述した第一の質問と関連する問いとして、第三者委を設置した機関としての市教委の説明責任について、浅田さん夫妻は質問状の中でつぎのように問うている。

第三者調査委員会の提出した調査報告書が公開を前提としたものである以上、市民や各界の有識者からは、報告書にかかわる疑問が提示されたり、問題点の指摘がなされたりすることも十分に考えられたはずです。第三者調査委員会の解散後、そのような疑問や指摘に応じる主体機関となるのは、京都市教育委員会ではないのでしょうか。報告書の根拠となる調査資料やデータを廃棄したことは、こうした将来的な説明責任を放棄するに等しいものであったと考えますが、いかがでしょうか。

これに対して津島課長は、「教育委員会は、調査報告に対する疑問や指摘に主体的に対応する立場にはないと考えております」という回答を繰り返している。また津島氏は、第三者委の役割は報告書の提出をもって完了しており、報告書を受けとった市教委としては、「調査資料の復元や再調査の必要性はないものと考えております」と述べ、調査の継続について協力を求める両親の依頼を明確に拒絶している。

このように、第三者委の設置機関である市教委は「調査報告に対する疑問や指摘に主体的に対応する立場にはない」とする一方、報告書を作成した第三者委もまた、すでに「存在していない」ために、報告書に対する疑問や指摘に回答することはできない、と津島氏は述べる。

調査委員会の立場といたしましては、調査報告書の完成・公表がすべてであり、調査報告書の内容に係る評価などについては、調査報告書を読まれた方に委ねるものと認識しております。さらに、設置規則が失効した時点をもって、調査委員会は解散し、その存在がない状態になっており、調査委員会からの回答はいたしかねます。

以上のような回答を与えた上で、津島氏は浅田さん夫妻に対し、報告書の提言を受けた市教委の今後の姿勢について、つぎのような「誓いの言葉」を述べている。

教育委員会といたしましては、調査報告書と訴訟の判決の双方で直接の事故原因として厳しい指摘を受けたプール監視体制の抜本的な改善、水位管理の徹底等の取組をすでに全校で実施しているところであり、今後とも、調査報告書や判決で言及された様々な事故リスクの根絶と御提言内容の実現に向けて、総力を傾注し、学校現場と一体となって取り組んでまいります。

浅田さん夫妻の質問とそれに対する津島氏の回答は、この第三者委の設置と運営、事後処理にはらまれる制度的な問題を露呈するものだった。それはすなわち、京都市教育委員会の諮問機関として設置された第三者委の事務局を同じ市教委の一部局が担うという制度設計上の問題、また、第三者委の調査で得られた資料を誰がどのように管理するべきなのかという問題、そして、第三者委の調査と報告に対して誰が最終的な説明責任をもつのかという問題である。

これらの点について浅田さん夫妻は一貫して、第三者委員会が解散した後は、その設置機関である教育委員会が報告書の内容や調査資料の管理に対して責任を負うべきだと主張している。これに対して市教委の側は、第三者委の設置機関としての市教委の立場が、第三者委の事務局としての立場とは異なることは認めつつも、市教委としては調査資料の処理に関して第三者委の判断に従うべきであり、報告書の内容についても主体的に検討したり対応したりする立場にはないことを繰り返し主張している。その上で市教委は、今後は報告書の提言を真摯に受けとめて事故防止に専心するという、受け身の姿勢を一貫して表明している。ここで津島課長が述べていることは、実際には、第三者委員会が解散した今、その調査や報告書の内容について「責任をもつ主体が事実上存在しない」ということであった。

この一連のやりとりが明らかにした遺族と市教委との見解の相違は、形式的な問答に終始するばかりではなく、次節でみるように対面での交渉の場において、より率直な言葉や感情の応酬として露わになることになる。

この調査資料の廃棄については、市教委からの回答文書を浅田さん夫妻が受け取ってから約三週間後の二〇一五年二月二〇日、京都新聞が「第三者委調査資料を廃棄　公文書と判断せず」という見出しで報じている。この記事は、「資料の収集に市教委の関与は薄かった。資料は保管すべき公文書には該当せず、報告書の完成で役目を終えた」という市教委側の見解を紹介するとともに、「報告書の内容がすべて。基礎資料が残るとあらゆる解釈が生まれ、収拾がつかなくなる」という在田正秀教育次長のコメントを載せている。

前章でみたように、報告書の三章を詳細に検討した森下翔さんは、第三者委の報告書では測定の方法や数値の処理が不適切である上、記載されている数値が導きだされた過程や計算式をはじめとする基本情報が記載されていないために、ある解釈に対して「「その可能性はない」ということすらできない」と指摘している。この記事における在田教育次長の見解とはまったく逆に、浅田さん夫妻が試みようとしていたことは、必要情報が欠けているためにあらゆる解釈や仮定を許してしまう報告書の記述に対して、より精確で蓋然性の高いものへと仮説を絞りこむために、一次資料をもとに数値を計算し直すことであった。

また、「調査資料は公文書には該当しない」という市教委の主張に対して、京都新聞の記事はNPO法人「情報公開クリアリングハウス」の三木由希子理事長の話として、以下のようなコメントを紹介している。

第三者委員会の独立性や中立性と、背負っている公的責任は切り分けて考えるべきだ。公務員扱いの第三者委メンバーが作成した資料は、公文書に該当する。結論を導き出す経過を残すとの公文書保管の流れに逆行している。廃棄で将来的な検証に耐えうる正当性を失ってしまう。一元的に収集資料を保管すれば個人情報の漏えい防止や解散後の行政保管につなげやすい。第三者委発足時から記録管理のルールを定める必要がある。

（二〇一五年二月二〇日）

三木理事長によるこの指摘は、調査資料の公益性の高さ、報告書の分析と結論を証明する資料としての重要性、社会や遺族への説明責任という点から調査資料の廃棄を批判する浅田さん夫妻の主張に根拠を与えうるものであった[27]。

調査資料の廃棄に関する記事が京都新聞に掲載された二月二〇日、浅田さん夫妻は文部科学省の設置した「学校事故対応に関する調査研究」有識者会議[28]に対して、同会議からのヒアリングを要望する旨の文書を提出した。第三者委員会はすでに解散し、唯一の手がかりであった調査資料はすべて廃棄され、多くの問題点をはらんだ報告書だけが残された。報告書に対する質問を投げかけるべき相手は存在せず、市教委は「この事案はこれで終了」とばかりにこれ以上の協力を拒んでいる。事態は膠着し、完全に手詰まりにみえた。

しかし、浅田さん夫妻は諦めていなかった。有識者会議へのヒアリング要請は、「これで終わりにはできない」という夫妻の意思表示でもあった。調査資料の廃棄という事実に衝撃を受けながらも、二人は報告書の不備を補い、我が子の行動の可能性を絞り込むためには自分たちの手で検証実験を行うしかないという決意を固める。この新たな検証の実現に向けた交渉を行うために、夫妻は市教委総務部総務課の津島課長と堀田氏に対して、直接会って話したいという意向を伝えた。そして、まもなく年度が変わろうとする二〇一五年三月二五日、第三者委の解散後はじめて、両親と市教委の面談が行われることになった。

自主検証の実施に向けた市教委との交渉

市教委との会合は、今は廃校となった小学校の木造校舎内にある体育健康教育室の執務室で行われた。その日、会合に参加した遺族側のメンバーは、浅田さん夫妻と住友剛教授、両親の旧友である富澤達志さんと加代子さん夫妻、森下翔さん、私の七名。市教委事務局からは、総務部総務課の津島課長、同課の堀田係長、体育健康教育室の田辺課長の三名が応対した。

先述したように、津島課長は二〇一四年の四月に着任したため、浅田さん夫妻とはこの日がほぼ初対面であった。一方で堀田氏と田辺氏は、第三者委の設置に向けた準備段階から浅田さん夫妻とやりとりを続けており、なかでも堀田氏は第三者委の事務局の窓口として、浅田さん夫妻と調査委員をつなぐ役割を果たしてきた。また、第三者委による再現検証の折には、堀田氏は六九名の児童の一人として自分の子どもを検証実験に参加させるとともに、検証実験の補助要員としても奔走した。こうした経緯から、浅田さん夫妻のみならず、富澤さん夫妻や私にとっても、市教委職員の中で堀田氏は親しみのある存在になりつつあった。

ところがこの会合では、市教委としての立場をかたくなに主張する堀田氏に対して、真の意味で遺族とともにあることを求める浅田さん夫妻と友人たちの思いがぶつかり合うことになった。この会合で両者が合意に至ることはなかったが、それは少なくとも文書のやりとりだけではありえなかった、遺族と市教委職員との本音の対話を含んでいたという意味で、稀有な機会であったといえる。

この会合は、市教委のこれまでの協力に対する遼子さんからの感謝の言葉で始まった。つづけて遼子さんは、第三者委の報告書に対して疑問を抱いているという自身の考えを再度伝えた上で、市教委としては報告書をどのように受けとめているのかと問いかけた。

遼子　これは本当に素朴にお聞きするんですけれど、それ〔夫妻が第三者委に提出した質問状の内容〕

に対して、報告書の中にすべての説明があるとお考えですか？

この問いかけに対して、堀田氏は早口で答えを返した。

堀田　率直に申し上げまして我々は、今のご質問に対してどう思うか、ということをお答えすべき立場にはないと思っています。〔質問状を〕読んだのは、〔第三者委の〕事務局としての立場として読ませていただいたんであって、それが前提であると認識しています。

報告書の中身について、じゃあ教育委員会としてどう受けとめてますか、ということにつきましては、あくまでも我々としてはその中で書かれている、監視体制の不備であるとか、そういった部分に対しては重く受けとめなければならないと思ってますし、そのことは訴訟でも指摘をされていることですので、しっかりそのことを受けとめて教育委員会としてどのようにやっていくのか、という受けとめをしているということですので。

この堀田氏の返答に対して壮介さんが口火を切り、浅田さん夫妻と堀田氏との間で緊張感をはらんだやりとりが始まった。

壮介　〔報告書の中で〕羽菜の最後の時間とされてる箇所というのは、じゃあ教育委員会の立場としてご覧になって、そこにはもう何も介入しないというか、意見を言う立場ではないというのがお答えということですか。

堀田　はい、そうですね。
壮介　それは〔報告書の記述に〕矛盾があろうがなかろうが、そのままでもう終わることを良しとするということですかね？
堀田　まあ、言葉の難しい部分もありますけども、調査委員会の調査を通して得られた証言とか、先生方のいろんな専門性とか、そういうのも含めて総合的に書かれたものが報告書の中身であると思っていますので。それについて批判をどうというか、疑問に思うということは今のところ我々にはありません、はい。
壮介　僕たちもその専門性とかは十分理解していて。ただ、〔第三者委から〕いただいた文章の中に疑問点が明らかにあるので。〔略〕やっぱり僕たちとしては、その羽菜の最後の時間というのがものすごく重要なことで、そこがやっぱり曖昧なまま終わるっていうことは……そういう気持ちはご理解いただけますかね。
堀田　なんて言いましょうか、とにかく〔市教委は事故の〕当事者という立場になりますから。ですけども、疑問をもたれている部分があるという、そういうお気持ちがあるということについては、我々も理解してます、そのことについては。
〔略〕
遼子　まあ報告書としては、何ら間違いはないというふうに認識されているということですね。
堀田　そうですね、間違い――というか、調査委員会がこういう形で出されたものというのをそのまま受けとめている、ということです。

このように、浅田さん夫妻と堀田氏の問答は冒頭から噛み合っていなかった。第三者委の報告書にみられる根本的な問題点を指摘し、なぜそれを放置すべきでないのかを理解してもらおうとする浅田さん夫妻に対して、堀田氏はあくまで「市教委としては報告書をそのまま受けとめる。批判も判断もすべき立場にはない」という姿勢を固持していた。

そうこうするうちにその場の雰囲気が次第に険悪になってきたため、このやりとりはいったん切り上げ、報告書の具体的な問題点について森下さんに説明してもらうことになった。前章でみたような、報告書に記載された時刻と所要時間に関する不明点や計算の非一貫性について、森下さんがスライドを見せながら説明していく。ひととおりの説明を終えたところで、森下さんが説明を中断し、根本的な問題に切り込む質問を投げかけた。

森下　ちょっと一点だけ補足したいんですけど、先ほど浅田さんとお話しされていたときに思っていたことがどうしてもあって。それは、ここで僕がいくらしゃべっても、〔市教委としては〕「それを判断する立場にない」と言われてしまうっていうのが、困ってしまうところであって。本来であればこういう〔報告書の〕内容についての不備というのは、第三者委員会に対して質問状として与えるべき内容であろうと思っていますし、もちろんご夫妻は、この第三者委員会が存続している間は、それを質問状という形で与えていたわけですよね。

それで、なんで今、こういう内容についての話を、こういう場で投げなければならないかって言ったら、それは当然第三者委員会が解散しているという事実があるわけです。ですから、「内容についての判断は、私どもとしてはできかねる」という言い方をされてしまったときに、じゃあそもそも、こういう内容についての不備があると。こういう数値的な、誰の目から見ても明らかな欠陥というものがあったときに、誰がその責任をとるのかっていうことについて、あらかじめ聞いておかないと、これ以上話を進めてもひょっとしたら不毛なんじゃないか、という気がしてきてしまったので。ちょっとお伺いしてもよろしいですか？

遼子　それはそうですね。誰が判断されるのか。事故を起こされたのはどちらなのか。誰が判断されるんですか、報告書に不備があるということをこれだけ訴えていて、市教委はそれを判断される立場にないとおっしゃるなら。じゃあ誰が判断するんですか？

堀田　その、我々としては、これはもう繰り返しになるんですが、報告書を受けた立場として、そこに書かれてある内容を、教育委員会としてどう受けとめるか、ということについては、この報告書には教育委員会の今後の安全対策のことも含めてやるべき内容が書かれている、という認識をしていますので。まずこの報告書が非常にずさんだとか、そういったものであるというふうには受けとめていません。あわせて、〔報告書では〕事故が起こった原因についても、一定の結論が導かれている。それは。

遼子　堀田さんは、何らかの原因で、とおっしゃいました。それは何らかの原因ですよ。何らかの原因がなければ溺れません。だけど、その何らかの原因とは何か、ということを調べるために、調査委員会を立ち上げていただいたんじゃないですか？　で、市教委は立ち上げた立場なんじゃないですか？

堀田　そうですね。

遼子　〔教育委員会の〕附属機関として諮問を求めたわけでしょう？　それで、そこから上がってきた報告書を教育委員会が判断しないで、誰が判断するんですか？

堀田　判断というか、それをそのように受けとめさせていただいた。そのとおり、我々は受けとめていると。

この応答の中で堀田氏は、浅田さん夫妻の質問状に対して津島課長の名で送られてきた回答文書と同じ論理を繰り返している。つまり、市教委としては報告書の内容を検討したり批判したりする立場にはなく、報告書の提言を真摯に受けとめて今後の学校安全に取り組んでいくしかないという論理である。こうした回答の中には、遼子さんの言うような、第三者委の設置機関としての説明責任や主体的な判断の必要性への自覚は微塵もなく、むしろ、事故を起こした側として報告書の提言を押し頂くという姿勢が露わになっている。

また、この会合の場では、「事故の直接の当事者（体育健康教育室）ではないため、まだしも中立性が担保される」という理由で第三者委の事務局に選定された総務部総務課において事務局の業務を担当した堀田氏が、「事故の当事者であると同時に第三者委の設置者でもある」という市教委全体の立場を代弁するとともに、第三者委の活動と成果を擁護するといういささか奇妙な事態が生じていた。

堀田　だから我々としては、今、報告書が上がってきたと。教育委員会に対しても厳しい指摘を受けていると。で、今後、学校でこういうことを繰り返さないために、じゃあ今の学校に何ができるのかっていう立場で取り組んでいくのが我々の立場だと思ったので。この〔報告書の〕正当性がどうとか、客観的な数字ということを主張されていますけれども、それについて検証をやるんではなくて、今後の学校についてどう取り組んでいくのかっていうことを、我々としては考えていきたい、という立場でこれを受けとめているんです。

ここで堀田氏が繰り返し表明している、「ただ受けとめる」という市教委の姿勢に対して、森下さんは、そもそも今回のように調査の内容や報告書の質が保証されず、最終的な責任の主体も曖昧になってしまうような第三者委員会の制度そのものに欠陥があるのではないかという疑問を投げかけている。

森下　事故に対してどういう対策をするか、ということの中には、こういう事故が起こったときに第三者委を設置するということも含まれていると思うんですよね。そうした中で、今回のように〔報告書の〕内容に不備があるにもかかわらず、もうすでに第三者委員会が解散してしまっていてね、その内容についてどれだけ不備があると言っても、こういうふうに回答されてしまうわけですよ。誰が見たって明らかな内容の不備があるにもかかわらず、第三者委員会はなくなっていて、教育委員会はそれを、「そういう結果として受けとめるしかない」という言い方をしているっていうのは、僕にはもう、それ自体が制度的な欠陥にみえるんですよ。

だって、何のために第三者委員会を置いたんだっていう話になるわけですよ。そもそもその事故の原因がどうであったかっていうことを知りたいという遺族の思いに応えて、第三者委員会というものを設置した。で、最終的にその委員会がなくなって何が起きているのかって言ったら、納得していない遺族と、もうそれを結果として受けとめることしかできない教育委員会というものが残ってしまっている。これは、まさにこういう問題が起きたときにどういうふうに対応していくべきかっていうことを含めて考えないといけないことだと思うんですよね。〔略〕
たぶん別に今回に限ったことじゃないと思うんですよ。こういう報告書が出てきて、それについて責任がとられないのなら。その報告書のクオリティが、遺族が納得するような内容に保たれるような、それを担保するような仕組みがないわけですから。そもそも、この仕組みそのものに問題があるのではないかっていうことについて、同意していただくことはできないんだろうか、ということがひとつ聞いてて思っていたことなんですね。第三者委員会という仕組みそのものがうまくいっていないという認識はありますか？

この森下さんの問いかけにつづいて、これまで学校管理下で起きたいくつもの事故や事件にかかわってきた経験を踏まえ、住友教授は第三者委員会の制度的問題と資料廃棄をめぐる問題について、つぎのように発言している。

住友　まあ、本来であればね、今こうやって浅田さんたちから出ている疑問について、市教委の事務局の皆さんがお答えしているという構図自体、僕から見てるとやっぱり変だなと思うんですよね。皆さんが直接調査に携わったわけでもないし、報告書を作られたというわけでもないし。〔略〕だから、本来は書いた人間が、「いや、自分たちはこういう聴き取りをしました」、あるいは「こういう試算をしました」ということについて答えるべきだと私なんかは思うんですね。ところが、書いた人間が「もう任期が終わりました、私たちは解散しました。もう私たちの仕事ではないですから、あれがすべてです」って言って、皆さんに説明をお任せしてどっか行っちゃってる。

僕は、これはある意味で本当の無責任じゃないかな、と正直思いました。「任期が終わったって、あんたが書いたもんでしょ」って正直言いたくなります。で、なおかつ、そういう説明をしようと思うと、「いや、あの時、こういう計算をしました」とか、「あの時、こういう聴き取りをしました」とか、そういったことを根拠として出せるような資料を残しとかないといけないですよね。それが今、ないわけでしょ。これってやっぱり大きな問題じゃないかなと僕なんかは思うわけですね。〔略〕

資料の廃棄の件については、やっぱりこれまでいろんな形で、たとえば学校で事故や事件が起こったときの調査のあり方とか、あるいは情報開示のあり方について、資料が隠されたとか開示がなかったとかいうことで問題になってきた経緯があるから、やっぱり残すべきだろうと思うし、僕の知る限り、いろんな調査委員会は何らかの形で残しています。で、そういう中で、今回のこのやり方っていうのは、僕自身が正直驚きました。

このように、森下さんや住友教授が第三者委の制度や事後処理のあり方、責任の所在といった側面から問題点を指摘し、市教委を説得しようとしたのに対して、組織としての市教委に対してではなく、その場にいた職員個々人に訴えかけるようなストレートな発言をしたのが富澤達志さんだった。

達志　第三者委員会を設置していただけることになったときね、その時点ではうまくいって。変な言い方やけど、両親と堀田さん、田辺さんの関係性はいい方にどんどん動いてたって僕は感じるんですよ。〔略〕ほんで、今回これまたなんかですね、見解の違いでこんなふうになってんのは、誰も悪くないと思うんですよ。ここにいる人も、みんな一所懸命、前に向かって進んだと思うんですよ。ただ、第三者委員会の方の能力がちょっと足りひんかっただけのことなんですよ、たぶん。だから、みんな一所懸命羽菜を探しに行こうって、最後の羽菜を見つけに行こうって目標に向かって進んでたんが、悲しいかな、第三者委員会の方の能力が足りひんかったけども、それをごり押しで通してしまわはったたっていう結果で。〔略〕

誠意は伝わりかけてましたよ。堀田くんも、田辺さんも。やっぱりいろんな規則とか決まりとかあるやろうけども、そういうレベルでないわけよ。やっぱり遺族に誠意とか伝えるために一所懸命になるっていうのは、事務的なこととか、そういうんじゃないと思うんやけどなあ、俺は。〔略〕うん、人間と人間やねん、堀田くん。教育委員会という組織の大変さはわかるよ。立場も。おまえ関係ないもんな、言うてみたら。「俺、知らんけん、そんなん」と言われてもしゃあない。〔略〕

なんかね、堀田くんとか教育委員会の方を見てたら、何かに怯えてる気がしてんの僕ら、対峙したときに。そうじゃなくて信用せえよ。信用してくれよ、俺のことを。お互いが信じんかったらなんにも始まらん、なんにもええようには動かへんで。

堀田　信じるとか――信じるとか信じないとかいうことではないんですけど、まあ、まだいいですか？　すみません、「今後」ということを言うのは浅田さんには大変失礼だというのはわかった上で今後と言いますけども、今後、万が一こういう事故があったときのあり方としてどう生かしていくのか、ということは考えていかないといけないとは思ってます。ただそのことと、もう一度再現検証をするということは、我々は切り離して考えてます。

我々はあくまでも、その立ち上げ段階から調査委員になっていただいた先生、選出からしっかりと議論をさせていただいた先生方の再現検証として、それに協力してやらせていただいた中で出たこの報告書を、それに不備があるからじゃあまた再現検証を〔行って〕、もう一度教育委員会として協力しますという立場にあるとは、今考えていません。それは我々としては、この報告書を受けとめて、今後教育委員会としては何をやっていけるのかという立場でやっていく、というのが今の考え方ですので。再々現検証を、実際に〔小学校の〕プールを使ってやるということについては、今協力するという考え方はないということは申し上げたいと思います。

そして堀田氏は、調査資料の廃棄に対して批判的な見方があることは認めつつも、「だからといって行政として、遺族による自主検証に協力するという考えはもっていない」という主旨の発言を繰り返した。こうした堀田氏の発言を受けて、しばらく口をつぐんでいた壮介さんが絞り出すように言葉を発した。

壮介　今後もね、いま小学校に通ってる子どもたちの安全を守ってくれるというのは、それはそうなんですけども。僕たちはもう、羽菜を守ってやるしかないんですよ、その最後の時間を。そこが、あやふやで、と感じてるんですね。

いま小学校に通ってる子どもたちって言われてしまうと、それはわかるけど、僕たちは守ってやれないんですよ。そういう――羽菜は学校に行っただけなんですよ。小学校にも教育委員会にも守ってもらえなくて。で、出された報告書が、そこに疑問が残ってて、それはそれとして置いとくって言われたら、羽菜はどうなる。

……それで、そういう感情だけで再々現検証をしたいとか、それだけで言っているわけじゃなくて、羽菜の最後の時間というのを、いま生きている子と同じぐらい大事に考えていただきたいっていうか。「それはそれで置いといて」っていう、まあ言い方は違うのかもしれないですけど、僕たちにはそれが一番辛いことなんです。

堀田　……いや、わかります、はい。私がさっき、「今後」というのは大変失礼だと申し上げたのはまさにそのことで。

達志　もう、最後のお願いやと思うんやけど。羽菜の最後の数字をもう一回取らせてほしいというのは。おそらく、ほんまは羽菜を返してほしいけど、底辺の底辺のお願いなんや、こいつらにとっては。で、今後も遺族に寄り添うとか言うんやったら、再々現検証の数字がほしいというのは、もう最後のお願いやと。それをはねのけたら、なら今後どうやって。言ってたよな、寄り添うとか。どうやって寄り添うつもりや。それなくしてないわ、はっきり言うけど。

このやりとりの後、津島課長から自主検証の具体的な方法についての質問があり、それに対して遼子さんが、「自主検証は私たちが主体となって行う。教育委員会にやっていただくことはない。小学校のプールを貸していただきたいだけだ」と答えた。つづいて、森下さんが自主検証における実験の目的とデザインの概要を説明したのち、ふたたび壮介さんが発言した。

壮介　本当は、第三者委員会とこういう質問をやりとりできて、説明していただいてたら……。何度も言うように、〔報告書の〕結果を見て、「絶対に羽菜はこうだったんじゃない」とか、そういうことではなくて。その〔疑問の〕ひとつひとつを聞きたかったんですけども、それが叶わなかったんで。で、もう教育委員会の方にご協力をいただいて、自分たちでその疑問を検証して、いろんな可能性についてやっていくことしかできないというか。第三者委員会の人が説明のテーブルについていただいていたなら。

この壮介さんの発言を受けて、私は「市教委として自主検証に表だって協力することは難しいかもしれないが、プールの使用だけでも許可してほしい。それは今後、第三者委の制度や検証のデザインを考えていく上で貴重な事例になるはずだ」という主旨のことを述べた後、つぎのように発言した。

石井　もうひとつはやっぱりこの先、何十年と生きる未来をもった子どもが亡くなって、その代償として、せめてプールを貸してほしいっていう親の願いというのは、本当に小さなことだと思います。なのでそのことも合わせて、受けとめていただけたらと思います。

この発言に対して堀田氏は、苦しい胸の内をのぞかせつつも、「責任」という言葉を用いて市教委の立場への理解を求めた。

堀田　すみません。先ほど申し上げたのもあれですけども、羽菜ちゃんが亡くなられたということ、その命の代償と、再々現検証の協力を、正直申し上げますとてんびんにかけるというかですね、大きいとか小さいとかということで、おっしゃられると非常にそれは私も含めて、返す言葉はないです。もうおっしゃられるとおりだと思います。それは、もう、どんなことがあってもそこは、羽菜ちゃんの命に代えられるものではないというか、はい、そういうふうに思っていますので。

その上でやっぱり、まあまたこれ、富澤さんからビビってんのかって怒られそうですけど、我々はやっぱり責任をもって共同提案という形で〔第三者委の〕委員さんを選ばせていただきました。非常にそれは重いことやと思ってます。〔略〕我々が共同提案させていただいた委員さんからの報告書に対して、やはり、我々としては責任をもつべきやと思いますし、また違う機関が再々現検証をされて、よりもっとこうであろうという指摘をされた、それも含めて今後の検証になるんでしょうけど、我々がそれに協力するということは、私はやっぱりそこは、我々の責任としてできないんじゃないかな、と思ってます。

遼子　選んだ者の責任として、というふうにおっしゃるんですか？

堀田　委員を選んだし、委員を選んでこの調査委員会を立ち上げてやってきた、その責任も含めてできないということで。

石井　それは責任という言葉をはき違えているんじゃないかと思います。

事故を起こした側として、亡くなった羽菜ちゃんや遺族に対する責任を全うしようとするのではなく、第三者委を設置した組織としての責任に重きをおき、ゆえに第三者委の成果を否定するような真似はできないという堀田氏の弁に対して、私は思わず厳しい言葉で反論し、住友教授がそれを取りなすことになった。

石井　報告書について責任をとるっていうことは、今までにおっしゃっていた、〔報告書について〕答える立場にないとか、説明する立場にないとか、あるいは第三者委員会のやったことについて、廃棄も含めて何も言えないというような立場とは乖離しています。

堀田　いや、乖離してないです。

石井　そうではなくて、要するに委員会の事務局としての立場を守りたいと。そういうふうにおっしゃっているんです。それは責任ではありません。それを責任という言葉でおっしゃるのは、非常に間違ってます。

住友　むしろこの内容についてね、まだわからないことがある。それを一緒に調べていくっていう責任のとり方だってあると思うんですよね。一緒に選んで、一緒に調査委員会を立ち上げてやったけれども、まだわからんことが出てきた。まあ、委員会の任期はそのままそこで終わってしまって、残してほしい資料はなくなってしまったけれども、まだ疑問点として残っていることはある。それをあらためて皆さんと、こちらにいらっしゃる支援者と浅田さんたちとで、どうするかっていうことを考えて、新しい形で責任のとり方を作っていくということもあると思うんですね。

こうして議論が平行線のまま終盤に近づいてきたとき、それまでほとんど発言しなかった津島課長がおもむろに口を開いた。

津島　今、基本的には民事訴訟があって、司法としての一定の結論がまず出されましたね。それはそれで非常に重いことで、私どもも相応の対応をさせていただいたと思っています。で、その上で、まさに浅田さんが前からおっしゃっておられるように、やはりもう少し事実と言いますかね、最後の部分についてお知りになりたいという気持ちも含めて教育委員会としても、もう少し〔事実が〕出てくることも期待しつつ、第三者委員会を一緒にやらせていただいて。

先ほどね、何のためにやったんだ、というお話もありましたが、でもこれ〔報告書〕はこれでちゃんと出されているとは思うんです。で、そういった意味では私どものご説明としては、最後の事実認定の部分についてね、確かに〔見解の〕違いはありますけれども、いわゆる行政というか、まあ学校管理部門、学校管理者側の責任、つまり、プールの監視体制に不備があったということについては、それは非常に重く受けとめていると思います。で、そういう意味でいうと、この報告書をもって、教育委員会としてのこの事案と言いますか、事故への主体的な調査としてのかかわりというのは、終わっているものだというふうに思っています。

ただ、皆さま方がやろうとされておられることに関して、まあどこまで協力できるのかということで、今日お話をしているわけで、ひとつのご提案をいただきましたね。そのプールを使わせてほしいとか。ただまあ、それについては、基本的には非常にまあ難しいというか、そのやろうとされておられることとか、たぶん公表されるであろうということであるとか、すでに民事訴訟の結論が出て、〔第三者委の〕報告書も出ているということも含めて。私どもが許可をするということ自体が、言ってみればオフィシャルにかかわるってことになるので、非常に厳しいかな、と思ってますが。一応ちょっと持ち帰らせていただいてあらためてご回答させてもらう、ということでよろしいですか。

壮介　民事訴訟で結果が出て、第三者委員会で報告書が出たから、もう責任は終わりっていう感じなんですか、じゃあ。

津島　我々が主体的にと言いますか、すでに訴訟の段階で、というかちょっと前の段階で、できる範囲の調査はさせていただいて。

壮介　その報告がこっちに一切なかったから裁判に進んでいったんですけど。学校と教育委員会に調査していただけるという話だったんで、ずっと待ってたんですけど、それがなくて、警察の動きも終わってしまって。僕たち、〔当時は〕第三者委員会を知りませんでしたから、別に教育委員会の責任を追及したいとかじゃなくて、そのときも何があったか知りたくて〔裁判を〕始めて。そのときも調べていただいたのかもしれないですけど、その報告っていうのは僕たちには全然なくて。事故直後にはありましたよ。で、今わかっているのはこれだけだから、また調査して報告しますっていうことだったんですけど、そういう話もなく。

津島　なるほど。まあ、いずれにしましてもね、民事訴訟と、それから第三者委員会の調査という形で我々がかかわらせていただいた分については、公になった分は全部皆さんのところに届いているわけですし。それをもって、基本的には京都市教育委員会としての主体的な調査へのかかわりというのは、終わっているものと思っています、それは、はい。

あとはどこまで協力させていただけるか、ということだと思うんですね。いま、ひとつこういったことをしたいというお話を受けて、ただそれはまあなかなか厳しいご提案だな、と思ってますので。ま、そういったことも含めて、最終的にまたご回答させていただきたいなと思いますけど、まああまり期待していただかない方がいいかなあとは思います。

津島課長はこのように、「市教委としての任務は終わっている。さらなる協力は無理だ」ということを匂わせつつも、遺族の思いは受けとめるとして、最終的な結論に含みをもたせた。

津島　皆さんがおっしゃられたことすべてね、思いも含めて、ちゃんと持ち帰って、それは。

壮介　できない理由を探すんじゃなくて、できることは何かって、そういう考え方でもいいんで。

〔略〕……まあ、僕たちの思いというのも受けとめていただくってことだったんで。

僕たちにとって、「この事案は終わり」じゃないんですよ。ずっと一生続くことなんですよね。だから協力しろ、とかじゃないんですけど、そういう思いで向きあってきた中で疑問が残ってて。遺族感情だけじゃなくって、それがベースにあるのかもしれないですけど、それを「この事案は終わり」っていうのは……。

津島　このことが終わりって私も思っているわけではないです。調査ということに対して終わりと思っているだけで。まあ、今回のこんなことが残したことっていうのはずっと京都市の学校、京都市の教育委員会には特に、未来永劫引き継がれていくことだと思いますね。それは。

二時間以上に及んだ遺族と市教委との会合は、こうして終了した。自主検証のためのプールの使用について、津島課長はその場での回答を避けたものの、堀田氏のかたくなな態度や「期待しないでほしい」という津島氏の言葉から、許可を得ることはほぼ無理であろうと予想された。なにより、一定の信頼関係を築けていたと思っていた堀田氏が、あくまで「協力できない」という立場を押し通したことに、浅田さん夫妻は少なからぬダメージを受けた。古い木造校舎を出て、もう真っ暗になった道を駅に向かって歩く私たちは皆、言葉少なだった。

さて、この会合には富澤達志さんとともに妻の加代子さんも同席していたが、話し合いの間は涙をこらえている様子で、ほとんど発言することはなかった。だが、会合が終わって市教委職員と別れる間際に、加代子さんは津島課長に直筆の手紙を渡していた。この手紙には、この会合の中では話題にのぼらなかった、しかしながら再現検証とそれによって得られた資料の意味を考えるにあたって看過すべきではない事柄——再現検証に子どもを参加させた親の思い、そして参加した子ども自身の思い——がひたむきな言葉で綴られていた。以下に、その一部を抜粋して紹介したい。

再現検証では、私の娘が羽菜さんの役を務めました。娘は「羽菜のため、羽菜のお父さんとお母さんのために、できることはなんでもする。当たり前のことだ」という思いで、再現検証に参加しました。〔略〕私たちはあの日、再現検証に立ち会うことはできませんでしたが、教育委員会の方々は近くで、娘が羽菜さんの役目を果たしていたことをご覧になったのではないでしょうか。

しかし、多くの子どもが再現検証に参加したにもかかわらず、羽菜さんが溺水に至った原因がいまだに解明されていません。羽菜さんのご両親の質問に対しても、説明し尽くされておりません。そして、その重要な資料さえすべて廃棄されたのが現状です。このような結果になり、娘は「間違えたからかな。はずれなこと、ゆうたからかな」と言いました。再現検証が始まり、私のもとから離れる時、「帰ってくるしな」とも言いました。

再現検証で楽しく泳いでいた子どもたちも、一年生の子どもが、このプールで死んでしまったことを知っていました。〔略〕きっと子どもたちは羽菜さんや、羽菜さんを亡くしたご両親のために、「役に立ちたい、少しでも力になりたい」とそのような思いをもっていたはずです。その子どもたちの思いはどうなるのでしょうか。なぜ、子どもたちが、結局役に立てなかったと思わなくてはならないのでしょうか。子をもつ親として私たちは、そのことがとても悲しく、残念でなりません。また、今後行われるであろう再々現検証について、娘は「自分は身長が伸びてしまったから、もう羽菜の役はしてあげられないのか」と訊いてきます。「たとえ羽菜と同じ身長の子がいても、羽菜の気持ちがわかるかな」と心配さえしています。

再々現検証は、羽菜さんの最期の声を聞くためにも、どうしても必要だと考えます。まだ測定されていない必要なデータを得るためにも必要です。そして、羽菜さんの身に何が起こったのか、事故の原因の解明に一歩でも近づくために、できる限りのことをしなければならないと思います。

〔略〕

最後に、羽菜さんのご両親と教育委員会との合同説明会の場での、羽菜さんのお父さんの言葉が今も忘れられずにいます。

「みなさんが、子どもを必死で守ろうとするのと同じように、羽菜を、羽菜の人生を守ってやりたい。最期の声を聞いてやることが、羽菜を守ること」と。

私はこの言葉に支えられ、今もこうして筆を執っています。子どもを必死で守るその姿を、私たちや子どもは見てきたのだと。だから、どのようなことがあっても諦めないのだと。

羽菜さんのご両親のそばで、私たちも羽菜さんを守ってあげたい。

どうか、あの日、羽菜さんを亡くし、すべてをなくし、変わってしまった、あの日に取り残されたままでいる羽菜さんのご両親のもとに歩み寄ってください。

「羽菜の人生を守ってやれた」とご両親がそう思えるように、どうか一つ一つの判断を、ご両親のもとに立ち止まり、心を寄せて考えてくださることを、切に願います。

この会合の後、浅田さん夫妻と友人たちは、小学校のプールが使用できなかった場合に備えて、民間のプールを借りて自主検証を行う可能性を検討するとともに、市教委のかたくなな姿勢を少しでも動かしたいと、再現検証に協力してくれた保護者たちから資料廃棄についての意見を募り、市教委に送付した。

そして、浅田さん夫妻の元に、プールの使用に関する市教委からの連絡がようやく届いたのは、すでに四月も半ばを過ぎた頃だった。それは、予想されていたような事務的な断りの通知ではなく、「プールを使用していただく際の具体的な環境整備等について調整させていただくために、あらためてお会いしたい」という内容だった。

思わぬ前向きな返事に驚きながらも、浅田さん夫妻は四月三〇日に再び体育健康教育室を訪れ、総務部総務課の津島課長と堀田氏、ならびに体育健康教育室の田辺氏と話し合いの場をもった。この話し合いにおいて、検証当日の安全管理や得られたデータの公開範囲などに関して一定の条件を定めた上で、自主検証のために叡成小学校のプールを使用できることが確実となった。こうして浅田さん夫妻と友人たちは、今度は自分たちが主体となって行う自主検証に向けて、具体的に動きだすことになる。

第三部　「遠い声」を探しつづける遺族と同行者たち

八章　自分たちの手で検証実験をデザインする

前章でみたように、第三者委の再現検証で収集された一次資料がすべて廃棄されていたことが二〇一四年の秋に明らかになって以降、数カ月間にわたる市教委との交渉を経て、今度は浅田さん夫妻が中心となってプールでの自主検証を行うことが二〇一五年の春に決定された。

第三者委による再現検証では、準備から後片付けに至るまで市教委職員がほぼ全面的にサポートしていたが、今回は自分たちで一から検証実験をつくりあげていかなくてはならない。検証の舞台となる叡成小学校とのやりとりの結果、まず、プールの構造や水位などを計測する一次検証を二〇一五年六月七日に行い、八月二二日に検証実験を実施することが決まった。

検証実験を実施するにあたって重要となるのは、実験のデザインをどう作るのかということに加えて、実際に検証に参加してくれる人員を集めることである。羽菜ちゃんとプール当番だった三教員の役をはじめとする主な測定対象(以下、「運動者」とする)のうち、教員については浅田さん夫妻が堀田氏を通して依頼の文書を送り、事故当日にプール当番だった教員たちが参加することになった。また、浅田さん夫妻の友人の長女であり、羽菜ちゃんと同じ保育園出身の寺岡美里ちゃん(小学三年生)が羽菜ちゃんの役を引き受けてくれた。加えて、事故当日のプール内での自分の行動と、自由遊泳中に羽菜ちゃんを見かけた場所を覚えていたことから、叡成小学校五年生の福本玲奈ちゃんも主な運動者の一人として参加することになった。これらの人員に加えて、事故当日と同じ状況を再現するためには、あと六七名の児童に参加してもらう必要があった。

新しい実験のデザイン

自主検証の実施が決定されると、森下さんはすぐに具体的な実験のデザインを考えはじめた。検証の実施が決まった四月末から検証当日である八月二二日の前日まで、実験デザインの詳細は幾度となく改訂を重ねたが、基本的な目標は変わらなかった。それは、①羽菜ちゃん役と吉村教諭をはじめとする主な運動者の移動経路と所要時間を精確に計測すること、②第三者委による調査報告書の数値を補完すること　に加えて、第三者委による再現検証では行われなかった実験として、③浅田さん夫妻の想定する「後追い仮説」を検討すること　の三点であった。六章でみたように、この場合の「後追い」とは、その定義上教諭を追い越すことができない「単なる追従」ではなく、「吉村教諭を目で追いながら、発見場所まで先に到達すること」を意味する。

記録と分析の方法としては、まず、プール全体を見渡せる北校舎の屋上と西校舎の屋上、そしてプールサイドの東側と南側にビデオカメラを設置する。このうち、屋上に設置したビデオカメラで撮影された運動者や大型フロートの映像上の座標を、計算によってシミュレータの座標に変換して分析するというプランが組まれた。そのため、ビデオカメラの設置に関しては、水準器を用いてカメラを水平に設置した上で、カメラの俯角と方位角や三脚の高さを測定しておくといった厳密さが要求された。また、プールサイドに設置されたビデオカメラの映像は、それぞれの運動者の身体にかかる水の抵抗や加速度の分析に用いられることが予定されていた。この計算に必要なデータとして、実験に先立って主な運動者の身体測定と写真撮影を行うこととされた。
検証実験の主な内容としては、以下の項目を測定することが計画されていた。

（1）主な運動者だけで行う測定

まず、大勢の児童や複数の大型フロートを入れずに、主な運動者だけで行う測定として、以下の三パターンの運動を測定する。

A　吉村教諭、岩田教諭、美里ちゃん、玲奈ちゃんに加えて、一年生・二年生・三年生の平均的な体格の児童各一名について、直線移動とターン移動という二種類の基本運動を各人につき三回ずつ測定する。その際、プール南端をスタート地点、北端をゴールとしてターン地点にブイを浮かべ、スタートからゴールまでの距離と移動時間を測定する。

また、①二年生女子児童の一人が大型フロートに乗り、もう一人がそれを押しながら移動する、②玲奈ちゃんが一人で大型フロートを押しながら移動するという条件下で、直線移動とターン移動という二種類の基本運動を三回ずつ測定する。[29]

B　大型フロートが投げ入れられてから全員がプールサイドに上がるまでの自由遊泳時間の行動を、プール当番であった三教諭と羽菜ちゃん役の美里ちゃん、玲奈ちゃんがそれぞれ個別に再現し、各人の運動を三回ずつ測定する。

C　自由遊泳時間の行動を、プール当番であった三教諭と羽菜ちゃん役の美里ちゃん、玲奈ちゃんが全員同時に再現し、全プロセスを通しで二回測定する。この測定では、各人の運動にかかる時間を測定すると同時に、プロセス全体にかかる時間も測定する。

（2）六九名の児童と複数の大型フロートを入れた状態での測定

つぎに、事故当日と同じく六九名の児童と複数の大型フロートを入れた状態での検証実験として、以下の二パターンの運動を計測する。

D　吉村教諭、岩田教諭、美里ちゃん、玲奈ちゃん、一年生・二年生・三年生の平均的な体格の児童各一名について、直線移動とターン移動という二種類の基本運動を各人につき三回ずつ測定する。また、①二年生女子児童の一人が大型フロートに乗り、もう一人がそれを押しながら移動する、②玲奈ちゃんが一人で大型フロートを押しながら移動するという条件下で、直線移動とターン移動という二種類の基本運動を三回ずつ測定する。

E　自由遊泳時間の行動を、プール当番であった三教諭と羽菜ちゃん役の美里ちゃん、玲奈ちゃんが全員同時に再現し、全プロセスを通しで二回測定する。

計測の方法としては、一〇人の測定係が二人一組で五つの班に分かれ、それぞれの計測場所と測定対象を分担する。タイムはストップウォッチで小数点以下二桁（〇分〇・〇〇秒）まで測り、それぞれが記録用紙に記録することとされた。

以上のように、この検証プランはかなり綿密かつ徹底したものであった。第三者委による検証実験との違いは多々あるが、なかでも大きな違いは、事故当時の状況を再現することだけを目的とするのではなく、数理的な分析に必要とされる精度の高い数値データを取得するための実験が組み入れられていたことである。

六章でみたように、第三者委の提出した報告書の検討において森下さんは、「プール内に人がいない状態での仮想的な移動速度のように、分散が小さいと見積もられるデータを取得することで、測定回数が少なくても、シミュレーション上意味のあるデータを取得することができる」と指摘していた。今回の自主検証では、(1)主な運動者だけで行う測定において、こうした基本データの取得が試みられている。同時に、(2)六九名の児童と複数の大型フロートを入れた状態での測定を行うことで、異なる環境における運動の特徴を比較検討できる実験のデザインとなっている。

このように実験のデザインを綿密に作り上げると同時に、森下さんは遼子さんと協力して検証当日のタイムスケジュールを組み立てていった。表2と表3にみられるように、複数の測定を同時並行で行うとしても、全体としてはかなりの回数の測定を行うことになる。とりわけ、自由遊泳時間の全プロセスを通しで再現する検証実験には相当の時間がかかることが予想された。六九名の児童と複数の大型フロートを入れた状態での全プロセスの再現実験(E)は、森下さんの言葉を借りれば「NG不可、一発OK必須」の測定になる。

当初の予定では、朝八時に集合してビデオカメラを設置し、一〇時半から主な運動者だけの測定を開始(AとC)。昼食休憩を挟んで午後からその他の児童に集合してもらい、大人数での検証実験を行う(DとE)。大人数の児童がプールから出てから、ふたたび主な運動者だけの測定を行う(B)。その他、座標変換の計算に必要な地上の距離の測定や撤収作業も含めて、夕方六時には終了するというス

表2　主な運動者だけで行う測定

測定対象	A　基本運動	測定方法と測定数
吉村教諭、岩田教諭、美里＋1・2・3年生の児童各1名	①直線移動 ②ターン移動	それぞれ個別に測定。各人につき3回ずつ（2年生女児は二人一組）
玲奈、2年生女児2名	①大型フロートを押して直線移動 ②大型フロートを押してターン移動	

測定対象	B　自由遊泳時間の行動の再現	測定方法と測定数
吉村教諭	鬼ごっこ	それぞれ個別に測定。各人につき3回ずつ
岩田教諭	大型フロートを押しながら移動	
平井教諭	プールサイドで水撒き	
美里	吉村教諭を目で追いつつ先回り	
玲奈	大型フロートを押しながら移動	

測定対象	C　自由遊泳時間の行動の再現	測定方法と測定数
吉村教諭	鬼ごっこ	全体のプロセスを全員同時に通しで2回
岩田教諭	大型フロートを押しながら移動	
平井教諭	プールサイドで水撒き	
美里	吉村教諭を目で追いつつ先回り	
玲奈	大型フロートを押しながら移動	

表3　69名の児童と複数の大型フロートを入れた状態で行う測定

測定対象	D　基本運動	測定方法と測定数
吉村教諭、岩田教諭、美里＋1・2・3年生の児童各1名	①直線移動 ②ターン移動	それぞれ個別に測定。各人につき3回ずつ（2年生女児は二人一組）
玲奈、2年生女児2名	①大型フロートを押して直線移動 ②大型フロートを押してターン移動	

測定対象	E　自由遊泳時間の行動の再現	測定方法と測定数
吉村教諭	鬼ごっこ	全体のプロセスを全員同時に通しで2回
岩田教諭	大型フロートを押しながら移動	
平井教諭	プールサイドで水撒き	
美里	吉村教諭を目で追いつつ先回り	
玲奈	大型フロートを押しながら移動	

ケジュールが立てられた。だが、実際にはその予定は大幅に狂うことになる。

遺族と友人たちの奔走

こうして八月二二日の実施日に向けて森下さんが実験のデザインを作りこんでいる間に、浅田さん夫妻と友人たちは、ちょうど二年前と同じく、検証に参加してくれる児童を集めるために奔走していた。しかも二年前と違って、今回は市教委の手を一切借りずに六七名もの児童を集めなくてはならない。できれば事故当時と同じく、低学年の児童に限って参加してもらうことが理想的だが、それでは目標人数に届かないため、やむをえず一部は高学年の児童にも参加してもらうことになった。同時に、機器の設置や運動の測定、参加児童の送迎などを担当してくれるスタッフを募ったが、その多くは桜野保育園の関係者や叡成小学校の保護者が引き受けてくれることになった。また、羽菜ちゃんの担任だった西田教諭をはじめ、事故当日に学校にいて救護にかかわった三名の教員が、控室や更衣室での児童の世話などを手伝ってくれることになった。こうして自主検証にかかわる人員が揃い、それぞれの担当が確定すると、今度は測定の方法や機器の設置方法を習得するために、森下さんを囲んでの学習会と事前練習会が開かれた。自主検証の日が近づくにつれて、森下さんと浅田さん夫妻、友人たちの間では連日、頻繁にメールがやりとりされ、測定の内容やスケジュールについての細かな確認や修正が繰り返された。

ところで、この自主検証におけるもっとも大きな問題は、検証当日に森下さんが海外に渡航しており、不在であるということだった。当日は森下さんのいるインドネシアのジャカルタとの間でスカイプをつなぎ、随時指示を仰ぐという予定にはしていたが、基本的には彼なしでどうにか実施するしかない。実験項目が多岐にわたり、すべての測定に精確さと迅速さが要求される上、文字通り「ラストチャンス」である自主検証を自分たちだけで乗り切れるのか。浅田さん夫妻の胸には不安が渦巻いていた。

そうした不安を抱えながらも、遼子さんと壮介さんは、「ここまで来たらやるしかない」という覚悟で自主検証に臨んでいた。この自主検証は、いうまでもなく浅田さん夫妻にとってきわめて重要な意味をもつものだったが、それは単に、検証の実施に向けて二人が主体的に動いてきたからというだけではなかった。後でみるように、浅田さん夫妻にとってこの自主検証の重みと意義は、自分たち自身が測定者としてプールでの検証実験に参加するという行為と不可分であった。

自主検証の当日

検証当日の朝、浅田さん夫妻と友人たちは西校舎一階の控室に集合した。全員の出欠をとった後、さっそくそれぞれの持ち場に分かれて作業を開始する。ビデオカメラの設置を担当するチームは、機器の確認を終えると北校舎の外階段を使って屋上に上り、カメラの設置にとりかかった。設置場所を確認し、目印となる貯水槽からの距離を計測する。三脚の高さを測定し、スマートフォンのアプリを用いてカメラの俯角と方位角を測定する。そのひとつひとつの工程をデジタルカメラで撮影する。そうした手順を踏んでカメラを設置するのには思ったよりも時間がかかり、西校舎に移動して二台目を設置し終えた時点で、すでに時刻は予定を大幅に超過していた。

ようやくすべてのビデオカメラの設置が終わり、プール内では主な運動者たちによる検証実験が始まった。測定係はストップウォッチを握りしめ、タイミングを逃さないよう集中して運動者の動きを見守り、それぞれのタイムを記録用紙に書き入れる。それぞれの測定をできるだけ手際よく進めようとするが、ひとつひとつの作業に想定よりも時間がかかり、午前中に予定されていた測定の全項目を実施するには時間も人手も足りない。昼食休憩もとらず、それぞれの持ち場で皆が必死に動きまわっているうちに、午後から参加予定の大勢の児童たちが学校に到着してしまう。

午後一時過ぎから、予定より二〇分遅れて大人数での検証実験が開始された。大型フロートが水面に投げ入れられ、子どもたちが水しぶきをあげて縦横に泳ぎまわる中、まずは主な運動者たちの基本運動の測定が行われる。そして休憩をはさんで、複数の大型フロートと六九名の児童が入った状態で、主な運動者たちが「自由遊泳時間の行動を全員同時に再現する」という、もっとも難易度の高い検証実験の測定が行われた。

この間、タイムの測定やブイの設置、ビデオ撮影などを任されていたメンバーたちはさまざまなハプニングに見舞われたが、なかでもビデオカメラ係は思わぬ事態に泣かされることになった。まず、カメラの設置に手間取ったために時間が押してしまい、皆が焦り気味になったことに加えて、プール全体を正面から撮影していた北校舎屋上のビデオカメラが、測定中に約一五分間停止していたことがわかった。さらに、映像上の座標をシミュレータの座標に変換するためには、西校舎屋上のビデオカメラ画像の横底辺と対応する地上の二点間の距離と方位角を測定する必要があったにもかかわらず、その横底辺の右端を遮るような形で屋上の端が斜めに映りこんでいたことが判明した。そのため、新たな二地点を地上に設定して、プール角からの位置関係を測りなおす必要が生じた。これは当初は予定されておらず、森下さんも想定していなかった事態だった。

プール内でのすべての測定が終了し、参加児童や実験補助者の多くが帰途についた後、浅田さん夫妻と友人たちの一部は西校舎の屋上と校庭の二手に分かれて、国際電話で森下さんの指示を受けつつ、手探りでこの二地点の設定と測定を続けることになった。だが、プール前には花壇などの障害物があるために新たな二地点の確保は難航し、そうこうしているうちに次第に地上は夕闇に沈みはじめ、巻尺を持って立っている人の姿も見えづらくなってきた。そのため、車のライトでプール前のあたりを照らしだすと同時に、学校に依頼して夜間照明で校庭を照らしてもらい、なんとか作業を続行することになった。

このとき、早朝からの作業に疲労困憊しながらも、「もうちょっと右！」「もう半歩だけ下がって！」などと屋上と地上で必死にやりとりしあい、計測を続けている大人たちを尻目に、検証実験で活躍した美里ちゃんや玲奈ちゃんをはじめとする子どもたちは、すっかり暗くなった校庭をはしゃいで走りまわっていた。そうして、すべての測定がようやく終了したのは、夜の八時を回った頃だった。

自主検証の後に残されたもの

こうして自主検証はどうにか無事に終了し、後には膨大な測定記録と映像記録が残された。この自主検証を計画する端緒となった、第三者委によって廃棄されてしまった調査データの再収集という目的は、より精度の高いデータの取得という成果をもってひとまずは果たされたことになる。だが問題は、これらの数値や映像をどのように分析すればよいのかという点である。

先述したように、この自主検証の目標は、主な運動者や大型フロートの映像上の座標をシミュレータ上の座標に変換し、統計的な方法を用いて分析することで、①主な運動者の移動経路と所要時間を精確に計測すること、②第三者委による調査報告書の数値を補完すること、③浅田さん夫妻の想定す

変位を求め、1秒分(30サンプル)の総和を取ることにより平滑化された変位から速度を求め、その平均と標準偏差を求める
正規分布を仮定：等速運動しているようにみえるあたりのデータを利用(加速時以前・減速時以後は除く)

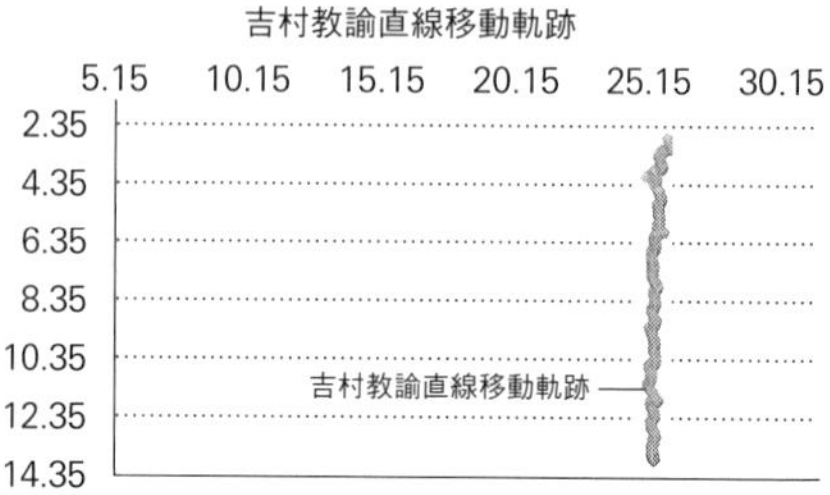

東西方向：平均 0.021781243, 標準偏差 0.133236058
南北方向：平均 −0.469954847, 標準偏差 0.098919015

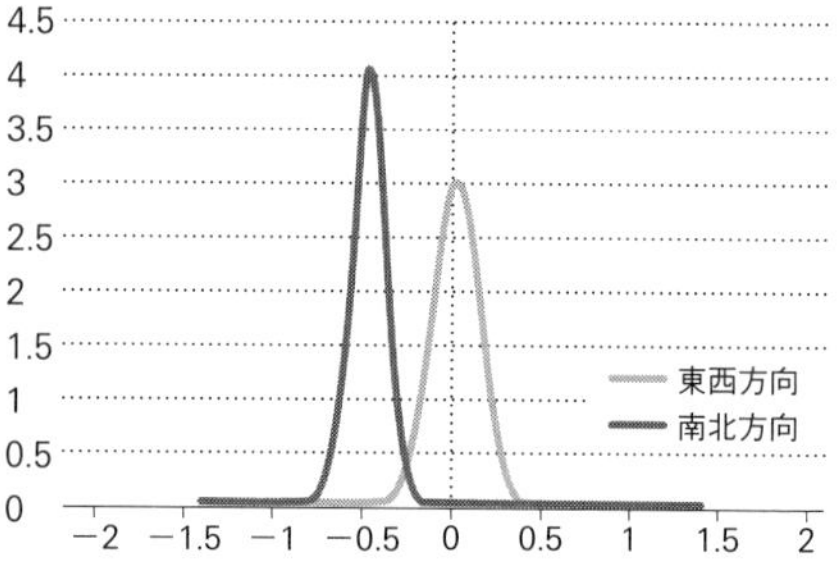

北方向に 0.47m/s 程度(1回目は少し遅め)

図11　吉村教諭の直線移動の分析

る「後追い仮説」を検討すること　であった。そのためには長時間にわたる画像データ中における、それぞれの運動者の各時点における座標をシミュレータ上の座標に変換していくという、地道で膨大な作業が必要となる。検証終了後、森下さんはさっそく吉村教諭と美里ちゃんの運動の一部をシミュレータに落とし込んで分析し、その結果を提示してくれた(図11)。その後、森下さんは本業である大学での研究のために作業を何度か中断しつつも、事故から一〇年となる二〇二二年中には自主検証に関する報告書をまとめてウェブサイト上で公開するべく、検証結果の詳細な分析を続けている。

ただし、この自主検証は精確なデータの取得という点で有意義であったばかりでなく、当初は想定

されていなかったような新たな契機を浅田さん夫妻にもたらした。

そのひとつは、教員たちへの聴き取りの開始である。自主検証の後、遼子さんと友人たちは、自主検証に参加した教員たちへの聴き取りを順次進めていくことになった。事故当日にプール当番であった三名の教員をはじめ、その日学校にいて救護にかかわった教員たちとのインタビューを進めるうちに、問いの焦点は、「自由遊泳の時間に何が起こったのか」から、「救護の過程で何が起こっていたのか」へと移っていった。次章でみるように、遼子さんが聴き取った教員たちの語りからは、事故直後における学校管理職の説明にあったような切れ目のない救護とはまったく異なる現場の様子が浮かび上がってくる。

いまひとつは、遼子さんと壮介さん自身による、事故の内的な捉えなおしである。二〇一三年に第三者委が行った再現検証では、二人はプールはもちろんのこと学校にも足を踏み入れておらず、再現検証の様子をいっさい目にしていない。それが今回は、水位の高さや大勢の児童の参加、大型フロートの使用といった点で事故当時と同様のプールの状況を目の当たりにしたのみならず、測定係としてストップウォッチを握りしめ、水の中を動く美里ちゃんや教諭の姿に目を凝らした。そうした体験が、二人にとって容易なものではなかったことは想像に難くない。それにもかかわらず、浅田さん夫妻にとってこの検証実験への参加は、辛さにも増して「羽菜に近づく」ための契機となりえた。

「羽菜に近づく」という経験

自主検証の翌日、遼子さんは友人たちに向けてつぎのようなメールを送っている。

トラブルも多かったので結果に対する不安はありますが、少なくともプールでの測定の内容や、子どもたちや保護者の方々に集まってもらったこと、検証自体が行えたことは、私たち両親にとって大きな意味があります。正直、〔参加児童の〕募集から準備まで、寝ないでやっていた期間はすごくきつかったけども……。それでもみなさんにたくさん助けてもらって、この自主検証そのものが私たちには癒しになった面もあります。

プールにいる苦しさもありながら、この検証と児童募集を通じて、自分を宥められた部分も大きい。よかったと思ってます。

（二〇一五年八月二三日）

遼子さんと壮介さんにとって、「自主検証そのものが癒しになる」とは、どのような意味なのだろうか。二人はなぜ、検証実験に参加することを決意し、その経験は二人に何をもたらしたのだろうか。二〇二〇年一月に行った私とのインタビューで、遼子さんはこのことについてつぎのように語っている。

やっぱり、〔自主検証の場に〕行かずにはおれへんかったとは思うな。あのときに行ったことで、その光景をありありと見るっていうのは、すごくしんどいことではあるけど、やっぱりその場を理解するという意味では、すごく、「ああ、こうやったんやな」っていう……。

一種、羽菜に近づけるような気もするし。それを知らんままのところで終わっていくということの方が、やっぱり嫌なんやろうなとは思うね。

（二〇二〇年一月一九日。以下同）

事故当日の状況を再現した場に立つことで、「羽菜に近づけるような気がする」ということ。その意味について遼子さんは、「手の内に収める」という言葉を用いてつぎのように語っている。

なまなましい部分みたいなのに触れるのは、すごく痛いなっていう感じもしたり。この年末に、〔羽菜の〕服とかおもちゃとか、ちょっと片付けたんやんか。今まで、全然それができひんかって。でも、やっぱり「整理してあげなあかんな」みたいな感じもあって。で、それをすることはできたし、整理した後は、何か自分の手の内に、羽菜もその事態も、ちょっと収まってくるみたいな感じもしてるんやけど。

でも、それをしてる間は、めっちゃ具合が悪い。もうほんとに、何ともいえない……ずっと頭痛がしてるみたいな。あの事故以来、孫悟空の輪ってあるやん。キューッと締まるっていう。あれがはまってるみたいな感じがずっとしてて。ずっと頭が痛い、重たいみたいな感じが。「羽菜がおらん」みたいなのが、こうギューッてなってくる感じっていうのが、ずっと思ってんねんけど。だから、羽菜の服とかそういうのも、それを見て懐かしいみたいなところには、もう全然いけへんから。もう、とりあえず触ると痛いんやな。でも、それをどうすることもできひん。で、失くすわけにもいかへんみたいな感じやし。とにかく、触らず見ずみたいな感じに置いとくっていうのをしてきたんやけど。

でも、あれかもね。検証もそういうとこがあるかも。だから、「そんなにしんどいんやったら、やめたら」って言う人もいるけど。そういうわけにもいかへん、っていうところもあるし。そうかといって、平気でやってるわけでもないし。「やったところで何が」っていうのも思ってへんし……。

事故という突然の出来事以降、次々と降りかかってくる新たな事態に翻弄されつづけた中で、自分たちが中心となって実施した自主検証は、遼子さんにとって一連の出来事を捉えなおすひとつの機会になったという。

バーンと〔事故が〕起こって、もう何もわからず。何が起こったんやろうか？ どうしたらいいんやろ？ みたいな、その場その場で判断して、次に行かなあかんみたいな。そこはそのままあって、羽菜が持ってたものはもうそのまま置いとくしかないっていうか、手をつけられないままに次に行く。第三者委員会のことも、手をつけられない範囲になってしまって次に行くみたいな。そういうことが少しだけ、つながりをもって見えてきた部分もあるかもしれない。〔略〕自主検証で、そうやね。結局だから、自分たちがしていくことのなかに収めていくっていうの？ 〔略〕たぶん、こうなってきたことを、もう少し、ベタな言い方でいうと「主体的にコントロールしていきたい」みたいな感じはあるんかもしれんね。

遺族が事故の検証に主体的にかかわることで、事故という出来事と、それ以降のさまざまな事態を捉えなおそうとすること。それを遼子さんは、「整理する術《すべ》」という言葉で語っている。

やっぱりすごく心理的な負担は大きいし。その反面で、それがすごく整理する術としての、遺族にとっての大きなものにはなるよね、きっとね。

一方で、そうした遺族による検証への参加は、中立かつ客観的であるべき「事実の究明」という観点からは避けられるべきだという考え方もあるだろう。事実、安保委員長率いる第三者委は、公正・中立であるべしという委員会の原則に反するという理由から、両親との対話を拒んだ。だが、事故の検証において遺族を置き去りにすることなく、なお分析のレベルにおいて客観的であり中立的であるような調査の方法がありうるのではないか。この点については、次節と一〇章で考えてみたい。

遼子さんにとってこのように、自主検証の場に立つことは事故以降の一連の出来事を捉えなおす契機となったと同時に、我が子が巻きこまれた事故がどのような状況で起こったのかを、感覚的に理解することでもあった。

〔自主検証の場で〕気づいたこと？　やっぱり、「いかに危険やったか」っていうのは、まず思ったということと。危険っていうか、そうやな……。やっぱり、報告書で語られてる場面とか、学校の説明会で語られてる場面みたいなものって、自分の中のイメージとして何となくあるわけやん。でもやっぱり、いざ〔検証の場に〕行ってみると、それとはまったく違う光景が目の前にあって。そうやってやっぱり、臨場することのすごい力というか、なまなましさみたいなのは、あのときすごく思ったんやけど。

それによって、さっき言ったみたいに、ちょっとやっぱり羽菜に近づける感じはしたんよね。ほんとに辛いんやけど。辛いことやし、決して嬉しいことでもないんやけど。でもやっぱり、一番身近で、一緒に暮らして息づかいを感じてきたっていうところから言うと、知らない場所で起こってしまったことっていうよりは、「ああ、ここでこういうふうに、〔プールの〕中で何かが起こって」っていうことを知ることは、悪いことではなかったかなというのは思ったかな。

この遼子さんの語りに示されているのは、事故が起きた当時と同じ環境に身をおくことによって、そのときの羽菜ちゃんに近づき、その存在に触れようとするような身構えである。それは学校や市教委の説明にみられたような、当時の水深や参加児童数、監視体制といったプールの概況だけを事故の要因として提示して事足れりとするような姿勢とはまったく異なっている。またそれは、検証実験において主な運動者の移動経路を恣意的に設定した上で、測定された数値間の関係が整合的になるような仮説のみを支持し、その他の仮説を十分に検討することなく棄却した第三者委の姿勢とも異なっている。

五章でみたように、第三者委による再現検証で羽菜ちゃんの役を務めた富澤茉実ちゃんは、事故当時の状況を再現したプールの中で、まさに羽菜ちゃんになりかわって動くことを通して羽菜ちゃんの思いとその行動の可能性を想像し、示唆していた。そうした茉実ちゃんの自然な身ぶりと言葉は、自主検証の場で揺れ動く水面に目を凝らしながら、我が子の見えない軌跡を探そうとする遼子さんの身構えと相通じるものであった。それは、「羽菜の最後の声を聴く」という言葉で浅田さん夫妻が表現してきたこととの内実――あの時・あの場所にいた我が子の存在を中心として事故を捉えなおすこと――であるとともに、羽菜ちゃんの行動や思いへのエンパシー的な理解のあり方を指し示していた。

エンパシー的な理解と仮説の形成

このように羽菜ちゃんの存在を中心として、彼女を取り巻いていたはずのひとつひとつの要素や関係性をつなぎあわせ、たどりなおしていくことで事故という出来事を内在的に理解しようとする姿勢と、数値の測定と分析に基づく事故の検証とは、どのような関係にあるのだろうか。この点について、私は遼子さんとの対話の中で、茉実ちゃんの語りに示されていたような、羽菜ちゃんの視点になりかわるような理解のあり方と、数値の測定と分析に基づく科学的な理解の両方があって初めて、羽菜ちゃんの存在を中心とした検証が可能となるのではないかと発言している。

石井　茉実ちゃんが言ってくれてたみたいに、羽菜ちゃんになりかわって行動することで、「あ、羽菜はこうしたんちゃうか」みたいに感じるわけやんか。〔略〕で、遼子さんがいま言ったのもたぶん、そういう直感的な、エンパシーみたいな感じで。でも一方で、森下さんとか、第三者委が不十分ながらもやろうとした、徹底的に数値的に理解しようとするような見方があって。結局報告書とかに出てくるのは、その数値的な、客観的な部分だけやんか。でも、さっきから話してる「遺族が検証に入ることの意味」とか、「何のために検証するのか」っていうのは、たぶん前者のほうの視点から、そのとき何があったのかを理解しようとすることで。で、その両方がないと、その人〔故人〕を中心にした検証にならないんじゃないかなと思う。　（二〇二〇年一月一九日）

ここで私が言及している「エンパシー」とは、人がみずからの主観的・一人称的な視点によって物事を捉えようとするのではなく、再帰的な自己意識を保ったままで、一時的に相手の視点になりかわるような視座をもつことを意味する(30)。

先にみたように、自主検証に参加した遼子さんは、事故当日の状況を再現した場所に立つことで、「羽菜に近づけるような気がした」という自身の感覚を語っている。同様に、茉実ちゃんが事故当時の羽菜ちゃんの思いや行動の可能性について口にするきっかけとなったのは、第三者委の実施した再現検証に参加したことだった。このように、事故の検証過程において、故人のことをよく知る者が事故当時と同様の状況に身をおくことを通して生じる洞察は、単なる憶断や思い込みとは異なっている。それは本人の「主観」であるというよりも、事故の起きたその時・その場所における故人の行動に寄り添い、その思いとまなざしを酌みとることに重きをおくような、エンパシー的な理解のあり方である。

そして、そうした洞察は、事故の検証を目的とする実験をいかにデザインし、どのような仮説を立てるべきかを考える際に重要な意味をもつ。そのことを私に気づかせてくれたのは、二〇一四年一一月一六日に遼子さんとともに行ったインタビューの中での森下さんの発言だった。六章でみたように、森下さんはこの時すでに、事故発生時の状況をコンピュータでシミュレートする方法を考案していた(31)。実地検証の場合と同じく、シミュレータを用いて事故の発生状況を分析する際にも、羽菜ちゃんをはじめとする主な運動者の行動経路についていくつかの仮説を設定する必要がある。その際に重要なこととして、森下さんはつぎのように述べている。

森下　〔羽菜ちゃんの行動に関する仮説を〕どういう観点から絞るかというと。経路としては、もう本当に無限にあるので、絞りようがないというのがやっぱりあるんですよね。で、その経路を絞るためには、「〔羽菜ちゃんが〕何を思って、そういう経路で動いたか」っていう発想がやっぱりいると思うんですよ。「後追い」っていうのは、それがかなり強く出ているタイプの仮説で。「〔先生に〕ついて行く」っていう発想になるでしょう。

その動きの仮説を、単純に「経路がこうなるように動いた」っていう形で立てるんじゃなくて。「何を思って、そういうふうに動いたのか」っていう方向から可能性を限定していくっていうことだと思うんですよ、ひとつは。〔略〕要は、シミュレーションするっていうのは、「こういう経路ですよ」って具体的に経路を決めるということじゃないわけですよ。そうじゃなくて、「ついて行く」とか、「鬼ごっこした」とか、そういうかたちで決めるので。

石井　なるほどね。「行動のパターンを決める」っていうことですね？

森下　そうですね。そのシナリオなんですよね。「どういうことがパターンとしてありうるのか」っていうのを考えてあげると、それを動きに落とし込めるので。〔そうすると〕とりあえず、考えないといけない可能性を、可能な限り減らすことはできるというか。

五章でみたように、第三者委による再現検証では、事故直前のプール内における羽菜ちゃんの行動経路として三つのルートが恣意的に設定され、それぞれの経路に沿った代役の動きが測定された。だが森下さんの言うように、実際にはそのときに羽菜ちゃんがとりえた行動の可能性は無数にある。したがって、蓋然性の高い仮説を立てて計測を行うためには、単に「直線移動」や「大回りでの移動」といった経路を分析者が設定するのではなく、当時の羽菜ちゃんが「何を思い、どう動いたのか」という観点に立って、ありえた行動の可能性を推測し、吟味する必要がある。

そして、そうした推測や吟味を行うためには、関係者の証言を集めることが不可欠である。それは、事故当時の目撃証言というだけではなく、羽菜ちゃんの性格や普段の行動の傾向などを含めて、当時の彼女の行動を推測する上での手がかりになるような情報を意味する。だが、羽菜ちゃんの行動に関するそうした推測の妥当性は、どのようにして正当化されうるのか。この点について、森下さんは私の問いに答える形でつぎのように説明している。

石井　「検証を始める前に、まずある種のシナリオを立てる」っていう話だと思うんですけど。なかなか難しいと思うんですよね。そのシナリオを作っていくときには、〔事故当時の〕行動に関する証言に加えて、性格というか、普段の行動のパターンみたいなのを加味していかないといけないので。「それをどこまで妥当なものだと認めるか」っていう。まず、シナリオを作っていくときの根幹に、羽菜ちゃん自身の行動っていうものへの読みが入ってくると思うんですけど。

森下　そうですね。それ自体はだから、いいと思うんですよ。ある証言に基づいて、仮説なりシナリオなりを作りました、と。で、それを、「〔数値的な〕データから検証できるような、人間の動きの法則性に落としてください」っていうことが、まずひとつあるわけですね。で、人間の動きの法則性に落としたときに、どういうデータが取れたら、「その動きのシナリオはありえません」っていうことになるのかを、ちゃんと考えるべきだってことですね。〔略〕

だから、「シナリオを立てる際に、証言に頼る」っていうのは、全然構わないと思うんです。というか、それをやらないとたぶん、シナリオというのは立てられないので。

それを正当化する――「発見の正当化」ってよくいうんですけどね。シナリオを見つけるときは別にいいんですけど、そのシナリオを正当化するにあたって、証言を用いてはならないということですね。〔略〕つまり、仮説を立てるアイデアの部分でだけ、証言を考える。

つまり、仮説自体は最終的には証言に依存することなく科学的方法によって検証されなくてはならないが、その前段階において仮説を絞り込むためには、羽菜ちゃんのとりえた行動の可能性を、その理由や意図にまで考えをめぐらせて想定する必要がある。そしてこの、「仮説を立てるために、ありえた行動の可能性を想定して吟味する」という段階において、遺族をはじめとする近親者が検証に関わることは大きな意義をもつ。このことは、事故の検証をめぐってしばしば浮上する当事者と第三者、または主観と客観の対立をめぐる問題を調停する、ひとつの可能性を示している。

森下さんの指摘するように、事故の検証という作業の中心に、その行動の意味や意図といった側面をも含めて故人の存在を位置づけることは、蓋然性の高い仮説を立て、事故の経緯を科学的に追究していくためにも必要である。このとき、故人のことをよく知る者が調査の過程に参加することは、検証の中立性や客観性を損なうものでは必ずしもなく、むしろ科学的な検証を補完することで、より質の高い調査の実現に寄与する可能性をもつ。

他方で、浅田さん夫妻が繰り返し述べているように、遺族にとっての切実な願いは、「事故はどのようにして起きたのか」「そのときあの子はなぜ、どのように行動したのか」という問いの答えに迫ることである。先にみた遼子さんの語りにあるように、このとき遺族にとって検証の過程にかかわることは、当時の故人の行動や思いに近づき、その存在を中心として事故を捉えなおすための重要な契機となりうる。また、その結果として蓋然性の高い仮説が形成され、それに基づいて高いクオリティをもつ調査結果が示されたならば、それは先述のような遺族の切実な問いに答えることにもなる。このように考えるとき、客観的で科学的な検証を行うことと、遺族が主体的に調査にかかわることは、必ずしも相矛盾する事柄ではないといえる。

ここからみえてくるのは、被害者や遺族といった当事者の一人称的視点と専門家の三人称的視点を対置させるのではなく、あるいは専門家が当事者の心情や視点に寄り添うという形で科学的検証と主観的理解の調停を目指すのでもない、別な調停と協働の可能性である(32)。故人の近親者が事故当時と同様の状況に身をおき、事故について仔細に検討していく中で得られる気づきや洞察は、出来事の主観的な解釈を導くというよりも、むしろ「故人の視点」へのエンパシー的な理解を導く。そして、そうしたエンパシー的理解に基づき、調査者は科学的な検証において蓋然性の高い仮説を立てることができる。専門家と遺族の間でこうした協働が可能となるとき、両者はともに、故人の独自性から出発して、「なぜ」と「どのようにして」という絡みあったふたつの問いを追求していく姿勢を共有することになる。

九章　救護プロセスと語りをたどりなおす

二〇一五年の八月に自主検証を実施した後、遼子さんと友人たちは、事故当日に学校にいた教員たちへの聴き取りを開始した。プール当番だった三名の教員や救護に駆けつけた教員たちの話を聴き取っていくうちに、事故直後に学校管理職が行った説明とはまったく異なる、混乱した現場の様子が明らかになってきた。

救護の過程における問題点については、第三者委員会が作成した報告書の中でも、医師が執筆を担当した六章において指摘されていた。だが、遼子さんと友人たちが行った教員たちへの聴き取りは、報告書が問題としなかった証言の食い違いを明らかにするとともに、教諭たちの当時の心境を含めて、なまなましい救護現場の様子を浮かび上がらせるものだった。

救護はどのようになされたのか——学校による事故直後の説明

教員たちとのインタビュー内容を紹介する前に、まず、二〇一二年八月一七日に学校管理職が両親に対して行った説明の内容を再度確認しておきたい。田村教頭によれば、この説明のもとになった資料は、市教委職員による教員たちへの聴き取りをもとに教頭が下案を作り、それを市教委が推敲する形で作成されたという。二章でもみたように、両親への説明において廣崎校長はこの資料を見ながら一連の経緯を説明している。以下では、救護の過程に焦点を当てて、その内容をやや詳しくみていきたい。

(1)吉村教諭による救護措置と岩田教諭への交代

プールの北端付近で羽菜ちゃんを発見した吉村教諭は、羽菜ちゃんをプールサイドの北側に引き上げると、左手で心臓マッサージをしながらプール内にいた岩田教諭を呼んだ。だが、周囲の喧騒で吉村教諭の声は岩田教諭には届かなかった。同じくプール当番だった平井教諭と、たまたまその場に居合わせた坂本教諭が異変に気づき、坂本教諭が岩田教諭の名を呼んだ。すると岩田教諭も事態を察知して、羽菜ちゃんのそばに駆けつけた。坂本教諭はすぐに校舎へと走り、田村教頭とともに校門横の消防器具倉庫にAEDを取りに行った。

(2)岩田教諭による救護措置

岩田教諭は羽菜ちゃんのそばに駆けつけると、吉村教諭にかわって心臓マッサージと人工呼吸を始めた。すると一瞬反応があり、大量の米粒が吐き出された。嘔吐物を指で掻きだすも、まだ口の中に詰まった状態だった。そのとき、誰の声かはわからないが、「心臓が動いた」という声が聞こえた。そのため岩田教諭は、心臓マッサージと人工呼吸の併用から、嘔吐物を掻き出しながら人工呼吸を繰り返すという方法に切り替えた。岩田教諭の様子を見た平井教諭は、人工呼吸のためのマウスピース(33)が必要と考えて、プールサイドのベンチに取りに行った。平井教諭がマウスピースを持ってくると、岩田教諭はそれを使って人工呼吸を行った。

（3）吉村教諭による119番通報

一方、吉村教諭は岩田教諭がこちらに向かってくると見るや、職員室に向かって走りだした。そのとき、坂本教諭がAEDのある体育館の方に行くところが見えたので、吉村教諭は119番通報をするべく職員室に駆け込んだ。吉村教諭が、「119番した？」と尋ねると、そこにいた数名の教員は「何があったのか？」と何も知らない様子だったため、「羽菜ちゃんが溺れた」と伝え、すぐに自分で受話器を取って通報を行った。この時刻は、消防署の通報記録によると一時五二分である。吉村教諭はいったんプールに戻りかけたが、救急車が入れるようにと、職員室にある鍵で南側の通用門を開けた。吉村教諭がプールに戻ったときには、AEDを取りにいった教頭がすでにプールに到着していた。

（4）中脇養護教諭による救護措置

吉村教諭から事故の一報を聞いた後、職員室にいた教員たちはプールに駆けつけた。中脇養護教諭は、羽菜ちゃんに対応するための人数は足りていると判断し、まず保健室に行って救急バッグを取ってきた。職員室に戻ると、残っていた教員が保護者に電話連絡中であった(34)。中脇教諭は緊急連絡票のコピーと羽菜ちゃんの書類を一緒にしておくよう指示し、プールに走った。

中脇教諭がプールサイドに到着したときには、岩田教諭が羽菜ちゃんの口腔内から嘔吐物を掻き出しながら、マウスピースを使って人工呼吸を行っていた。柳瀬教諭も嘔吐物を掻き出しており、西田教諭が羽菜ちゃんの背中をさすっていた。中脇教諭はすぐに羽菜ちゃんの左側に膝をついて、呼吸がないことを確認し、心臓マッサージを行った。AEDが羽菜ちゃんの横にあったため、出入口に近いプールサイド北西に羽菜ちゃんとＡＥＤを移すよう指示し、水着をはだけさせ、タオルで胸を拭いて、ＡＥＤのパッドを装着したが、機械の解析結果は「必要ありません」とのことだった。

中脇教諭は心臓マッサージを再開し、もう一度ＡＥＤの解析を試みようとしたときに警察官が到着したため、警察官に心臓マッサージを引き継いだ。一時五八分に救急車が到着し、救急隊員が警察官から処置を引き継いだ。搬送先の病院が決まったため、救急車に吉村教諭と西田教諭が同乗し、二時一二分、学校を出発した。


学校管理職による以上の説明からは、教員間の連携のとれた切れ目のない救護の様子が想像される。だが、一見破綻のない上記の説明の中にも、不確かな点は見え隠れしている。まず、岩田教諭が救護措置を行っていた時に聞いたという「心臓が動いた」という声は、誰のものだったのか。またなぜ、岩田教諭はその声によって心臓マッサージを止めたのか。さらになぜ、プールにいた教員たちは中脇教諭が到着するまでＡＥＤを使用しなかったのか。

遼子さんが友人らとともに行ったそれぞれの教員への聴き取りからは、学校管理職の説明にあったような連携のとれた救護活動とは異なる現場の様子が浮かび上がってくる。以下では、救護にかかわった教員たちとのインタビューに基づき、順を追って救護のプロセスを再構成してみたい。

教員たちの語りを聴きなおす

(1)羽菜ちゃんの発見と１１９番通報

先にみたように、吉村教諭はプール北端付近で羽菜ちゃんを発見し、プールサイドに引き上げた後、片手で心臓マッサージをしながらプール中央付近にいた岩田教諭を大声で呼んだ。プールの外にいた坂本教諭も一緒に「岩田せんせーい！」と呼び、岩田教諭が気づいたと見るや、西校舎に向かって駆けだした。吉村教諭はそのときのことをつぎのように語っている。

で、その後、〔私も〕走りだしたんですね。岩田先生はこっちに向かって来てくれたけども、坂本先生がＡＥＤを取りに行ったのか、救急車を呼びに行ったのかが分からなかったので、それをこの三人〔吉村、岩田、平井〕で相談している暇はないと思って、とりあえず岩田先生が来た時点で、もうすぐ走りだしたんです。誰にも相談せずバーッと走り出したら、職員室のある校舎と体育館の間に階段があって、そこを坂本先生と教頭先生が上に行くのが見えたので、これは電話じゃなくってＡＥＤを取りに行かれたんだと思って、もうそのまま職員室に行って、私がぱっと入って、「坂本先生に何か聞きましたか」って聞いたら、誰も聞いてないって、誰もそのときには知らない状態だったので、「羽菜ちゃんが溺れた」って言って、すぐに電話をしたんです。

（二〇一五年八月二五日）

一方、吉村教諭よりも早く職員室に到着した坂本教諭は、そのときのことをつぎのように語っている。

〔羽菜ちゃんの〕意識がないかなという感じだったので、ＡＥＤがいると思ったので走って取りに行ったんですけど、とっさに場所が出てこなくて、とにかく職員室に行って教頭先生に伝えて、教頭先生と一緒にＡＥＤを取りに行きました。
（二〇一五年九月二七日）

坂本教諭が語っているように、当時、ＡＥＤの設置場所は教員の間できちんと共有されていなかった。坂本教諭から、「羽菜ちゃんが溺れた、ＡＥＤを取りに行かないと」と聞いた田村教頭は、慌てて職員室を飛び出した。この時、職員室には羽菜ちゃんの担任だった西田教諭をはじめ、柳瀬教諭、室田教諭など複数の教員がいたが、教頭は彼女たちに事故のことを伝えることも、１１９番通報を指示することもしなかった。第三者委員会の報告書は、このときの様子をつぎのように記述している。

教頭は直ちに職員室から飛び出し、体育館〔隣の建物の二階〕と消防器具倉庫〔職員室を出てすぐの校門横〕のそれぞれに各一台設置されているＡＥＤのうち、体育館よりも距離的に近い消防器具倉庫に向かって走り出し、倉庫壁面に設置されたＡＥＤ収納ケースのダイヤル式ロックを解除しようとした。
（「報告書」一七八頁）

教頭自身も、二〇一五年一二月八日に遼子さんと友人が行ったインタビューで、「消防分団の器具庫の横のところへ開けに行きました」と語っている。しかし先にみたように、坂本教諭に続いて校舎に走ってきた吉村教諭はこのとき、職員室のある校舎と、隣の建物二階にある体育館の間にある階段を、教頭と坂本教諭が上って行くのを目撃している。とすると、二人は体育館のＡＥＤを取りに行ったのではないだろうか。いずれにしても、ＡＥＤの場所は教員に周知されておらず、しかも収納ケースには鍵とダイヤルロックがかかっており、とっさに取り出して使うことができない状態にあった。

また次の語りにあるように、教頭はこの時まで、この学校に設置されたＡＥＤを取り出したことがなかった。

〔ＡＥＤの〕鍵を預かってるんですけど、鍵を探していると時間がかかるので、四桁のダイヤル式にこうカチカチカチと数字を合わして開くようになっているのを知っていましたので。ただそれは、この学校で試したことはないんです。前の学校で番号を教えてもらってたので、たぶん共通だろうということで、開いたは開いたんですけど。鍵は開いたんですけど、取っ手が引っ張っても開かなかったので、そこでちょっと手間取ったと。（二〇一五年一二月八日、田村教頭）

ようやくＡＥＤを取り出した教頭は、そのままプールに向かうのではなく職員室の方へ駆け戻ろうとし、その途中で出会った室田教諭にＡＥＤを託した。室田教諭は職員室で事故の一報を聞き、プールに駆けつけるところだった。

（2）職員室で事故の一報を聞く

室田教諭と同じく、事故当日に職員室にいた教員の一人である柳瀬教諭は、吉村教諭から事故の一報を聞いたときのことをつぎのように語っている。柳瀬教諭は、この日の水泳学習が始まる前に育成学級の女子児童と羽菜ちゃんの着替えを手伝っており、終了後もそうする予定だった。

職員室でちょっと作業してて、もうすぐ〔プールから〕上がってきたら、また着替えをね、私、手伝いに行きますんで。そろそろかなと思いながら、ちょっと仕事をしてましして。そしたら第一声が、吉村先生が水着のまま職員室に入って来られて、「救急車呼んでくれました?」っていうのが第一声。「え?」って何のことかまったくわからなくて。「なんですか?」って。「羽菜ちゃんが溺れた」って、それ聞いて私、びっくりして、もう駆けつけたんです。

（二〇一五年一〇月四日、柳瀬教諭）

教頭と坂本教諭が出て行ったのと入れ違いに職員室に駆け込んできた吉村教諭は、そのまま受話器を取って消防署に通報した。職員室にいた教員たちは、そのときまで事故のことを知らなかった。最初に坂本教諭から事故の一報を受けたときに、教頭はなぜ、即座に通報しなかったのか。のちに柳瀬教諭は、室田教諭も同席していたインタビューの場でそのことを訝しんでいる。

職員室で〔自分たちに〕声かけてくれたら、なんぼでも救急車呼んだのに。ここがちょっと謎ですよね? どうして〔教頭は〕ここで救急車を呼ばなかったのかね?

（二〇一七年一二月二七日、柳瀬教諭）

この点について、インタビューの中で遼子さんに問われた教頭は、「それぐらい慌てていた」と答えている。

僕があの、指示を出せずにとりあえず、僕も慌てましたので、AEDって言われたので、まずはAEDを渡さなければならないと思って、消防器具庫のところへ走って行ったのは事実なんですけども。〔略〕もう、それぐらい慌ててました。普通なら、今ならですよ、救急車の指示と、AEDも〔誰かに〕「行って」と。僕が走ったら結局、誰もその場で情報を集められなくなるので、今ならみんなに動いてもらって、〔自分は〕情報を集めるという形で〔行動〕してると思うんですけど。そのときは、とりあえずAEDを要請されたということで、何かあったんだということで走ってました。

（二〇一五年一二月八日、田村教頭）

このように坂本教諭と教頭がAEDを取りに走り、吉村教諭が119番通報を行い、事故の一報を聞いた教員たちがプールに駆けつけようとしていたとき、現場にとどまっていた岩田教諭と平井教諭は何をしていたのだろうか。

(3)事故直後の救命措置

岩田教諭は、児童を乗せた大型フロートを押しながらプール中央付近を移動しているときに、自分を呼ぶ声に気づいた。振り向いた岩田教諭は、プールサイドから自分を呼んでいる吉村教諭と、その傍らに横たわっている羽菜ちゃんの姿を目にした。岩田教諭は羽菜ちゃんのそばに近づき、吉村教諭に代わって救命措置を試みた。そのときのことを、岩田教諭はつぎのように語っている。

吉村先生が職員室の方へ知らせてくるってことだったんで、〔羽菜ちゃんを〕見ると、意識はやっぱりなかったので、すぐに心臓マッサージをして、人工呼吸をしようというので、取り組みました。で、そうこうしてると、平井先生が来てくれはったのかな？　横についてくれはって、「心臓マッサージお願いします」って、人工呼吸のほうしたんですわ。

（二〇一五年八月二九日。以下同）

このとき、岩田教諭は平井教諭に心臓マッサージを引き継いだつもりであったが、実際にはそうではなく、平井教諭は心臓マッサージを行ってはいなかった。岩田教諭が最初に人工呼吸を行ったとき、羽菜ちゃんの身体に反応があり、続いて口と鼻から嘔吐物が出てきた。

で、〔人工呼吸を〕一、二回した時に、〔羽菜ちゃんの体が〕はっと動いたんですわ。もう口の中からご飯粒がいっぱい出てきたので。けどその瞬間に、「ああ動いた」っていうのを聞いたんでね。「あ、心臓動いた」って思ったんですよ。でも、ただ、口の中見ると、食べ物がいっぱい詰まってたので、僕はその後からもう掻き出すのに、ずっとやってたんです。ひたすら掻き出し、掻き出し、そうこうしてると、職員室にいた先生が何人か来てくれはって、一緒に声かけてもらいながら、一緒に両サイドから掻き出して、してましたね。

嘔吐の後、羽菜ちゃんの口の中には米粒などが詰まっていたため、岩田教諭は人工呼吸を続けることができず、異物を掻き出すのに精一杯だった。したがって、吉村教諭が走り去った後、岩田教諭が心臓マッサージを短時間行い、その後一、二回人工呼吸を行った後は、中脇養護教諭が到着して心臓マッサージを再開するまで、羽菜ちゃんには心臓マッサージも人工呼吸も施されていなかったことになる。

また、のちに問題とされたのは、この救護措置の最中に岩田教諭が「動いた」という声を聞いたという点だった。第三者委の報告書は、この時の状況についてつぎのように記している。

B教諭〔岩田教諭〕は救護措置として、胸骨圧迫を実施し、人工呼吸を行った。B教諭が人工呼吸を行った際、一回目の吹き込みはすっと空気が入ったように感じられた。すると一瞬、目を開くような反応があり、体がそるように動くと、口・鼻から嘔吐物が出てきた。その際、米粒が大量に吐き出され、これを指一〜二本でかき出したが、口腔内に嘔吐した米粒などが詰まった状態だった。

その時、「心臓が動いた」という声を聞き、B教諭は胸骨圧迫を止め、人工呼吸に切り替えた。その途中でC教諭〔平井教諭〕から人工呼吸用マウスピースを受け取り、引き続きこれを実施した。

（「報告書」一七九頁）

この報告書の記述には、岩田教諭の語りとは部分的に異なる点がみられる。後でみるように、第三者委の報告書は、「心臓が動いた」という不確かな情報を信じて岩田教諭が心臓マッサージをやめた点を問題視している。しかし、遼子さんらが行った岩田教諭への聴き取りによれば、羽菜ちゃんの身体に反応が起きて嘔吐物が出てくる前に、岩田教諭はすでに人工呼吸に移っており、心臓マッサージは行っていなかった。ただしその一方で岩田教諭は、実際に心拍を確認することなく「心臓が動いた」という声を信じたがために、それ以降も心臓マッサージを行わなかったとも述べている。

そのときに、「動いた」っていうのを聞いたんで、「ああ、もう心臓マッサージはオッケーや」って僕は思ってしまったんですわ。けど、このままやったら心臓もまた止まる、というので、〔嘔吐物を〕一所懸命掻き出したんです。

（二〇一五年八月二九日）

一方、職員室からプールサイドに駆けつけた柳瀬教諭は、岩田教諭の語りとは異なる現場の様子を語っている。

（4）現場に駆けつけた教員たち

職員室に駆け込んできた吉村教諭から事故の一報を聞いた教員たちは、すぐさまプールに向かって駆け出した。そのとき、ほぼ同時にプールに向かった西田教諭、柳瀬教諭、室田教諭のうち、真っ先に到着したのは柳瀬教諭だった。そのときの光景を、彼女はつぎのように語っている。

私、わりと速かったんで、一番に私が駆けつけたんで。そのときは、羽菜ちゃんはプールサイドに引き上げられてまして、周りには誰も先生、ついておられなくて。一人だったんです。私、びっくりして。かわいそう……コロッと転がってはって。思い出しただけでもう……そのときの羽菜ちゃんは、目に……。どうしようと思ってすぐ駆けつけて。口に物が詰まっている状態だったんです。〔略〕岩田先生はおられたんですけど、プールの中に入っておられました。羽菜ちゃんがプールサイドに横たわってはって、〔岩田教諭はそれを〕見てはった。羽菜ちゃんの方に視線はあったんですけど、中にいはった。上に上がって羽菜ちゃんの横にはおられなくて……。

（二〇一五年一〇月四日）

柳瀬教諭の記憶によれば、彼女が駆けつけたときに羽菜ちゃんのそばには誰もついておらず、岩田教諭はプールの中におり、平井教諭もやや離れたプールサイドに立っていた。柳瀬教諭と西田教諭に続き、途中で教頭から受け取ったAEDを持って走ってきた室田教諭も、これと同じ光景を覚えている。

で、〔プールに〕着いたら、パッと目についたのは、羽菜ちゃんがこう、上げられていて、頭は運動場向き。で、周りにもあんまり誰もいない状態……岩田先生は、プールの中におられたような気が私はするんですけどね。〔略〕

ここの光景は、私、プールに行くたびに、パッて……まだ今も叡成小に勤めてますけど、今でもプールがあるたびに、思い出すんですね。それは私の中では、ずっと同じ変わらない光景かなって思いますね。ものすごい印象——印象というか、遠目でパッて見た時に〔羽菜ちゃんが〕横たわってていうのは、すごく頭に残ってますね。

（二〇一五年九月二〇日、室田教諭）

柳瀬教諭によれば、彼女はすぐに羽菜ちゃんのそばに走り寄り、口に詰まった異物を取り除こうとした。その後、岩田教諭が一度人工呼吸を行ったが、それによってさらに嘔吐物が出てきてしまったという。そこで柳瀬教諭は羽菜ちゃんの名前を呼びながら、口に詰まった異物を必死に掻き出しつづけた。このように、柳瀬教諭と室田教諭が駆けつけた時点で岩田教諭がどこにいたのかという点に加えて、どのタイミングで最初に嘔吐があったのかという点においても、岩田教諭の話と柳瀬教諭の話は一致していない。

また、人工呼吸の後、羽菜ちゃんの身体に反応があった時に岩田教諭が聞いたという「動いた」という声について、柳瀬教諭はそのときの状況をつぎのように語っている。

とにかく〔嘔吐物を〕掻き出してました、「羽菜ちゃん、羽菜ちゃん」って言いながら。で、その後、心臓マッサージをするべきかとか色々あったんですけど、「心臓動いてるよ」って、平井先生かな。私が「え？　本当に動いてる？」って訊いたんですよ。そしたら、「いや動いてる」って言いはったんで。「え、心臓マッサージはいいの？」っていう形で、その場所では心臓マッサージはしてないです。〔略〕私も、あの時心臓マッサージをしたらよかったなと。そういう言葉にとらわれたのもあれだと思うんですけど、断言的な言い方だったんで。〔略〕パニックになってるからね。冷静さを失ってる。今から考えたらそう思ったんですけど。

（二〇一五年一〇月四日）

柳瀬教諭に続いてプールサイドに駆けつけた西田教諭もまた、このときの状況について、同様のことを語っている。

岩田さんがここ〔羽菜ちゃんの胸部？〕、押さえはった時かなんかに、バッと〔嘔吐物が〕出たので、びっくりして。とにかく柳瀬さんがほとんど、〔羽菜ちゃんの〕顔を持ってやってくれてはったんで。私もその間はちょっと、口の中に手を突っ込んで〔異物を〕出すぐらいで、どうしたらいいやろっていう感じで。そのときに、後ろの方から「心臓動いてるえー」って声がしたんです。すごく確信もった感じで。で、私は正直、今思ったら愚かなんやけど、「ああよかった」って思ったんですね。あ、これは結局、詰まってて苦しがってはるんやと思って、〔異物を〕取るしかないわと思って、「羽菜ちゃん、羽菜ちゃん」って呼びかけて。

（二〇一五年九月二〇日）

これらの語りを総合すると、岩田教諭が羽菜ちゃんに人工呼吸を行い、身体に反応があった時には、職員室から駆けつけた教員たちはすでにプールサイドに到着していたと考えられる。岩田教諭と柳瀬教諭、西田教諭はいずれも、その直後に羽菜ちゃんの口から嘔吐物を掻き出そうとしていたときに、「動いている」という平井教諭の声を聞いたと話している。

一方、室田教諭は持ってきたＡＥＤを開けて電極パッドを取り出そうとしていたところ、「心臓動いてるからいらない」と平井教諭に言われ、準備を中断したと語っている。

ＡＥＤを開けてこう、作業しようとしてたら、「心臓動いてるからいらない」って。そういうふうに何回か言われたんで、「えっ?」って思ったんですけど、プール当番の先生が言わはることやし、そうなんかなぁと思って。その場では、いったん〔ＡＥＤを〕しなかった。今思えば、すればよかったたって。すみません……本当に思ってるんですけど……。そういう声は聞こえましたね。これは私だけが聞いたわけではなくて、他にも聞いてはる先生がいて……なんでかなっていう話は後でしたんですけど……。

なんかそれ、ずーっと心にひっかかっていて。事故の次の日に職員室で、どういう状況だったかみたいなのを全体で話した時にも、一応全体の場では言ったんですけども。〔略〕〔平井教諭は〕「そういうふうには言ってない」って言ってはったみたいで……。なんか、「「動いてる？」って質問形で訊いた」って。いや違う……違う違う違うって思いながら。（二〇一五年九月二〇日）

このように、岩田、柳瀬、西田、室田教諭はそれぞれ、「心臓が動いた」という主旨の平井教諭の発言を聞いている。それが同じタイミングでの発言だったのか、やや時間をおいて同様の発言が何度か繰り返されたのかは定かではないが、いずれにしてもこの発言によって、岩田教諭と柳瀬教諭は「心臓マッサージは必要ない」と判断し、室田教諭はＡＥＤの準備を中断した。第三者委員会の報告書は、この発言をめぐる出来事の時系列を精査してはいないが、このときの教員たちの判断と行動における問題点を、つぎのように指摘している。

①現場にいた関係各教員は、羽菜ちゃんの脈拍を確認していなかった。羽菜ちゃんの脈拍を確認したのは、Ｊ教諭〔中脇養護教諭〕がプールサイド西側に羽菜ちゃんを移した後であった。

②また、周囲にいた教諭の「心臓が動いた」という声を聞き、Ｂ教諭〔岩田教諭〕は胸骨圧迫を止め、人工呼吸に切り替えた。胸骨圧迫を再開したのは、Ｊ教諭が現場に到着し、心拍が触れないことを確認した後のことであり、それまで胸骨圧迫は十分に行われない状態が続いた。

③前記のように、心停止が確認されるか、呼吸停止に伴う心停止が強く疑われる状況下において

は、心肺蘇生法(CPR)による対応、胸骨圧迫および人工呼吸による一次救命処置(BLS)が直ちに必要であったと考えられるが、胸骨圧迫が十分行われたことを示す事実は確認されていない。④また心室細動等により有効な拍動が失われている場合もあるのでAEDによる心電図解析も必要と考えられる。しかし、現場では心拍を確認していないにもかかわらず「心臓が動いている」という不確かな情報によって関係各教員が胸骨圧迫を中断し、あるいはAEDの使用を躊躇するなど心停止に対する適切な処置のタイミングが失われた可能性が否定できない。

（「報告書」一九五－一九六頁）

このように、「心臓が動いた」という発言は、その場にいた教員たちに心臓マッサージの実施やAEDの使用を躊躇させるという結果を招いた。この点について遼子さんは、のちのインタビューで平井教諭に直接問うている。

遼子　あの、まあこれは先生にお聞きしてもあれかもしれませんけど、岩田先生が「心臓が動いた」って声を聞いてはるじゃないですか？〔その声で〕心臓マッサージを中止したということがあって、これはどういうふうに、どうなったのかちょっとわからないんですけど。「心臓が動いてる」っておっしゃったっていうのは、平井先生ですかね？

平井　いや、なんか私の声がそう言ったっていうのを、皆さんおっしゃってるので、どんな話かなっていうので、その当時考えたことがあるんですけども。たぶんそれは、「動いてる？　動いてる？」っていうふうに尋ねたのを、「動いてる」っていうふうに受けとられたのかと思うんで

すけれども……。（二〇一五年八月二九日）

平井教諭の発言が果たして質問であったのか、断言であったのか。その点について、現時点で真相を明らかにすることは困難である。だがいずれにせよ、この発言をきっかけに、その場にいた教員たちは羽菜ちゃんの心拍を確認することもないまま、心臓マッサージとＡＥＤの準備を中断した。そして、ややあって中脇養護教諭が到着するまで、岩田教諭と柳瀬教諭はひたすら羽菜ちゃんの口から嘔吐物を掻き出しつづけ、室田教諭と西田教諭は羽菜ちゃんの名前を呼んで励ましつづけた。

(5)養護教諭の到着と救護措置

吉村教諭が職員室に駆け込んで１１９番通報を行った時、中脇養護教諭は職員室の後ろの方に座っていた。吉村教諭の一報を受けて、西田、柳瀬、室田教諭が職員室を飛び出した後、中脇教諭は保健室に救急バッグを取りに行き、再度職員室に戻って救急搬送に必要な書類を準備し、その場にいた二人の教諭に書類のコピーと保護者への連絡を指示してからプールに向かった。プールサイドに到着して以降のことを、中脇教諭はつぎのように語っている。

プールの方に向かった時点で、私の記憶では、ＡＥＤが〔羽菜ちゃんの〕足元に置かれた状態で、まだ開かれてなかったのと。あと、〔周囲の教員が〕口の中の吐物を出すことをしてはったのと。周りの人たちが「大丈夫、大丈夫」と言ってはるのと。プールの中にまだ子どもたちがたくさん泳いでる状態だったのと。「息してる、息してる」っていう声が聞こえて。私が、「いち、に、さん」って数えながら呼吸の確認をしている時にその声が聞こえて、呼吸が止まってると思ったのに、その声を聞いて、もう一度カウントし直してしまいました。そこで、やっぱり息してないってなった時に、「やっぱり息してない」って叫んで、そこから「AEDを開いて」って言って、開いてもらって、装着を。

（二〇一五年一〇月二日）

中脇教諭は、羽菜ちゃんの呼吸の有無を確認している最中に、「息してる」という声を聞いたという。それは誰の声だったのかと遼子さんに問われて、中脇教諭は「平井先生」と答えている。中脇教諭が羽菜ちゃんの状態を確認して初めて、周囲にいた教員たちは事態の深刻さを認識した。室田教諭はそのときのショックをつぎのように語っている。

〔中脇教諭に〕「心臓動いてるって聞いたんですけど」って〔言ったら〕、そしたら「動いてない！」って言われて。一瞬、「えっ？」って。〔略〕「動いてない！」ってはっきり言うてはったんで、「えーっ」って。私ら、そんな「動いてる」って声で、けっこう信じてたところがあったんで、「えーっ！」って言ったの覚えてます。

（二〇一五年九月二〇日）

中脇教諭はその場にいた教員たちと協力して羽菜ちゃんの体の位置を少しずらせ、水着を脱がせてAEDを装着したが、解析の結果は「電気ショックは必要ありません」とのことだった[35]。

それで、「必要がない」とAEDが鳴ってから、ずっと心臓マッサージを続けていて。その後、救急隊に連絡を入れてもらっているとわかっていたので、救急隊にすぐに引き継げたらいいと思って、〔羽菜ちゃんを〕プールの入り口近くの方に移動して。二回目のAEDの解析が済まないまでの間に救急隊の方が来ていると思うんですけど、それまで心臓マッサージを続けていて。吐物が詰まるのがあれだったんで、浅田さんの顔をずっと横向けてもらいながら続けてて。救急隊〔実際には警察〕の方が、〔プールサイドの〕網の外から「そのまま続けてください」って言う声が聞こえて。そのまま心臓マッサージを続けている間に、救急隊〔警察〕の方が〔来て〕。「代わります」と言った時点で「せーの」で心臓マッサージを代わりました。

（二〇一五年一〇月二日、中脇教諭）

救急車が学校に到着したのは一三時五八分二八秒。一三時五一分五一秒に119番通報をしてから六分三七秒後のことだった。この間、最初に吉村教諭と岩田教諭が心臓マッサージと人工呼吸を何回か行った以外は、教員たちは嘔吐物を掻き出すことに専念しており、中脇教諭が到着するまで救命措置はほとんど行われていなかったことになる。これについて第三者委の報告書は、当時、現場の教員らによる気道確保はきわめて困難であり、気道が閉塞された状態でAEDを使用してもただちに回復する可能性は低かったことを認めつつも、教員たちの場当たり的な対応が救命の可能性を減じたと指摘している。

呼吸や心拍の確認も不十分なまま、現場で混乱した状態が続いたことにより、羽菜ちゃんの呼吸、脈拍の確認などバイタルサインの把握が十分になされず、その結果、適切な救命措置の選択に影響があったと考えられる。特に、現場で救護措置を取り仕切る役割を担うべき教員が誰もおらず、現場で救護措置を指揮すべき担当者を欠いたまま、場当たり的な救護措置が繰り返され、しかもその救護措置が症状に応じた適切なものであるか否かを誰も確認していない点は、現場の対応として不適切との指摘を免れない。〔略〕

関係各教員の知識、経験、技能などのほか、現場の医療機器や設備などの状況を考えれば、心肺停止という極めて重篤な状態に対する救命措置には自ずと限界があったと言わざるを得ない。しかし、羽菜ちゃんの救命可能性が低下していくことを防ぐことは全く不可能ではなかった。むしろ、救護措置の開始が遅れても、その効果が全くなくなるというわけではなく、少しでも蘇生の可能性があれば積極的な救護措置の実施が望まれる。この点、関係各教員はJ〔養護〕教諭や救急隊員の救護措置に依存するのみで、各自が役割を認識し、それぞれ分担して積極的な救護措置を行ったということはできない。その結果として、羽菜ちゃんの救命可能性の低下に有効な歯止めを掛けることができなかった。

（「報告書」一九九‐二〇〇頁）

どのような問題があったのか

以上みてきたように、事故発生時における教員たちの救護活動には、多くの問題点がはらまれていた。

まず、羽菜ちゃんを発見してプールサイドに引き上げた後、吉村教諭は心臓マッサージを中断してみずから119番通報に走っている。またその際、岩田教諭がすぐに心臓マッサージを引き継いだかどうかも不確かである。この点について、教員たちは原則として第一発見者が救命措置を継続して行うべきであり、また心臓マッサージを交代する際には間髪をいれず交代すべきであることを知識として知ってはいたが、実行されなかった。

また、ＡＥＤを取りに走った坂本教諭は、機器の設置場所を把握していなかったためにまず職員室に向かった。坂本教諭の知らせを受けた教頭は、その場にいた教員たちに通報や救援の指示を出さずにＡＥＤを取りに走り、しかも機器の取り出しに手間取って時間をロスした。プールから走ってきた吉村教諭が自分の判断で通報しなければ、１１９番通報はさらに遅れたと考えられる。

さらに、ＡＥＤはプールに運ばれてからもすぐに使用されることなく、中脇教諭が到着するまで放置されたままだった。またこの間、心臓マッサージも行われなかったが、それは羽菜ちゃんのそばにいた教員たちが嘔吐物を掻き出すのにかかりきりになっていたことに加えて、「心臓が動いている」という声を信じたがために心拍を確認することなく、心臓マッサージやＡＥＤの準備を中断したからであった。

第三者委の報告書でも指摘されているように、救護活動における教員たちの混乱は、一人一人の教員がとっさに適切な判断を下せなかったということに加えて、必要な指示を出して全体を統率する人物がその場にいなかったことによって助長されたといえる。本来、そうした役割を担うべきは、管理職である校長と教頭、ならびに専門知識をもった養護教諭であっただろう。しかし当時、校長は水泳記録会に参加する児童の引率のために不在だった。また教頭は、一度プールサイドでＡＥＤを示しながら「これＡＥＤね」と注意喚起したものの、基本的に何の指示も出していない。また中脇養護教諭は、事故の一報を聞いた教員たちがプールに駆け出したときに「人手は足りている」と判断し、書類などを準備してからプールに向かったために、遅れて現場に到着している。この点について当時現場にいた教諭たちは、一刻を争う救護の現場には、誰よりも早く中脇教諭が駆けつけるべきだったと指摘している。

以上の問題点を踏まえた上で、それでは本来行われるべき救護のあり方とは、どのようなものだったのだろうか。理想的な救護の手順としては、以下のようなものが考えられる。

①吉村教諭が羽菜ちゃんを引き上げた後、心臓マッサージと人工呼吸を継続。

②岩田教諭と平井教諭がそれぞれ、１１９番通報とＡＥＤを取りに走る。

③１１９番通報と同時に養護教諭がプールに駆けつけ、救命活動を指揮。養護教諭の指示の下で心臓マッサージと人工呼吸を継続し、ＡＥＤを使用する。その後、救急隊に引き継ぐ。

しかしながら実際には、こうした連携のとれた救助活動は行われず、場当たり的な対応が積み重ねられたことによって、羽菜ちゃんの救命可能性は刻一刻と低下していった。

以上みてきたように、遼子さんと友人たちが行ったインタビューは、学校管理職による説明とはまったく異なる混乱した現場の様子を明らかにするとともに、第三者委の報告書が問題としなかった教員間の証言の食い違いを浮かびあがらせるものだった。このことは、二〇一二年の事故直後に市教委が教員への聴き取りに基づいて資料を作成した際、誰の語りを採用し、誰の語りを採用しなかったのか、あるいはある教員の語りのどの部分を重視し、どの部分を度外視したのかという、証言の取捨選択にかかわる問題を浮き彫りにする。

事故に関する対外的な説明の基盤となった市教委作成の資料は、一部の教員の語りだけを証言として取り上げ、あるいは市教委が「事実」とみなした証言と食い違うような証言を切り捨てることで、結果的に「切れ目のない連携した救護」というストーリーを作り出してしまったといえる。[36]一方、第三者委の報告書は、基本的に市教委作成の資料に基づきながらも、より踏み込んだ形で救護プロセスにおける問題点を指摘したが、教員たちの語りにみられる矛盾や不明点については問題としていない。

しかし、市教委や第三者委によって聴き取られず、あるいは切り捨てられた教員たちの語りには、事故現場における救護の遅れや混乱の理由が示されていたのみならず、このような事故を招いた間接的な要因——学校という組織のあり方にかかわる問題——もまた、さまざまな形で示唆されていた。

一〇章　それぞれの視点から浮かび上がる問題点

前章でみたように、自主検証の後に遼子さんと友人たちが行ったインタビューで得られた教員たちの語りには、事故当時の教員個々人の判断から学校組織のあり方に至るまで、多岐にわたる問題点が示されていた。また、市教委の職員や第三者委の調査委員を務めた専門家とのインタビューからは、事故後の対応や調査の方法、遺族との関係性といった点で、どのような別の方法がありえたのかという反省や展望がみえてくる。本章では、小学校の教員、市教委職員、元調査委員の視点から、事故とそれ以降の出来事を振り返り、それぞれの局面における問題点を捉えなおすとともに、より望ましい事後対応や調査のあり方、関係者相互の関係性を考えていきたい。

教員たちの視点――教育現場における問題

まず、叡成小学校の教員とのインタビューに基づいて、彼女たちが学校に内在する問題点として指摘した事柄をみていきたい。事故が起こった二〇一二年夏までのプール学習のあり方について話を聞く中で、教員たちの口からは当時、教員全員に共有されるべき明確な指針がなく、それぞれの感覚やその場の流れで指導や役割分担が決められていたことへの反省がしばしば語られた。たとえば、羽菜ちゃんの担任であった西田教諭は、この事故によって問題化されるまで大型フロートの使用にさほどの危険性を感じてはいなかったという。

やっぱりそういう、プールでの事故を想定することを考えてなかったというか。私も何十年も教員してて、二〇代の頃に滋賀県の方で一度そういうプールの事故があって、子どもさんが亡くなったっていうのを聞いたときに、「そんなん信じられへん。周りでみんな泳いでるのに、そんなことあるわけない」って、私はもうそんな感じで捉えてたんですよね。まして、「ビート板〔大型フロート〕の下に入って〔しまう〕」とかいうようなことも、全然思いもしなかったし。で、ほらビート板たくさん使わせてやったら、子どももすごい喜ぶじゃないですか？〔略〕授業のときでも自由時間のときにはバンバン投げて、「仲良く使うんですよー」っていうので、あんまり考えないでやっててね。〔略〕ほんまに今ごろ思ったら、よくないことなんですけどね。全然わからなくて、そういうこと。

（二〇一七年一一月一七日、西田教諭。以下同）

実際には事故の後、「大型フロートの下に潜ってしまって怖かった」という児童の体験が保護者を通して学校に寄せられたが、事故が起きるまではそうした声は教員の耳に届いていなかった。また、西田教諭は当時、プールの水深についての情報共有がなされておらず、なおかつ学年に合わせて水の量を適切に増減していなかったことについて、つぎのように語っている。

「水泳記録会の練習で飛び込みするからプールの水を増やす」とかいうのも、私たちは知らなかったしね。〔略〕授業のときでも、確かに「あれ、深いな」っていうときがあって。私たちなんか二回ぐらいは〔水を〕減らしてるんですよね、一年生はね。でも他の学年に聞いたらやっぱり、「減らしたり増やしたりはしてない」って言うてはりましたね。

プール学習の際、教員たちが「深いな」と感じてもなかなか水を減らせなかった理由のひとつには、水道代への配慮があった。これについて、事故当日に学校にいた柳瀬教諭はつぎのように語っている。

どこの学校でもそうやとは思うんですけど、うちはけっこう水道代を言われてて。〔略〕だから、あんまり〔水を〕抜くという感覚はそんなに〔ない〕。抜いたらもったいない。だから、そういうふうにならないように上手に割り当ては組んでましたね、ちょっとずつ減らしていくみたいな感じに。でも、当時はそんな、水深何センチとか〔決まりは〕なかったですし。〔略〕やっぱり、「何センチにしないといけない」とか、「水をちょっと抜かないといけない」っていう、徹底したそういう感覚は、なかなかもってなかったと思うんですよ。それぞれの先生の、さじ加減みたいなところはありましたね。

（二〇一七年一二月二七日）

西田教諭は、そうした水深管理のずさんさとその危険性について、つぎのように振り返っている。

前の学年で覚えてるのは、「あれ、今日は深いな」と思って、ちょうど一番深いところに私たち〔教員〕が立っといて。で、初めにせんたっきするときに、「ちょっと深くて怖いと思ったら、〔プールの〕縁をつかんで移動しなさいよ」って言って、そんなこともさせてたからね。やっぱり怖いことさせてたんやなあと思って。〔略〕やっぱり、なんといっても危機意識というか、それはなかったんやね、みんな。

（二〇一七年一一月一七日。以下同）

水位の高さや大型フロートの使用などの問題について、教員たちは当時、その危険性をさほど認識しておらず、慣例に従ってその時々のプール学習を遂行することを優先していた。監視体制についても同様に、教員間の役割分担が曖昧であった上、教員の間には「水の中で子どもと遊ぶ方が熱心」という雰囲気があったために、プールサイドで全体を監視する役割がおろそかにされた側面があったという。

若い人はプールの中に入らはるんやけど。やっぱり上からも見ないといけないからね。入って子どもと一緒に遊んでたら、子どももも喜ぶじゃないですか？　で、私も若いときはプールの中に入って、子どもをポーンと放り投げたりして、キャーキャーして遊んでたけど。年配の人は上から見てくれてはったんやなあと思って。〔略〕やっぱりほら、子どもと一緒に遊んでるとか、中に入って元気にしてるのはすごく熱意のある教師やみたいな、なんかそういうのがあるんやね。そういうことも全然〔事故と〕無関係じゃないと思うんやけどね。

このように、プール学習に潜む危険性を認識して改善しようとするよりも、その場の流れや慣例に従ってスケジュールをこなすことを優先するという教員たちの姿勢は、彼らの普段の業務のあり方と地続きであった。また、このようにルーティンを優先させる一方、問題点の洗い出しと共有が徹底されていなかったことの背景には、教員たちの尋常ではない多忙さがあった。

羽菜ちゃんが亡くなった次の日、出勤しましたよね。で、「当日にどんなことしてたか、その行動をみんな一人ずつ出してください」って〔教頭が〕言わはったんやね。そのときに一人の男の先生が、「だいたい僕ら、忙し過ぎましたよ」って。特に学期末ね。夏休み前、あまりにも。〔略〕だから、「もっとプールのことについても、打ち合わせをするべきやった」っていうようなことを言わはって。

この男性教員の言う通り、教員たちのスケジュールがあまりに過密であったために、夏休みのプール学習については本来あるべき事前の打ち合わせや注意喚起が十分にできていなかったという。

何年か前までは、夏休み前に短縮期間っていうのがあって。午前中授業で終わるとか、そういう時期もあったんですけどね。もう今はそんなの全然ないでしょ？　それこそ、始業式から授業もするぐらいになってるからね。で、「京都市は全国で一番授業日数が多いんだ」って自慢してる人もいはるから。だからそんなので、夏休み前もぎりぎりまで授業もあるし。〔略〕まあ、だから私らの中にも、ほんとにこの忙しい中をなんとかすり抜けてやる、「やらんとしょうがない」みたいなんがあって。

教員が多忙なのは夏休み前だけではない。西田教諭によれば、ここ一〇年ほどの間に、通常の教育活動や事務的な仕事に加えてさまざまなエキストラの業務が増加しつづけているという。たとえば、市教委に提出する多種多様な書類の作成、他校から教員が見学に来る研究発表会、研究発表会の準備のための会議などなど。そうした業務は規定の就労時間内に終わるはずもなく、持ち帰りの仕事や残業が増え、疲労が蓄積していく。

「なんか仕事が終わらないし、どんどん湧いてくる感じやねぇ」って。〔仕事が〕いっぱいあって忙しいなと思っても、なんかやりがいのあることだったらいいんですけど。でも〔市教委への〕提出書類とかね、それがあるとちょっとなんていうか、消耗しましたね。これ提出をするためにいっぱい書いてるけど、ほんとにこれ見てはるの？　とか。

柳瀬教諭と室田教諭もまた、教員に課される過剰な業務と残業の問題について、つぎのように語っている。

柳瀬　全部、私たちがするんですよ、学校のことは。たとえば図書室にどんな本を入れるかとか、今年はどれだけの予算でどれだけ注文するとかを組み立てるのも、みんな私たちの中で担当して。教科でいえば、国語科やったらその担当になった人が、学校全体の国語教材について考えて、予算を上げていかないといけない。で、季節ごとに「こういう報告を上げてくれ」って市教委からくる書類を書いて出す。〔略〕すごいですよ。追われてますねん、そういう校務分掌にも。[37] もう、「これしたら次これ」みたいな感じで。子どもたちの授業が終わった後は、もうその事務的なことを職員室でガーッとやって、みたいな毎日ですね。やらないと終わらない。〔略〕定時は五時なんですけど。で、残業代は出ないんですよ、まったくね。〔残業が〕月八〇時間以上過ぎたら、今度はね、始末書みたいなのをこっちが書かないといけない。(38)で、なんかエコデーとか作って、「はよ帰れ、はよ帰れ」って言うんですけど、仕事が終わらない。

室田　すごく矛盾してるんですよ。

柳瀬　だから大体みんな、残業しない日はほとんどありませんね。　（二〇一七年一二月二七日）

このように過剰な仕事を抱え、会議や事務に忙殺される中で、教員たちはおのずと子どもと向き合う時間を削らざるを得なくなる。しかし、西田教諭によれば、教員の間にはそうした問題を指摘しづらい雰囲気があったという。

やっぱり〔意見を〕言う人は少ないね。そこで何か言うと、なんか「楽をしようとしてるやろ」っていうふうに取られるからね。でも、私なんか、「そんなことする間に子どもと一緒に何かしたりとか、子どものノートひとつでも丁寧に見てやりたいわ」って思う方なんですけどね。〔略〕結構ほら、高学年って荒れたりする子もいるけど。放課後とかにゆっくりその子と話してるだけで、信頼関係がつくれて、なんかうまくいく場合が多いのにね。そういう時間が取れなくなってきますよね。多忙化のせいにしてはいけないけど、やっぱり忙しいから、いろんなことが起こってんのと違うかなあと思って。

（二〇一七年一一月一七日、西田教諭）

学校という組織の抱える問題を教員が率直に指摘しづらいことの背景には、個々の教員の能力や資質等を管理職が評価し、その評価が給与にも反映されるという評価システムの存在があったと考えられる。[39] こうした教職員評価に伴う問題について、室田教諭と柳瀬教諭はつぎのように語っている。

室田　〔そうした評価システムは〕あんまりいいとは思わないですけどね。〔略〕だから、生涯もらう賃金にもかかわってくるので。でも私たち、そういうお金のためにこの仕事をやってるわけではないですので。〔略〕最初に導入されたときは、イエスマンばっかり増えるんじゃないかっていうのは、思いましたね。たとえばなんでも学校長が決める、管理職にもまったく逆らわないとか、そういうのが増えるんと違うかなというのは、思いますね。

柳瀬　そらそうやね。ちょっと窮屈は窮屈です。だから普段、なんか言えないですよね、強く。

（二〇一七年一二月二七日）

西田教諭らが指摘しているような教員の多忙さと過労、またそれゆえに子どもとじっくり向き合う時間が取れないといった問題は、もちろん事故の直接的な原因ではない。だが、もしも夏休みのプール学習の前に、教員間の打ち合わせや注意喚起がもっときちんとなされていたら。プール学習に潜む危険な要素を洗い出し、改善しようとする姿勢が共有されていたら。そしてまた、二章でみたように、それぞれの教員が、その場にいる子ども一人一人の個性を含めてその存在を知り、まっすぐに向き合う余裕をもっていたら。そうであったならば、あのような事故は起こらなかったのではないかと思わざるをえない。その意味で、教員の多忙さと精神的な余裕のなさ、それに起因するルーティンへの依存は、事故の間接的な要因をなしていたといえるだろう。

また、こうした教員たちの多忙さとルーティンの優先は、学校において事故の後にいち早く「日常への復帰」が目指されたこととおそらく無関係ではない。三章でみたように、事故の後、学校では事故のことがほとんど話題にのぼらず、子どもたちへの丁寧な聴き取りや面談もなされず、学校全体として事故の問題をあらためて共有し、ともに語りあうような機会ももたれなかった。それについて西田教諭は、「学校全体として「日常に戻りなさい」というのは、ものすごく、そういうのを感じましたね」と述べている。

そうした言外の要請の背後には、プール当番だった教員たちへの気遣いや、児童の心理的な負担への配慮、在校生の保護者たちへの遠慮といったさまざまな事情が入り交じっていたと推測される。だが、教員たちが事故のことをきちんと捉えなおすことなく日常生活に戻り、またそのことに甘んじた大きな理由として、毎日の過重な業務と、立ち止まることのできない過密なスケジュールがあったと考えられる。そこには、「子どもたちのために日常を取り戻す」と言いながらも、実際には多忙さに押し流され、事故のことを封印したまま日々の業務をこなしつづけるしかないという教員たちの状況があった。西田教諭は、事故後のそうした学校のあり方について、つぎのように回想している。

でもほんとに、なんか事故前と変わらないような感じで動いてたもんね、学校がね。だから一人、道徳の研究授業〔の担当〕が当たってた人が、「いやあ、こんなことがあったから、もう叡成での道徳授業の発表なんてないと思ったら、あるんやって」ってつぶやいてはりました。ねえ。

（二〇一七年一一月一七日）

このように、教員たちが忙しさにかまけて事故の問題を直視することなく、従前と同じように日々の業務に没頭する一方で、学校管理職は事後対応に関するあらゆる実質的な判断を市教委に委ねていた。この点については次節で取り上げたい。

こうした教員たちの尋常ではない多忙さに由来するルーティンへの依存や思考停止ともいえるような状況を見直すためには、どうすればよいのだろうか。この点について本節の最後に、小学校と同じく子どもたちの命を預かりながら、年々増えていく事務仕事や監査に対応している保育士である原田さんと乗松さんの語りを紹介したい。桜野保育園の保育士だった乗松さんは、叡成小学校において事故当時、プール当番だった教員たちが水の深さを認識していたにもかかわらず水位を下げるという判断をしなかったことについて、つぎのように語っている。

真ん中にある大事なものが間違わずに、しっかりあれば〔判断は〕できたはず。子どもからスタートして、それはどうなの？　子どもにとって、その水位はどうなの？　っていう、「子どもにとって」っていうのさえあれば、間違わへんかったと思う。〔略〕「水位を一〇センチ下げるっていうことは、何トンなくなるから、つぎに入れようと思ったら何時間かかる」とか、「いくらかかる」とか、ひょっとしてそういういろんなこと、子どもじゃない、いろんなことがあったんじゃないかなあ。

小学校の先生でも、「今やってる学校の教育、ほんとにやりたいの？」って訊いたら、「そんなわけじゃなかったんやけどね」って言う人、いっぱいいるもん。「私もそんなつもりで始めたんじゃないねんけど、なんか知らん間にこうなってしまってるねん。でも、そうしないとやっていけん事情があるねん」って言ってる先生もいっぱいいるのを思うと、本当はスタートでは、子どもが真ん中にあって。「子ども好きやし」って言って始めたことが、やってる間に少しずつ、「何事もなく六年間を過ごせることが大事」みたいな方にずれていったり。「保護者が不満をもたない学校運営をすることが大事」って思ってみたりとか。そういうのは、少なからずあるんじゃなかろうかって思う。

子どもが真ん中にあれば、「いや、これあの子らしんどそうやし、〔水位を〕下げようぜ」っていう話ができたと思う。〔略〕その夏はその日が初めてやったかもしれへんけど、今までの夏のなかでも何度かそういうことがあって、「いや、でもあの時もああやったしな。今回もそうしないとね」みたいな、変な慣例があったのかもしれないし。「私、ここに赴任してきてまだ新しいから、そんなことまで言えないわ」とかっていうことが積もってきてる中で起きたのかもしれないし。

なんかみんなが本当に、みんなの真ん中に子どもがあれば、変わることはいっぱいあると思う。「今の姿はなんかおかしいよね」って、「学校の姿がおかしいよね」って思うことはいっぱいあるんじゃないかなあ。先生たちも知ってると思う、ほんとは。子どものことが大好きで〔先生に〕なってるはずだから。

（二〇一九年八月七日）

この乗松さんの発言を受けて、原田さんはつぎのように語っている。

まあ、もうちょっと先生たちの負担は減らしてあげなあかんやろうね。俺たちだって、同じ立場にいて、事故がいつ起こるかわかんない恐怖っちゅうの、それはあるし。緊張感もずっとあるけども。だから、単純に〔小学校の先生を〕責めきれないところもあるんやけども。やっぱり、固有名詞で子どもを見れる状態っていうのが、なくなってしまってるのかなっていう。「何々ちゃんと何々くんと何々ちゃんが〔プールに〕入ってる」っていうのじゃなくなってるのが、一番大きな〔問題〕。忙しさもあって、人数の多さもあって。「個々を見る」って言いながらも、やっぱり見れてない。

やっぱり学校の中で危険性のある所っていうのは、限られてくるやろうし。〔略〕保育園なんかもっと危険だらけなんやけども。命を預かるという意味では、いつなんどき、何があるかわからんことだらけ。学校やったら、集中してその危険な所を、もうちょっとみんなで、ほんとに意識して。でも、マニュアルばっかり作るんじゃなくて、ちゃんと子どもらが水を楽しめるような何かをつくってあげんとあかんとも思うし。

（二〇一九年八月七日）

ここで乗松さんと原田さんが語っているのは、「子どもを真ん中にして、一人一人と向き合う」というシンプルな姿勢の大切さである。この姿勢を貫くためには、組織の論理や慣例に従うだけではなく、それぞれの教員が現場において自分自身で判断し、必要があればはっきりと意見を述べる必要がある。だが、西田教諭や柳瀬・室田両教諭が振り返っているように、教員たちにとって当時、日々の過重な業務や教員同士の関係性、管理職による評価といったさまざまな要素が絡まりあうことによって、このシンプルな姿勢を堅持することは困難になっていた。

次節では、プール事故の後、事後対応にかかわる実質的な判断を担うことになった市教委職員からみた当時の状況と、その問題点を検討していきたい。

市教委職員の視点――遺族との関係、組織としての制約

事故の後、いち早く叡成小学校にやってきて管理職や教員への聴き取り調査を行ったのは、市教委の総務部総務課と調査課の職員だった。二〇一二年八月二〇日に小学校で行われた保護者への説明会では、校長と並んで体育健康教育室の室長が保護者へのお詫びと説明を行っている。このように、市教委は学校管理職や一部の教員から情報を収集し、保護者やマスコミに向けた説明資料を作成する一方で、遺族との直接的なやりとりは校長に任せていた。他方で学校管理職の側は、事故後の対応に関する実質的な判断の一切を市教委職員に委ねるという姿勢をとっていた。

浅田さん夫妻にとって、こうした市教委と管理職の役割分担は事故に関する調査や判断の主体をみえづらくするものであり、結果的に夫妻が両者に対して不信を抱く要因のひとつになったといえる。その後、遺族と市教委職員とが実際に対面して協議するようになったのは、二〇一三年の五月末に第三者委員会を立ち上げるための動きが本格化してからのことであった。以下では、こうした市教委と遺族の関係について、この事故をめぐる問題に密接にかかわってきた総務部総務課の堀田氏の話を中心にみていきたい。

堀田氏によれば、彼は事故の前年に総務課の広報係長を務めており、二〇一二年当時は企画労務係長というポストに就いていた。ところが、事故の一報が市教委に入った際に当時の広報係長が年次休暇をとっていたため、堀田氏が急遽学校に駆けつけてマスコミ対応などを担当することになったとい

う。二〇一八年一二月に遼子さんと私が行ったインタビューで、堀田氏は当時の状況をつぎのように振り返っている。

「大変なことだ」ということで、僕も学校に直接行って対応しないといけないと。もうすでに、学校の方にマスコミが駆けつけているような動きも聞いたんで。で、一番に学校に行ったのが、事故の当日ですね。こういうかかわりは、もうそこからもう始まったという感じで。

当日は、マスコミから「(児童は)何人いたんだ?」とか、「どういう流れで指導してて、どういう状況だったんだ?」みたいなのをずっと聞かれるので、そこ(事故現場)にいた三人の先生方は警察からの事情聴取がありましたから、そういうわかってる情報を聞いては、マスコミに答えるみたいなことをずっとしていたということですね。で、二日目も朝から学校に詰めて。「関係児童への聴き取りをどうするのか」というのも、職員会議の話と、本庁というか教育委員会全体としてどうするかっていうのを、いろいろ情報をやりとりしながらやってたということで。

(二〇一八年一二月二九日。以下同)

学校管理下でのプール死亡事故という、京都市教育委員会としては前例のない状況の中で、堀田氏は調査課の職員と協力しながら教員への聴き取りを行った。当時、堀田氏としては最初から、「わかったことは包み隠さずに伝えよう」という意識をもっていたという。ただ、先述したように市教委職員は情報の収集と整理に専念しており、浅田さん夫妻との連絡は校長に任せていたために、堀田氏としても当初、浅田さん夫妻の心境は把握しづらい状況にあった。

事故の翌日、夕方にお亡くなりになられたので。教育委員会としては初めてのケースですから、何をどうしていくのかと。思ったのは、「わかってることは、ちゃんとお伝えしよう」と。そういうのだけは押さえなあかんと。それと、聴き取りといっても、「どこまで詳しく見ている人が、どれだけいたのか」とか。あまりこう「これだ」って言える情報がない中やったんで。〔略〕「何を事実としてお伝えするのか」みたいなところは、〔市教委に〕調査課っていうところがあるんですけど、そこの職員と相談しながらやったりとか。教員への聴き取りも、その調査課と私が入ってやったりとか。亡くなられた翌日ぐらいから、そういう動きやったと思いますね。

あとは、浅田さんとの〔連絡の〕窓口を。こういう事案のときは校長が一応、窓口に立つので、「校長をちゃんと窓口にして、やっていかなあかんな」っていうのは、中で話をしてました。〔略〕お父さんとお母さんがどういうふうに思ってはるのか、その感触をつかんで、どう対応していったらいいのかをちゃんと確認したかというと、正直それがどういう感じなのか、「わからへんな」っていう印象は、ちょっともってました。

堀田氏によれば、事故の問題にかかわることになった市教委職員は当時、自分たちが遺族と直接会って話をすることは考えておらず、遺族の側が学校や市教委に対して何を求めているのかもつかめていなかった。

「委員会〔職員〕が直接ご両親と話をする」という選択肢は、そのときはあんまり想定をしてなくてですね。〔略〕〔浅田さんと〕直接お話をしてなかったので、たとえば調査とか、より詳細な聴き取りとかいう具体的な、「こういうことを委員会なり学校なりがすることを求められている、希望をもっておられる」というところをつかんでなかったというか。〔略〕

〔第三者委の再現検証が〕終わってからの聴き取りのなかで、「実はモヤモヤしてて、しゃべりたかったけど言う機会がなかった」っておっしゃってたお子さんとかがおられたと思うんですけど。そういう子がいるということもあんまり、頭も回ってなかったというか。だから、報告は受けてるんです。校長もちゃんと報告はしてたと思うんですけど、我々がそれ以上に、「具体的にこういうことをするんだ」みたいなところに考えが至ってなかったというか。

このように、堀田氏をはじめとする市教委職員たちは、より詳細な聴き取りや検証を実施する必要があるということに考えが及ばないままに、水位の高さや監視体制の不備といったプールの概況を提示することで、可能な限りの調査をやりおおせたという認識をもっていた。こうした市教委側の認識は、「もっときちんとした調査や聴き取りがなされるはず」という、遺族の期待とは完全にずれていた。

校長が〔八月一七日の両親との〕面談の中で、「また、わかることは調べていきます」みたいなことを申し上げてたという話がありましたけど。〔略〕「委員会として、さらにできることがある」という発想自体、自分にはなかったというか。事故の調査という意味でいうと、そういうことですね。だからそのかわり、〔プール当番の教員が〕「深いな」と思った話とか、前日に水をたくさん入れた話とか、「聞いたことは全部、隠さずに言う」という思いはあったんですけど。それをもうどこかでやっているという思いがたぶんあって。ご両親が、もっと具体的にこういうことを求めておられるとか、希望されてるというところが、我々としてちゃんとわかってなかった。これもまた、反省みたいになってしまうんですけど、あったんですよね。

こうした堀田氏の発言に対して遼子さんは、なぜ市教委はそうした大まかな状況の把握だけで事足れりとし、より突き詰めて事故の原因を追究しようと思わなかったのかと問いかけている。

遼子　なんか、純粋に不思議な気がするんですけど。私たちはもちろん、知りたいじゃないですか。でも、どうなんやろう？　学校も教育委員会も、事故の原因とか、何でそうなったのかを知りたいとか、「その原因を探そう」みたいなことはなかったということですかね？

堀田　大きいところで「監視と水位」という課題があったので。あとは、食後、すぐにプールに入っているという時間帯とか、そのあたりがやっぱり、複合的な原因なのかなっていうのは思ってまして。ある意味、そういうところで結論を出していたのかなと思うんですね。だから、大型ビート板があって死角があったかもしれないとか、〔略〕そういう状況が客観的に生まれていたというところに原因をおいたので。そこでやっぱり、そういう状況をどう改めていくかっていうところで、思考停止かもしれないですけど、原因としては、もう結論づけていたようなところがあったと思いますね。

堀田氏の言うように、「具体的な部分についてはつかめないだろう」という前提の下で、市教委はそれ以上の調査も聴き取りも行わないまま、再発防止に向けたマニュアル作りに注力していった。遺族への誠意がないがために調査をおろそかにしたのでは必ずしもなく、そもそもそれ以上の聴き取りや検証を行う必要性に思い至らなかったという堀田氏の言葉は、事故直後から徹底的な調査を要望し、そのことを伝えてきたつもりだった遼子さんにとって驚きであったと同時に、市教委とのすれ違いの根底にあった認識の違いをあらためて思い知らされるものだった。

遼子　今お聞きしてて、すごく腑に落ちたところがあって。「状況の中での課題」っていうことの中に、〔問題が〕「収められていく」っていうと、言い方は悪いですけど。そんな意図的なものでもなくて、たぶん、そういうことなんやなっていうことが、すごくわかったというか。私たちとしてはやっぱり、「そのときに羽菜がどうしてたか」っていうのが、一番知りたいことなんですけど。でも特に、〔それについての〕調査をしないで済ませようと思ってらしたわけではなくて、〔市教委にとっては〕それが焦眉の問題ではなかったと。状況的な課題があって、その重なりのなかで事故が起きたっていうことへの、要は反省とか、改善策とか、そこのところでいっぱいになってしまわれたんやろうか、っていう感じがして。当初から、「調査」っていうことで考えている内容がまったく違ってるのに、私たちはそれに気がついてなかったんやなっていうのを今、思ってます。〔略〕

堀田　そうですね……。〔略〕「何があったかを知るために、何をすべきか」みたいなところがたぶん、もう思考停止になっていたというか。

こうした遼子さんと堀田氏のやりとりには、「何のために調査をするのか」ということをめぐる、市教委と遺族との根本的なスタンスの違いが表れている。市教委にとって、やはり主眼となるのは事故の再発防止であり、それに向けたプランやマニュアルを作成するためには、事故に関する大まかな状況や課題が把握できていればよいともいえる。ただし、それはあくまで今生きている子どもたちとその保護者、そして一般社会に向けた取り組みであり、そこに亡くなった羽菜ちゃんの存在を焦点化するような視座は含まれていない。一方で両親にとっては、再発防止策などよりもまず、「そのとき我が子に何が起きたのか、どのようにして事故は起こったのか」という事実を知ることが何よりも重要である。

我が子の行動を中心として事故の詳細に迫ろうとすることは、壮介さんが繰り返し語っているように、両親にとって「羽菜の最後の声を聴くこと」であり、「羽菜の人生を最後まで守りぬくこと」を意味する。遼子さんと壮介さんにとって、その意味で焦点化されるべきは、羽菜ちゃんが吉村教諭とかかわってから発見されるまでの数分間に何があったのか、そのとき羽菜ちゃんがどのように行動し、どのように周囲とかかわり、溺水に至ったのかという問いであった。

この点について堀田氏は、この「空白の数分間」に何があったのかを究明しようとするよりも、すぐさま再発防止に向かおうとした市教委の姿勢を自省的に振り返っている。

やっぱり行政がどうしても、「再発防止、再発防止」ってなってしまうところもあると思うんですけど。「空白〔の時間〕を生んだ」という、想定されることがいくつかあるんであれば、そういうことを取り除く方向にもっていくような思考というか。だから、結局それはもう、行政が行政だけで考えているというか。〔略〕

もしかして、その〔自由遊泳開始から通報までの〕「七分間に何があったかを知る」ということについてのご両親の思いを直接お聞きできていたら、「じゃあ具体的にもっとこういうことをして」っていうふうに考えていったかもしれないんですけど。やっぱり、わかってなかったというか、再発防止の方に全体としてもっていってしまったというか。

そうした中で、堀田氏をはじめとする市教委職員が、学校や市教委に対する遺族の具体的な要望を初めて認識したのは、第三者委員会の設置に向けた動きを通してであった。この段階において、堀田氏と体育健康教育室の田辺氏は、浅田さん夫妻と初めて時間をかけて話し合う機会をもった。

私も〔第三者委の〕立ち上げの時にはお話を聞かせていただきましたし。〔略〕それまで僕がわかってなかっただけかもしれないですけど、ご両親が「こういうことを、市教委としてもっとやってほしい」っていう点が、具体的な事例として初めてわかったというか。第三者委員会っていうのは、具体的なお話だと受けとめましたし。なので、具体的な希望があるんであれば、それはもう一緒にやっていくべきやと思いましたし、最大限それはやるべきかなっていうのが、最初の思いですかね。〔略〕直接お会いさせていただいて、直接話をお聞きして。で、それはやっぱりダイレクトにわかったというか。それですかね。

堀田氏はこのように、両親と対面してその「生の声《なま》」を聞く機会を得たことを肯定的に受けとめるとともに、事故の後、もっと早い段階で市教委職員と遺族が話し合う機会をもつべきであったことを認めている。一方で堀田氏は、遺族とのやりとりにおける市教委と学校管理職の役割の違いについても言及している。

基本はやっぱり、何かあったときに、学校管理職が〔遺族と〕日常的にコミュニケーションがある関係だと思うので、そこは窓口にならないとあかんだろうっていうのは、今でもそれは思ってはいますね。ただ、チャンネルがそこだけになってしまうとあかんっていうのも、今は思いますね。別に市教委は、後ろから「ああしろ、こうしろ」って言うてるだけの組織ではないと思ってはいるんですよ。〔略〕絶対に表に出ない立場でもないと思ってるし、出るべきとこは出てやるかなと。

さて、二〇一三年の夏に第三者委員会が立ち上がると、堀田氏はその事務局としての業務を一手に担うことになった。七章でみたように、翌年の夏に第三者委が解散した後、浅田さん夫妻は調査報告書の内容や調査資料の廃棄に関する問題点を指摘するとともに、自主検証の実現に向けて市教委に再度の協力を求めた。この交渉において堀田氏は、「市教委としては第三者委の報告書を真摯に受けとめ、再発防止に尽くすだけだ」という主張を繰り返した。

この件について、二〇一八年に行ったインタビューでは、市教委が第三者委に調査を依頼してその意見を求めるということに対する、遼子さんと堀田氏の捉え方の違いが浮き彫りになった。このときのインタビューで、「第三者委の報告書について率直にどう思うか」という遼子さんの質問に対して、堀田氏はやや口ごもりながらつぎのように答えている。

堀田　そうですね。難しいですね。どう申し上げたらいいのか……。結局だから、調査委員会の設置の一番大きな目的が、「空白の七分間を明らかにしていく」ということだったと思うんですね。その目的だけに照らしたときに、「あの報告書ですべてを言い表せてるのか」というと、そうじゃない部分もあるのかもしれないとは思いますけど。〔略〕「限界」って言ったら怒られるかもしれませんけど。〔それでも〕「結果としては受けとめなあかん」というのは、あの場でも申し上げたと思うんですけど。

だから、いまだに何が正解か、僕はわかってないんですよね。〔略〕報告書の中でも、「これだ」ということが指し示されてるわけではないと思いますし。「じゃあ、調査委員会としてそれ以上何ができたのか」という部分についてはちょっと……。

これに対して遼子さんは、第三者委の調査や報告書に問題があるとすれば、諮問した側である市教委がそれを指摘すべきではないかと問いかけるとともに、事故の当事者として、市教委自身が第三者委の調査や報告の捉えなおしをしてほしいと述べている。

遼子　おっしゃるように、〔第三者〕委員会としての限界というのはもちろんあると思うんですよ。というかもう、「あの方々にできる範囲としてはあそこまで」っていうのは確かに、それを認めるしかないっていうのはありますけれど。じゃあそれを認めるということが、〔第三者委設置の〕目的に合致してるのかっていえば、それじゃ諮問の価値はどこにあるのかという話になりますよね？〔略〕

諮問する側としても、そういう提言とか、データの蓄積みたいなことは、やっぱり当事者として市教委にやっていただければ非常にありがたいですし。私たちも、できればまた〔意見を〕お伝えしたいと思ってるんですけど、でもそれを私たちがやっていくのは、やっぱりしんどいですね。だから、そういう意味でも、同じ当事者の側に立っていただければ非常にありがたいなと思ってるんです。

この遼子さんの発言に対して堀田氏は、教育委員会というひとつの機関ではあっても、「第三者委の設置機関」としての立場と、「事故の当事者」としての立場は異なるとして、つぎのように答えている。

堀田　だけど、諮問機関からの報告書を、諮問する側として評価するっていうのは、ある意味、実は難しくてですね。諮問をさせていただいてるということは、一応、自分たちのほうでお願いをした委員さんのほうに動いてもらって、その報告を受けると。〔略〕それに対して評価するというよりは、そこに書かれてる提言的なことも含めて、「どう次の施策に生かしていくか」というふうになってしまうというか、そういう立場にあると思ってまして。

ただ、それは調査委員会を設置した機関としての考え方。事故の当事者という立場では、空白の時間、まだはっきりしない部分があることについては、それは納得が得られるまでというか、もっと客観的な答えが導きだせる可能性がある中での〔教育〕委員会として、今できることはまたやっていこうという立場なんですよね。

第三者委に諮問した側としては、その報告書を「評価」することはできない。この堀田氏の言葉は、先にみたような、「何のために調査をするのか」ということに関するスタンスの違いと同じく、第三者委の調査と報告に対する市教委と遺族との認識の違いをあらためて浮かび上がらせるものだった。

遼子　そうですね。今、諮問ということに関して言われたことは、なんかわかった気がしていて。諮問って、「承る」ことなんやなっていうのを、さっき思ったんですけど。その、「諮問させていただく」みたいな形で教育委員会が〔第三者委の〕設置機関になられたというのであれば、その話はわかるけれど。私たちはどんな立場なんやろうなって思っていて。〔第三者委の委員を〕一緒に選んだ。でも、私たちとしては「調べてほしい。事実を知りたい」ということを目的として第三者委員会を立ち上げたつもりで。ただ、そこで教育委員会が設置機関となったがゆえに、私たちも「選んだ責任をとれ」と言われているような、「評価をする資格はない」って言われてるような感じっていうのがたぶん、あったと思うんですよ。でも、私たちとしては、「諮問をさせていただく。〔報告を〕承ろう」としたわけじゃない。事実を調べてほしいっていう、ただシンプルな願いで。

でも、じゃあどういうふうにそれをしていけばいいのかっていうことになると、やっぱり難しくなりますよね。〔委員を〕一緒に選ばなければいいのか。教育委員会が設置機関にならなければいいのか。どうしたら、そこのしがらみを離れて報告書を評価し、検証の結果として吟味することができるのかっていうのは、すごく難しくなると思うんですよ。

堀田　難しいですね。当然、諮問機関って公のものですし、教育委員会が諮問するっていうような、それはそうだと思うんですけど。〔調査の〕結果に対して、評価をしていくのは、浅田さんのお立場では、評価をされていいと思うんですよ。それはいいと思う。〔略〕やっぱり、求めておられる部分ってあると思いますし、もっと具体的にわかるはずだというふうに思っておられるし、そのアプローチの方法っていうのは、まだ可能性としてあるとは思っていますけど。

このように、堀田氏と遼子さんの間では、市教委が第三者委に「諮問する」ということに対する認識がそもそも異なっており、それが第三者委の提出した報告書に対する受けとめ方や、説明責任をめぐる両者のすれ違いを生んでいたといえる。ただし、その場では平行線に終わった二〇一五年三月の会合(七章参照)とは異なり、このインタビューでは、基本的に異なるスタンスを取りながらも、二人の方向性が交わる可能性も垣間みえた。この点について、以下に考えてみたい。

先にみた「同じ当事者の側に立っていただきたい」という遼子さんの言葉に表されているように、学校や市教委に対して浅田さん夫妻が望んできたのは一貫して、「遺族と同じく事故の当事者として主体的に考え、行動し、発信しつづけてほしい」ということだった。しかし実際には、民事裁判の過程においても、第三者委の設置から解散に至る過程においても、学校と市教委はひたすら司法による審判や第三者委の提言を受けとめるという受け身の姿勢に徹してきた。

そうした中で、市教委は確かに再発防止のための取り組みを進めてきたが、それは事故に関する調査や判断を他の機関に委ね、その結果を無条件に受け入れた上で、新たな地点からふたたび日常の秩序を構築しようとする作業であったといえる。事故の後の保護者説明会で教頭が発した「今日をスタートに」という言葉が、亡くなった羽菜ちゃんと遺族の存在を言外に切り捨てたように、そうした学校や市教委の姿勢と「今後」だけに焦点を当てた取り組みは、いまだ解決されていない事柄をも含めて事故をめぐる出来事の一切を、「すでに終わったこと」として過去の領域に位置づけるものであった。

これに対して、浅田さん夫妻が学校や市教委に望んできた「ともに当事者であること」とは、羽菜ちゃんや遺族の存在を置き去りにすることなく、現在進行中の問題として事故に向き合いつづけ、いまだ解明されていない問題や未解決の課題をともに考え、主体的に発信しつづける姿勢をもつことを意味していた。

このように、事故とその後の一連の出来事に対する両親と市教委のスタンスには、大きな違いがあることは確かである。しかしそれでも、「第三者委の設置機関」としての市教委の立場とは区別されるべきものとして堀田氏が述べた、「事故の当事者という立場」という言葉は、遼子さんの言う「当事者であること」と重なりあう側面をもつと思われる。この堀田氏の言葉を受けて私は、「第三者委が解散した後の展開について、市教委からも発信してほしい」と発言し、それについて堀田氏は肯定的に回答している。

石井　〔現時点では〕この事故についての市教委からのオフィシャルな発信っていうのは、「報告書が出ました」っていう時点で終わってるんじゃないかと思うんですけど。その後の、浅田さんたちが自主検証をしたこととかは、すべて「遺族側が自主的にやってます」っていう形になっちゃってると思うんですね。でも、今の堀田さんの話だと、ちょっと希望がもてるかなと思ったのが、そういうのも含めて、「こういう状況にあります」ということを、市教委としても引き続き発信していただけたら。〔略〕そうしたら本当に誠心誠意、その後も一緒にやってるっていうことが示せるし。あとはやっぱり、浅田さんたちがやってきたことの価値づけがちょっと変わってくるというか。「納得できないから独自に何か違うことをやってますよ」っていうんじゃないところで、市教委としてもちゃんと認識してるっていうのをどこかで出していただけるといいかなと思うんですけど。

堀田　はい。発信の仕方とか、またどういう形がいいのかはあれですけど。そこは再々現検証のときに小学校のプールを使うとか、そんなに大きな話じゃないかもしれないんですけど、一緒にというか、協力してるというか、「空白の部分」っていうのをもっとリアルに〔検証する〕っていう取り組みがまだ続いてるっていうことで。委員会としてはそれを別に、浅田さんたちが勝手にやられてるというわけではなくて、教育委員会としてもそれは協力してやっていくっていうスタンスでかかわらせてもらってるつもりですし。

実際にはこのインタビュー以降も、自主検証を含めた遺族の取り組みが市教委によって公的に取り上げられたり、発信されたりしたことはいまだない。のちにみるように、遼子さんは二〇一八年以降、学校に対しても「ともに当事者であること」を求めていくつかの働きかけを開始したが、そうした試みもまた往々にして、「遺族の思いを厳粛に受けとめる」といった受動的な態度で受けとられてしまうという現状がある。

だが、少なくともこのとき、一人の市教委職員が遺族との対話を通して、再発防止だけに目を向ける教育行政の姿勢を相対化し、「当事者として事故に向き合いつづける」という姿勢を明言したことの意義は小さくはないだろう。そうした姿勢はまた、組織の見解を代弁したものではなく、長きにわたって事故をめぐる問題にかかわり、遺族とのやりとりを重ねる中で堀田氏自身が徐々に身につけてきたものであったと思われる。

このインタビューの最後に問われた、「市教委職員としてだけではなく、個人としてこの一連の出来事をどのように考えてきたのか」という質問に対して、堀田氏はつぎのように答えている。

ご存知かもしれないですけど、僕の長男が羽菜ちゃんと同い年で。娘もいるんですけど、娘がすごい羽菜ちゃんに似てましして。羽菜ちゃんの写真を最初に見たときに、もうそっくりやなと思って。それ、今でも思ってるんですよ。で、羽菜ちゃんのいろんなお話を聞くと、自分の娘とすごいかぶってましして。職場から浅田さんにメールを送るときも、ずっとそういう、「もし自分の娘やったら」みたいな思いをもってましたね。〔略〕

もちろん職員としての意識は常にありますし、第三者委員会の話になると、やっぱりその中に入ってた人間なんで、お話しできることとお話しできないことはあるかなと思って、そういった伝え方になってると思うんですけど。でもベースには、先ほど申し上げたことがあって、その上で自分に何ができるのかっていうのを思いながらやってますし。そうですね……。僕の立場は、どこまでいってもやっぱり、「二度と繰り返さない」ということになってしまうんですけど。その思いしか。そうなるようにできることはやらなあかん、やっていきたいなと思いながらやってますね。ちょっとうまく言えないですけど。

このインタビューにおける遼子さんと堀田氏の対話には、学校で起きた事故をめぐる遺族と市教委の関係性を考える上で、いくつもの重要な示唆や問題提起が含まれていた。それはたとえば、事実の究明よりも再発防止に力点をおく市教委と、我が子の行動を中心とした事実関係の徹底究明を求める遺族とのスタンスの違いと、それに由来する両者の方向性のずれに関するものである。そうした立場の違いを超えて、いかにして両者は「ともに当事者である」という意識を共有することができるのか。堀田氏の最後の言葉は、たとえ組織の一員として事故にかかわったのだとしても、結局は一個人としていかに問題に向き合おうとするのかが重要であり、そのことが組織としての対応をも左右するという可能性を示唆している。この点については、終章で立ち戻りたい。

調査委員の視点――第三者委の限界、あるべき調査とは

ここまで、事故をめぐる学校と市教委の対応を振り返りつつ、その問題点とあるべき方向性を検討してきた。本節では、第三者委員会による調査のあり方について、調査委員を務めた専門家とのインタビューを中心に考えていきたい。

すでにみたように、浅田さん夫妻は事故の直後から徹底的な事実の解明を望んでいたが、二人は当初、第三者委員会による調査という選択肢があることを知らなかった。事故の発生から半年以上が過

ぎ、警察や市教委による調査は続行されず、民事裁判によっても新たな証拠は出てこないという手詰まりの状況の中で、浅田さん夫妻は第三者委員会による調査という可能性を知り、その実現に向けて動きだすことになる。

学校で起こったプール事故に関する第三者委設置の先例がない中で、委員の選定から要綱の作成に至るまで、浅田さん夫妻は市教委職員や住友教授と相談しつつ、手探りで準備を進めていった。そうして二〇一三年七月に発足した第三者委は翌月にプールでの再現検証を行い、一時は世間やメディアの注目を集めた。しかしその後、浅田さん夫妻がかねて要望していた児童への聴き取りはなかなか行われず、二人にとって委員会の動きは急速に不透明なものとなっていった。一部の調査委員からは、委員会の運営や意思疎通をめぐる問題点が縷々伝えられる一方で、自分たちの意見や要望が委員全員に正確に伝わっているのかもわからず、両親の不安と焦燥はいやが上にも増していった。こうして第三者委と遺族との溝が次第に深まっていく中、二〇一四年七月に第三者委は調査報告書を提出し、二度にわたる両親の質問状にも十分に回答しないままに解散した。

このような第三者委のあり方や遺族との関係性には、調査委員からみてどのような問題があったのか。また、より望ましい調査や関係のあり方として、どのようなものがありえたのか。こうした点について二〇二〇年一月、遼子さんと私は調査委員の一人であった教育社会学者の内田良氏(名古屋大学准教授)とインタビューを行った。内田氏はこのインタビューで、公的な第三者委員会として設置されながらも、ほとんど何の権限も与えられず、ノウハウもない中で調査を実施することの難しさについて語っている。

これは第三者委員会の構造的な問題だと思うんですけどね。事実究明といっても、警察じゃないですからね。〔略〕どうしても調査機関としての力のなさというのを僕はかなり実感しましたけどね。〔略〕権限もノウハウもないし、ましてあのときは〔事故から〕時間も経っていたし。〔略〕僕は常に、自分の中で遺族の声を大事にしたいと思っていますけど、やっぱり常に第三者でいたいとも思っていて。場合によってはすごく精度の高い調査ができて、調べてみた結果、遺族に不利益な答えが出てきたとしたら、それを出さなきゃいけないと思っているタイプなんですよね。ただ、いずれにしてもそこら辺の調査する力があまりにもないから、事実究明するにもあまりにも不安定で……ということはずっと思っていましたけどね。

（二〇二〇年一月二六日。以下同）

内田氏が述べているように、それぞれの調査委員は各分野の専門家として調査を委任されたにもかかわらず、プール事故に関する実証的な調査や分析という面では誰一人経験がなく、ノウハウも持っていなかった。このような事態が生じた背景には、第三者委を設置するにあたって遺族と市教委が個別に専門家を探して調査委員会への参加を依頼し、前例のない中、手探りで制度を作っていかざるを得なかったという実情がある。それでは、第三者委の制度としてどのような別の形がありうるのだろうか。この問いに対して、内田氏はつぎのように答えている。

〔現状では〕制度設計はあまりにできていないですよね。委員をどうやって選ぶのかとか。やり方によっては、航空機の事故調査委員会みたいにまるっきり部外者がやるという、僕はそれが一番いいかなと思うんですけれども。〔当事者の〕誰にもまったく関与しない。責任を問わずに、事実究明だけを専門とするような調査委員会をどうやって組むかということですよね。

この内田氏の提案は、後でみるように、「国レベルの機関が事例を蓄積するとともに専門家の紹介を担う」という遼子さんの提案とも重なる面をもつ。それでは、経験もノウハウも限られた中で実証的な調査を依頼された第三者委は、どのようにしてその要請に応えようとしたのだろうか。以下にみる内田氏の話からは、当時、厳密な科学的方法によって証明されるという意味での実証性を追求するというよりも、現場の状況や測定値といった「客観的にみえる情報」に委員たちが飛びついてしまったという状況がみてとれる。

内田　最初に〔検証〕実験をやったとき、やっぱり得るものはすごく多かったんですよ。誰だってプール見たことないし、ビート板がどれくらいの大きさで、どう浮かんでいるかって。「あ、こんなに大きいの」みたいな。その衝撃は大きかったですわ。あるいは、光が反射してると水の中は見えないとか、北條さん〔調査委員の一人〕がそういう説明をして、「ああ、ほんまや」とかっていう。

それがたぶん、逆にいろんなものを見えなくさせたのかもしれないですね。客観性の高さみたいなものに私らも溺れていくみたいな。発見が多すぎるんですよ。そういう中で、「じゃあここでこうなって、こうなったんだね」みたいな、そういう空気があったかもしれないですね。最初から私たちは自信がないまま行ったというよりは、「こんなにわかるんだ」みたいな中で出てきた答えかもしれないですね。確かにあの頃は、わかったことが多すぎたな。そういう中で、いつの間にかそういう客観性の武器に溺れていったのかもしれないな、いま思うと。

遼子　私も自主検証のときに初めてプールに行ったんですけど。そのときの光景がやっぱり、すごくありありというか。今まで自分の頭の中でだけイメージしていた事故の感じというのと、目の前にある感じは全然違っていて、すごく新しい感覚というか。それは恐ろしいものでしたけど。そういうのにやっぱり、はっとさせられたことはすごくあったんですけど。

　でも同時に感じたのは、〔状況は〕すごく不確実なもので、もう本当に答えが出せないんじゃないかということは思って。それは実感としてあったんですね。〔第三者委にとって〕そうした情報を絞り込むことは、結局そこで難しくなったということは言えるんじゃないかと。でもそれをなんとか集約せねばというときに、答えありきで情報を寄せていったような感じが、私は報告書の三章〔溺水に至るまでの羽菜ちゃんの行動を分析した章〕を読んで、非常にするんですけど。

内田　うーん。僕の見解にすぎないけど、僕は全然そんな印象をもっていなかったので。答えに向かって合わせていくということではなくて、たどり着いたのがあの答えだったと。ただ、資料が不確かだったということはいま言えますけれども。〔略〕

石井　結局、三章〔の分析〕で最終的に使われたのは、吉村教諭の〔推定〕移動時間と羽菜ちゃんの〔推定〕移動時間だけなんですよね。そこで、羽菜ちゃんが直進しないと吉村教諭よりも先に〔発見場所に〕たどり着けないから、直進したと結論しているんですね。実際にはその数値の測定方法と計算方法自体に問題があったと思うんですけど、そのふたつの数値だけをすごく信頼しちゃったという。だから、ストーリーありきというよりは数値を信頼しすぎた。その数値自体が不確実だったんですけど、この数字を信じる限りにおいてはこのストーリーしかないみたいな、そういう認識の方向だったと思います。

内田　そうそう、そうだと思います。だから答えありきというよりは、本当はもっと事実の幅がありうるところを、かなり確定した事実で並べていっちゃったという。それはそうなんだろうなと、いま思いますね。ただあの当時、実験のやり方とか、そこを問題視する委員は誰もいなかったように記憶してます。

以上のやりとりからは、調査委員たちが当時、必ずしも厳密とはいえない方法で得られた測定値に過度の信頼をおき、その不確実性を考慮しないままに一見クリアな結論を導きだしたという経緯がみえてくる。

事故の発生状況を分析する際、第三者委は再現検証で得られた測定値を最重視し、それらの数値の関係が整合的（と彼らが信じたもの）となるように、当時の羽菜ちゃんと教諭の行動経路を推定した。だがこのとき、第三者委はこの種の検証実験における計測や分析の方法について、明確なアイデアや指針をもっていたわけではなかった。内田氏が述懐しているように、委員たちは当時、目に見えるプールの状況や測定値といった「客観的」にみえる情報に目を奪われていた。そして彼らは、データの取得方法や分析方法の妥当性について深く検討することもないままに、限られた測定値をもとに事故の発生状況に関する一元的なストーリーをつくりだしてしまったといえる。そうした状況をもたらした要因のひとつは、内田氏が繰り返し述べているように、この事故の検証において必要とされる知識や専門性と、委員たちの専門性とのずれだった。

こうした専門性の違いに起因する問題を回避し、それぞれのケースにもっともふさわしい専門家を集めて第三者委を組織するためには、どのような仕組みが必要なのだろうか。これについて遼子さんは、調査委員の選定や依頼を遺族や市教委だけに任せるのではなく、学校で起きた事故・事件に関する情報を調査の過程や結果も含めて集積するとともに、調査や検証への協力が可能な専門家を登録し、いざという時に紹介できるような国レベルの上位機関が必要ではないかと述べている。

遼子　この事故に対して、せっかく求めて立ち上がったものならば、〔第三者委に〕どういう形で調査してもらうのが一番いいのかということを、最初に考えられたらよかったんですけど。でもそれは、遺族には無理だから。〔略〕もしかしたら文部科学省とか、そうした機関が〔過去の事故に関する〕情報をデータベースとして持っていて、人材の蓄積もあって、「こういう方を派遣してはどうか」みたいな、そんなアドバイスができるような機関があったらいいんじゃないかなって。

内田　そう思いますね。〔略〕こういうスポーツ事故とかになると、確実に調査機関の力量だと思うんですよね。いじめとかだと、どちらかというと私たちの生活者目線でやれないこともないと思うんですけれども。今回のような事故は確実に、工学的な視点だとか、先ほどの実験の視点だとか、相当客観的にやれる世界なんですよね。そこにどういう人がかかわるかということだと思いますけどね。とはいっても、〔第三者委として〕よっぽど権限をもたせてくれないといけないですよね。

以上のように、このプール事故に関する第三者委は、調査委員の専門性の偏りや権限のなさに起因する調査の限界という問題を抱えていた。加えてこの委員会は、発足当初こそ「遺族に寄り添う」という姿勢を示していたものの、最終的には「公正・中立」という原則を盾に遺族との対話を拒み、調査報告書に対する遺族からの質問にも答えないまま解散するという結末となった。この点に関する遼子さんの問いかけに対して、内田氏は「第三者委は遺族の声を聞くべきだった」と語っている。

遼子　〔報告書に対する〕質問への答えはなくて。そのときに委員長から言われたのは、「〔第三者委が解散した〕後で議論を尽くしてくれ」みたいな。でも私たち、「後で議論することなんて何がある？」って。これにしか賭けてこなかったのに。調査がもうここで終わってしまって、調査委員会のやり方だとか報告書について、後で議論を尽くせと言われても、一個人である私たちにどんな術がありますか、みたいなのはすごく思いましたよね。だから、質問には答えてほしいというのは本当に最後まで言っていたけれど。まあ、その辺は制度的なこともあるのかもわかりませんけど。

内田　ただ、制度的にはそんなのいくらでもクリアできると思いますよ。要は、今回私たちの第三者委員会が独自にそういう理屈を立てただけであって。だって、当事者が苦しんでいるんですから、やっぱりできるだけ意見は聞く方向でやっていくというのが筋だと思うので。〔略〕「解散したからできない」っていうのは、あのときの流れでそういう理屈をつくっただけであって。〔略〕僕は、基本的には「浅田さんの声はちゃんと聞きましょう」って。聴き取った内容をどう評価するかについては当然、私たちは第三者委員会だから、それを無下にすることだって僕はありだと思うと。ただ、「聞かないのはまずいと思う」ということで、僕はずっと〔委員会の〕中で訴えてきました。

内田氏はこのように、第三者委が当事者の意見を聞くことの重要性を指摘している。だが、事故の一方の当事者である「遺族の声を聞く」ということは、第三者委による調査の公正性や中立性という理念とどのように折り合いをつけられるべきなのだろうか。この点は、七章と八章でみた森下さんの発言において提起されたような、検証作業における証言の扱いと調査のクオリティをめぐる問題にもかかわってくる。

内田　もちろん、遺族が求める答えをつくるのが第三者委員会の仕事ではないんですよね。遺族が求める答えをつくって、それで「ああよかったね」っていうのも、調査委員会として不誠実ですよね。遺族だけでなく、学校の教員をはじめ、そこにかかわっているいろんな人たちがいますから、遺族の思いだけに従ってしまって架空の加害者をつくりだしていくというのも、おかしなことです。

石井　ただそこで、検証実験のデザインを考え直してくれた大学院生の人（森下さん）は、第三者委員会の制度設計の問題として、「遺族が納得するようなクオリティが担保される仕組みになっていない」という言い方をしたんですよ。いま言われたような、「遺族が納得するストーリーか」ということと、「遺族が納得するクオリティか」というのはたぶん違う問題で。クオリティは重要だと思うんですよ。

この私の発言に対して内田氏は、「まったくその通りです。だから、クオリティだけで突っ走ればいいんですよね。航空機事故調査委員会みたいに、専門家が事故を調べて「こうです」と。〔略〕そのためには相当スキルの高い人たちが調べないといけないですよね」と答えている。

ただし、ここで私が言及している「クオリティを保つこと」とは、検証の過程から当事者を排除することを前提とするものではない。八章の最後にみた森下さんの発言にあったように、事故に関する検証実験において仮説を形成する際には、当時の状況や関係者の行動についての証言が重要性をもつ。ただしそれは、特定の証言だけに基づいて、事故の経緯や因果関係を説明するようなストーリーをつくりあげることではない。それぞれの仮説は最終的には、証言だけに依ることなく科学的な方法で検証されなくてはならない。この点については本章の最後に立ち戻るが、内田氏によれば調査委員たちは当時、そうした厳密な手続きをとる必要性を認識していなかったという。

内田　本当に調査というのがどういうふうにちゃんと行われるかというのは、全然わからないですよね。私たちも月一回集まる中で、各委員が出してきた膨大な資料を逐一細かくチェックして確認していたかというと、正直そこまで見れていない。〔略〕私たちは学識者とはいえ、科学的な事故分析の専門家でもなければ、実験の専門家でもない。私たちなりに知恵を絞ったとはいえ、素人の域は超えていません。そういう中で、「あれがわかった、これがわかった」というふうにやってきちゃったところはあるのかな、やっぱりね。

以上みてきたような第三者委に内在する問題に加えて、事故の原因究明よりも日常性の回復を優先するという学校側の姿勢もまた、事故の後に徹底的な検証が行われなかったことの要因として挙げられる。このインタビューの中で内田氏は、学校におけるスポーツ指導の危険性を指摘してきた専門家としての立場から、学校による事故後の対応にみられる一般的な問題点をつぎのように指摘している。

これは学校事故全般に言えることですけどね。やっぱり、事故が起きたときに、それをしっかり検証していくということにはならずに、子どもにケガはつきものだ、まさにスポーツにケガはつきものだという形で処理されていくんですよね。そういうふうにしてすぐに日常を取り戻すという動きは、いろんな学校事故で起きていることで。要は、「不注意」で全部片付けていくということですよね。それが一見すると、みんなにとってギリギリ落ち着きのいい答えというか、「仕方なかったよね」みたいな。〔略〕

でも、本当はそれをちゃんと調べて、「こうすれば防げたのに」と考えないと、また同じ事故が起きるという。「仕方ない」というのは、次の事故もそうやって済ませましょうという合意ですので。そこを検証しなきゃいけない。でも、みんな怖くて検証ができないんですよね。自分とのかかわりを考えなきゃいけないし、検証をするためにはやっぱりクオリティの高い調査委員会が必要ですし。「日常を取り戻そう」という動きが非常に強くて。それと「仕方なかった」というのがうまく共鳴して、みんなそこで押さえこまれていくと。あるいは、場合によっては追悼の集会とかを学校でやって、みんなそこでお涙ちょうだいして終わっていくみたいな。そうすると、遺族も学校に文句が言えなくなったりとかして。〔略〕だから、絶対に検証しなくちゃいけないのに、それをやっていないですよね。

このことと関連して、先にみた教員たちとのインタビューでも言及されていたような、昨今の教職員の尋常ではない多忙さと学校におけるリスクとの関係について、内田氏はつぎのように述べている。

当然、忙しければ、〔教員が〕いろんなものにかけられる時間は減ってきますから。子どものノートだって、給食ぐわっと流し込んで、ガーッとチェックして、一言書いて、マルってやっていくんでしょ。本当にそういうことが起きていて。〔略〕それは僕は、いろんな面で子どもの事故を誘発することになっていると思いますけどね。

内田氏によれば、こうした教員の働き方をめぐる問題は学校における事故の発生と無関係ではない。ただ、このように教育現場におけるリスクを指摘することは、往々にして「学校を攻撃している」と受けとられる場合があるという。このとき、学校や教員と対立することなく、いかにして現行の教育現場における問題点を指摘することができるのか。こうした課題は、学校や市教委に対して、遺族と対立するのではなく、あるいは遺族に対して受け身に徹するのでもなく、「ともに当事者でありつづけてほしい」と願う浅田さん夫妻の課題とも部分的に共通するものであった。

内田　リスクって、みんな見たくないんですよね。組体操の時も、柔道事故の時もそうでしたけど、僕もいろんなリスクについて「これが危険だ、危険だ」と言っても、まず「全廃論者」って叩かれて終わりですからね。〔略〕つまり、僕が学校事故のことを出せば出すほど、教員は内田を敵視してくるんですよね。これはまずいなと思って、先生のリスク、具体的には長時間労働の問題のことを書いたり語ったりするようになったんですよ。そうしたら、「この人は教員の安全・安心を考えてくれている。私たちの味方なんだ」といって、広く受けとめてくれるっていう。
遼子　私たち、遺族としても本当にそうだなと思っていて。学校と対立構造になってもいいことは何もない。私も夫も癇に障ることはいっぱいあるんですけど。でも最近は学校に対して、「一緒に考えてほしい」ってすごく言っているんです。事故を起こした当事者として、私たちが言っていることを「へえ」って聞くだけじゃなくて、主体的に一緒に考えてくれませんかということを。

そして、このインタビューの終盤に、遼子さんは遺族にとっての第三者委員会の存在と調査の意味について、考えあぐねながらつぎのように述べている。

遼子　遺族としては、第三者委員会のあり方みたいなことをすごく考えてはきたんですけど。実際、私たちにとっても最後の手立てみたいな形で設立したので、発足当時は寄り添っていただけるって非常にありがたかったんですよね。〔略〕第三者委員会の調査って、ある意味、遺族にとっては泥沼を抜けだすひとつの手立てかもしれないなとは思うんです。〔略〕
遺族にとって、調査というのがひとつの――癒しではないけれど、回復のための手立てになるような形というのが、何かないかしらというのはすごく思いますよね。〔略〕たとえば、遺族が調査委員会に入るというようなこともあったりするじゃないですか。その形がベストかどうかわからないけれど。〔一方で〕本当にクオリティが高ければ、それに納得するしかないというのは、またひとつの救いでもあると思うんですけど。

内田　怖いですけどね。それってね。

遼子　怖いですけど。でも私たちとしては、そういう覚悟をもっていたのは確かなんですよ。いくら不利なことであろうと、本当に納得して、データとして裏づけられるものが出てくれば、それは本当に仕方がないし、それでも知りたいですよね。そう思っていたので。

遼子さんが述べているような、「遺族にとって回復の手立てになるような調査」とは、どのような調査のあり方を意味しているのだろうか。ここで遼子さんは、遺族が主体的に調査にかかわることの意義に言及する一方で、クオリティの高い調査がなされたならば、その結果がどのようなものであれ、遺族はそれに納得するしかないとも述べている。この語りの中でふたたび焦点化されているのは、調査委員会が遺族の存在を置き去りにすることなく、それでもなお中立的であることは可能かという問題であると同時に、「誰のために調査はなされるべきなのか」という問題だと思われる。

事故に関する調査や検証が行われるとき、それは故人と遺族をはじめとする当事者のためなのか、それとも社会のためなのか。このように問いを設定するとき、互いに排他的にみえる「当事者のため」と「社会のため」というふたつの選択肢は、実は必ずしも相互に排他的ではない。

浅田さん夫妻が繰り返し述べているように、遺族にとっての切実な願いは、我が子の命を奪った事故が「どのようにして起きたのか」という事実を知ることである。このとき、八章の最後にみたように、事故に関する調査や検証に遺族自身がかかわることは、当時の我が子の行動や思いに少しでも近づき、我が子の存在を基点として事故という出来事を捉えなおそうとする試みであるという点で、遺族にある種の慰めや救いをもたらす可能性をもつ。

同時にまた、先にみたように、たとえば検証実験において仮説を立てる段階で遺族が調査にかかわることは、蓋然性の高い仮説を設定し、精度の高い検証を行うために重要な意義をもつ。しかしだからといって、そうした調査の結果として、遺族の意向や想定に沿うような結論が導かれるわけではもちろんない。仮説そのものは特定の証言や遺族の想定だけに依拠することなく、科学的に検討され、証明されなくてはならない。

このような意味で、その調査が厳密さと高いクオリティを保持しているといえるとき、それは単に「故人と遺族のため」というにとどまらない意義をもつ。そうした調査は、事故の原因や状況に関する緻密な検証と分析に基づく提言を通して再発防止に寄与するとともに、検証のモデルを提供するという意味で、広く社会的な意義をもつだろう。なおかつ、科学的で多角的な検証に基づいて精度の高い調査結果を示すことは、「事実を知りたい」という遺族の思いに応えることでもある。このとき、精度の高い科学的な検証を行うことの社会的意義と、遺族が主体的に調査にかかわることの遺族自身にとっての意義とは、互いに矛盾することなく両立しうると考えられる。

ただ実際には、これまでにみた堀田氏や内田氏、そして遼子さんの語りからも明らかなように、事故という思いがけない事態に巻きこまれ、経験もノウハウも参照すべき前例もないという状況では、当事者はもちろんのこと、調査委員に選ばれた専門家ですら、どのような調査や検証がもっともふさわしいのかを判断し、さまざまな関係者と交渉しながら調査を進めていくことはきわめて困難である。

だからこそ遼子さんの言うように、学校で起きた事故・事件に関して、つぎのような仕組みが必要だと考えられる。まず、それぞれの事故・事件に関する調査の方法と結果、調査委員の専門性といった事項を含めて、全国の学校事故・事件に関する詳しい情報を国レベルの機関が集約し、データベース化しておく必要がある(40)。その際、各種の学会と連携して調査に協力可能な専門家を募り、その情報を登録しておくことも有用であるだろう。また、事故後の対応を学校や市教委だけに任せるのではなく、遺族への対応や児童・生徒のケア、関係者への聴き取り、第三者委の設置といった実務の全般をマネジメントし、当事者に助言を与えられるような機関が必要である。

以上のような提案について、七章でふれたように浅田さん夫妻は文部科学省の主催した有識者会議で意見を述べるとともに、ウェブサイトなどでも発信している。こうした活動に加えて、次章でみるように遼子さんは二〇一八年以降、羽菜ちゃんの命日に小学校に赴き、教員や保護者に向けて話をするという試みを開始した。

先にみたように、遼子さんは市教委職員である堀田氏に対して、「ともに当事者であってほしい」と述べ、内田氏とのインタビューの中でも、「学校に対して、当事者として一緒に考えてほしいと伝えている」と語っている。こうした遼子さんの訴えや試みの根底にあるのは、まるで遺族だけが当事者であるかのように事故について考えつづけ、発信しつづけているという現状への違和感である。こうした試みはまた、事故をめぐる未解決の問題をも含めて早々に「過去」の領域にしまいこみ、儀礼的な追悼の場を除いては事故の事実を封印したまま、依然変わらぬ「日常」の中に引きこもるかのような学校や市教委の姿勢に対する静かな異議申し立てでもあった。

浅田さん夫妻が学校や市教委に望んできたのは、受動的かつ形式的に事故への反省や哀悼の意を表明するばかりではなく、一方の当事者として事故という事実に主体的に向き合い、発信し、「決して忘れない」という姿勢を実践的に示してほしいということだった。

終章　「同行者になる」ということ

羽菜ちゃんのことを伝えるために

四章でみたように、学校では事故の翌年から、羽菜ちゃんの命日に「浅田羽菜さんを偲ぶ会」という名の追悼式が行われてきた。この会を開催するにあたっての実質的な仕事の多くは図書ボランティアの保護者たちが担っていたが、学校長やＰＴＡ会長もこの会の実施にかかわっており、誰が主催者であるのかが判然としないまま、「偲ぶ会」は五年間にわたって続けられてきた。これについて両親と学校の間では、二〇一八年の三月に羽菜ちゃんの同級生が小学校を卒業するのを機に、「偲ぶ会」を終了するということで一応の合意がなされていた。

追悼式が行われるようになってから、浅田さん夫妻は図書ボランティアの一人である前野朋子さんを通して参列者からの花束やメッセージを受けとってきたが、二〇一七年の一回だけを除いては会に出席したこともなく、二人にとって「偲ぶ会」の存在は遠いものとして感じられていた。羽菜ちゃんを知る子どもたちが卒業し、教員もつぎつぎに異動して、当時の状況を知る人が少なくなっていく中で、ただ形式的に「偲ぶ会」を続けてほしくはないというのが浅田さん夫妻の気持ちだった。しかし同時に、学校として羽菜ちゃんを追悼し、事故のことを振り返る唯一の機会であった「偲ぶ会」がなくなることで、事故の事実や羽菜ちゃんの存在そのものが完全に「過去のこと」として忘れ去られてしまうこともまた、両親にとっては耐えがたいことだった。

ただ漫然と追悼式を続けてもらうのではなく、事故の事実や羽菜ちゃんのことを本当の意味で忘れさせないためには、どうしたらよいのか。この問題について考えるうち、遼子さんは次第に、羽菜ちゃんの命日に自分が学校に赴き、教員や保護者に向けて事故のことを話す場をもってはどうかと考えるようになった。二〇一七年の一二月一九日に行った前野さんとのインタビューの中で、「学校で追悼式のようなものを続けるとしたら、どういった形が望ましいと思うか」という私の質問に対して、遼子さんはつぎのように答えている。

遼子　やっぱり、まずは何があったかをちゃんと伝えるっていうことやね。別に結論づけるような話はいらへんねんけど。でも、「本当に何があったか」っていうことと、「そこから学べるものは何だろうか」っていうのは、いつも問いつづけてほしい。せめて、それを問いかけることはずっとしてほしいよね。〔略〕〔いま〕学校でプールがすごく慎重に運用されてるかっていったら、たぶんそんなことないやん？　まあそれは、注意してやってる部分はあるやろうけど。でも、「あの事故があったから、今こうしてる」っていうような意識は、もうほとんどないんじゃないかと思う。そういうのはやっぱりおかしいよね。なんかほんとに無駄死にやね。

図書ボランティアの一員として学校と密にかかわり、「偲ぶ会」の運営にも協力してきた前野さんは、「本当に何があったかを伝えるべきだ」という遼子さんの発言と呼応するように、羽菜ちゃんのリアルな姿を伝えることの重要性について語っている。

前野 でもそれ、「事故で亡くなった尊い子」みたいなんじゃなくて、もっとリアルなことを言った方がいいと思う。その日に起きて、何食べてとか、その前まで普通に楽しくみんなとやってて、プールも好きやった。そのリアルな羽菜ちゃんの話をちゃんとした方がいい。ほんで、「みんな自分の命を守ろう」みたいな、そういうことは絶対言ってほしくないっていうか。それを考えるのは大人であって。〔略〕「プールで事故に遭った」っていうだけやったら、その状況が全然わからなくて、ただ「かわいそう」っていうだけで終わってしまうんですけど。本当はそれだけじゃなくて、やっぱりそのときはプールの水深のこととか、大人の関係してることがいっぱいあって。〔略〕「すごい水が苦手」とか、「運動が苦手やったからこうなった」とかじゃなくて、あのときは誰しもに起こりえる状況やったっていうのは思ったから。それを聞かないと親も危機感がないっていうか。

石井 そうやね。私も「偲ぶ会」に関して何かもどかしいような思いがあるのは、やっぱりああいう会って慰めにはなるんですけど、一方でどこか美化しちゃうところがあるんじゃないかなと思って。「いつまでも仲良しだよ」みたいな感じで、親も子どもも慰めあえるっていう。だけど今おっしゃったみたいに、一方でリアルな、むごいことがあったっていうのも、やっぱり同時に伝えることが必要かなっていう気がしてて。そのリアルさを伝えるっていうのは、大人も勇気がいるし、どういうふうに伝えるかは難しいと思うんですけど。

遼子 でも、あれかな。その「リアルさ」っていうのは、事故のリアルさっていうんじゃなくって、羽菜のリアルさでいいんじゃないかと思っていて。べつに天使のような子ではなかったし、できないこともあってね。いろいろわがままも言ったし、機嫌がずうっと……まあ、よかったけど(笑)。まあ、たまにはふくれたりしたこともあったしっていう、そういう本当に普通に生きて、普通に笑って、みんなと同じように毎日楽しくしてたのに、フッて、もう一瞬のことで亡くなってしまって、終わってしまうっていうことのリアルさやと思うのね。

だから事故の状況自体は、ほんとに事実で、それで死んだ子でっていうだけで、いいのかなあと思う。ま、それしか伝えられへんけどね。だから「みんな仲良し」ってきれいに終わっていくんじゃなくって、本当にいつも危険はそこにあって、命って本当に危ういもので。だから、でもそれを守れるのはやっぱり大人やから、そのプールの中の状況を大人がコントロールするべきやったたっていうこと。それをすることで、守れたはずやし、これからも守っていかなあかんっていうことを、やっぱり伝えたいよね。

羽菜ちゃんの存在を追悼の対象として美化したり、事故以降の学校の歩みを悲劇からの回復の物語として描きだしたりするのではなく、「あのとき何があったのか」という事実とともに、羽菜ちゃんというひとりの子どもが確かに生きていた、その生の重みを伝えること。この時点で遼子さんは、学校がしないならば自分がそれを伝えようと心に決めていたが、それは本来、遺族だけではなく、事故を起こした側である学校が率先して行うべき務めであっただろう。

遼子　まあ学校にしたら、事故が起きた学校であるっていうのを、ずっと背負っていかなあかんっていうのは、嫌なことなのかもしれへんけど。でも、しょうがないよね。そうしてもらうしかないのよね。それを背負っていくっていうか、本当は「それを忘れない」っていうことを、ほんとに明言していく学校であってほしいなあ。

遼子さんはそうした思いを、学校や市教委といった組織に対してだけではなく、事故にかかわった一人一人の教員に対しても抱いていた。二〇一七年一二月二九日に遼子さんと私が行った吉村由佳教諭とのインタビューでは、「責任」や「償い」という言葉をきっかけに、「ともに当事者でありつづけること」をめぐる問題が焦点化されている。以下に、その対話の内容をみていきたい。

石井　さっき、「最初〔事故の直後〕、当事者なのに部外者のように感じられた」とおっしゃってて。事故の後も結局、対応したのは全部組織であって、裁判の賠償金も市が払ってますし、結局先生としての、個々人の責任の取り方みたいなのがすごく曖昧になっていたと思うんですね。その辺ってどうしたらよかったと思われますか？　どうされることが先生としての責任なのかっていう……。

吉村　それは岩田先生とも話をしたことがあるんですけど、「〔教員を〕続けてていいのかな」っていう話を自分がしたときに、岩田先生は「自分は絶対辞めないで続けて、これから自分が見る子を絶対に守っていく」っていうような話をされていて。岩田先生と私がよく喋ってたのは、「自分たち、こんなでどうしたらいいんだろう」っていうか。「お前が悪い」って、「あのとき何でこうしなかったんだ」って言われた方が、なんか自分も気持ちが……。ちゃんと怒られてない、責められてないっていうのが、すごく自分の気持ちのもっていきようがないなって話を岩田先生

とはしていて。〔略〕

やっぱり浅田さんが気を遣ってくださってるのもすごくわかっていたし、個人を責めないようにっていうのはたぶんありがたいことなんですけど。私はよく、「どうやったら償えるんだろう」ってことをすごい思ってたんですけど。「償いの仕方がわからない」とは言ってたんですけど、それは今も変わらないですし。少しでも浅田さんの力になれることがあったらしたいなと自分は思いますし……。〔略〕「どうやったら償えるんだろう」っていうのはすごく、ずっと考えてはいます。

「どうやったら償えるのか」。なかば自問ともいえる吉村教諭の問いかけに対して、遼子さんは長い沈黙の後で穏やかに、だがきっぱりと答えている。

遼子　償ってもらえることはない。

吉村　ない……ですね。

遼子　ただ、そうですね。私たちは「個人を責めないように」って思ってきたというよりは、個人の責任が先にくるのではなくて、やっぱり「何がどうだったのか」っていうことをまずは知りたかったし。でもその上でもちろん、責任が生まれるのであれば、それは責任として負ってもらわないと、というのは思ってきたし。

だから、事故が風化しないようにというか、「何がどうだったのかをはっきりさせる」ということをまず私たちは考えていきたいんですけど、それにはご協力いただきたいということと。それから、これからもしできるのであれば、私たちがお願いしてというよりも、そして学校や教育委員会の傘下でというよりも、〔子どもたちの〕安全とか、プールの事故ということに対して積極的にかかわっていただけたらなと思いますね。運動としてというよりは、意識としてというか。

このプール事故にかかわった教員の一人として、同じような事故を二度と起こさないためにみずから行動するとともに、この事故のことを風化させないよう、同僚や保護者、そして子どもたちに伝えていく。そうした「責任」のあり方について、吉村教諭は涙をこらえながらつぎのように答えている。

吉村　わかりました。できるようにします。やっぱり事故の話をすることが、積極的にはできてなくて。その当時は「大変だったね」とか、そういう声をかけられるのもすごい嫌だったし。私、事故とは向き合いたかったのに、周りからそういうふうに言われるのがすごく嫌だと思っちゃって。だから、本当に気を許せる人にしか言わなくなっちゃったっていうのはあるんですけど。でも自分も、やっぱり乗り越えないといけない壁があるし。〔略〕

以前はそういう〔教員の〕研究会があって、私ずっと安全教育っていうのに入ってたんですよ。カリキュラムを作ったりとか、安全ノートを作ったりとか、いろんな活動をしてたんですけど、やっぱり事故の後、「自分にそんなことをする資格があるのかな」とか、そう思ってしまって。研究会の人にも「すみません」っていう感じで顔を出さなくなって。でもやっぱり、自分でそれを乗り越えていかないといけないので。本当に自分の信頼できる人に対してだったら、還元していけると思うので。そういう環境をつくりたいと思います。がんばります。すみません。

遼子　そんな、大変なことですよ。でも私たちだってね、事故のことを言えない人もたくさんいるし。だからそれは、本当に大変なことだと思いますけどね。乗り越えないといけないことなのかどうなのかもわからないですけど……。でもその痛みがあるからこそ、言えることもあるし。でも、難しいですよね。

来年、「偲ぶ会」がなくなるのならば、機会をつくってもらって、私は学校に話しに行こうかなと思っていて。それこそ事故を起こした側として、学校にはそのことを忘れてほしくないという気持ちはすごくあって。だけど、それを過剰に縮こまって反省するだけじゃなくて、そこからやっぱり「安全は大事」とか、「子ども一人一人を大切に」というところを発信する学校であってほしいし。事故のことがあったからこそ、そう言える学校であってくれたらいいなと思うので、そういう場をつくっていけたらなとは思うんですけど。

「その痛みがあるからこそ、言えることもあるし。でも、難しいですよね」。

吉村教諭との対話の中で遼子さんが発したこの言葉は、相手を思いやって発せられたようでもあり、自分自身に向けたつぶやきのようでもあった。この言葉の中には、事故にかかわった者たちが互いに慰めあい、喪失の痛みを乗り越えて未来へ進んでいくことを促す「回復の物語」が捨象してしまうような、ひとつの方向性が示されている。

事故にかかわり、羽菜ちゃんの死に直面したそれぞれの人が、その喪失の痛みと「償いえない」という負い目を抱えながら、それぞれにとっての「事故の後」を生きようとすること。日常のルーティンに甘んじて思考停止に陥るのではなく、日常の秩序を脅かすことのない物語の中に事故の事実を回収しようとするのでもなく、平穏な日常そのものを失い、もう元には戻れない遺族の痛みを感じつづけること。そのように自身も痛みを抱えながら、その痛みとともに事故について伝える言葉を紡いでいくことだけが、「何をしても償えない」という事実の下にあってなお、それぞれがみずからの責任を引き受けることなのかもしれなかった。

学校安全に向けた叡成小の取り組み

浅田さん夫妻はこのように、市教委の職員や学校の教員一人一人に対して、事故の事実を引き受けた上で安全について考え、当事者として発信してほしいと訴えつづけてきた。この訴えに対する学校や市教委の姿勢は受け身のままだと二人は感じてきたが、事故から九年が経った二〇二一年秋、学校からの発信をめぐる状況は新たな展開を迎えることになる。

その前年の二〇二〇年初め、遼子さんは京都市で教育関係の仕事に就いている友人から、叡成小学校で独自の安全マニュアルが作成され、それに基づいてユニークな実地訓練が行われているという話を聞いた。友人によれば、事故が起きた際に想定される対応を書いた短冊が数種類用意され、訓練ではその場で渡される短冊の記載に基づいて各教員がそれぞれの役割を遂行する。そのようにして、どの教員がどの役割に当たっても対応が可能となるように訓練が行われているという。

このマニュアルと訓練についての詳細を確認するために、遼子さんと私は同年の三月二日に叡成小学校を訪れ、田村校長(事故当時の教頭)と面談した。校長の説明によれば、プール事故の翌年から市教委の指導の下に学校として安全教育の研究を開始し、水泳事故をはじめとする数種類の事故を想定した独自の安全マニュアルを作成するとともに、実地訓練を行ってきた[41]。叡成小でそうした取り組みが始まったことの契機は言うまでもなくあのプール事故であり、そうした事故を二度と起こさないことが訓練の最大の目的であるという。

しかし、そうであるならばなぜ、そうした取り組みについて学校は遺族に何ひとつ伝えてこなかったのか。この遼子さんの問いに対して、校長はやや声を落として、「とても言えなかったです」と答えた。校長の弁によれば、事故を起こした側である学校が、そうした現在の取り組みについて遺族に伝えることは、気が引けてできなかったということであるらしかった。だが、遼子さんが羽菜ちゃんの命日に学校に出向いてまで教員や市教委職員らに訴えてきたことは、「事故のことを忘れず、学校安全のために主体的に行動し、発信してほしい」ということではなかったか。

学校安全に向けた具体的な取り組みを行っていること自体を遺族に伝えないという学校側の判断は、校長の言うように、遺族への負い目や遠慮に基づくものだったかもしれない。だが、その判断は結果的に、そうした取り組みを事故の事実から切り離し、叡成小学校の誇るべき先端的な事業としてのみ対外的に提示することにもつながっていた。

「HANAモデル」という名前

釈然としない思いを抱きながらも、この件についてはそれ以上追及もしないままに月日が流れていったが、それから一年以上が経った二〇二一年九月一九日、遼子さんと私は市教委総務課の堀田氏と面談する機会をもった。この時に遼子さんは学校安全に向けた叡成小学校の取り組みに言及し、そうした取り組みがあるならば遺族にきちんと知らせてほしいということ、またそうした取り組みの背景には事故の事実があることを明示してほしいという要望を伝えた。

また私は、遼子さんとかねて話し合っていたように、この取り組みの中で叡成小学校が構築してきた安全マニュアルとカリキュラムの総体に、羽菜ちゃんの名前を冠して「HANAモデル」という名称をつけてはどうかと提案した。この名称は、二〇一一年にさいたま市で起きた学校事故ののちに作成され、事故で亡くなった少女の名を冠して公開された事故対応テキスト「ASUKAモデル」[42]を念頭においたものだった。叡成小学校が構築した安全マニュアルや訓練方法の総体がHANAモデルと呼ばれて発信されることで、そうした取り組みの原点にはあの事故があり、羽菜ちゃんの存在があるということが必ず想起されるようになる。そのことは、「学校は事故のことを忘れずに安全について考え、発信してほしい」という遺族の願いに応えることであると同時に、実地訓練の主体となる教員たちの心構えにも影響を与えうるのではないか。この名称を提案した私たちの胸には、そうした思いがあった。

この面談の場で、堀田氏は私たちの要望と提案に肯定的な反応を示し、さっそく市教委に持ち帰って協議すると約束してくれた。そしてそれからひと月も経たない一〇月一日、遼子さんは堀田氏から次のようなメールを受けとった。

先日のご面談以降、叡成小での取組の発信について検討し、来週一〇月八日に叡成小で行う学校安全の取組をオンラインで市立学校へ発信する研修の機会を、マスコミにも公表することといたしました。またその際、事故からの経過や、叡成小が研究指定を受けて策定した学校安全のスタンダードを羽菜ちゃんのお名前を冠した「HANAモデル」とすることを示していきたいと考えています。

堀田氏のメールにあった通り、一〇月八日に叡成小学校で、大型遊具からの落下事故を想定した実地訓練が行われ、その様子は京都市立小学校の管理職をはじめとする教職員らに対してオンラインで公開された。浅田さん夫妻と私もこの訓練の様子をオンラインで視聴させてもらったが、その概要は次のようなものだった。

まず、訓練に先立って、事故が起きた時に必須となる教職員の役割を「本部」、「連絡・記録」、「現場対応」、「救急車対応」などの七つに分け、それぞれの対応のフローを記した数種類の短冊を用意しておく。事故の一報が入ると同時に、本部となる職員室に駆けつけた各教員はそれぞれの役割が書かれた短冊を受けとり、短冊に記載されたフローに沿ってそれぞれの役割を遂行する。かつ、現場にいる教員たちはトランシーバーで本部と連絡を取り合い、本部は全体の流れを統括して指示を与える。訓練終了後、参加した教員たちは会議室に集まって意見を出し合い、訓練で気がついた問題点や反省点を模造紙に書き出して共有する。

この日はNHKや京都新聞、読売新聞などのマスコミ各社が実地訓練の様子を取材していたが、その後の報道において、叡成小学校の構築した学校安全と危機管理の指針が「叡成スタンダード――HANAモデル」という名称で公表された。また同時に、叡成小がこうした指針を作成し、訓練を実施することになった契機は、二〇一二年に起きたプール事故であることが初めて大々的に報道された。羽菜ちゃんの名を冠した危機管理指針の公表に際して、浅田さん夫妻は京都新聞に次のようなコメントを寄せている。

京都市立叡成小学校の構築された安全教育と危機管理の指針「叡成スタンダード」が、両親の要望を受け、「ＨＡＮＡモデル」と娘の名を冠されることとなりました。

二〇一二年七月三〇日のプール事故によってかけがえのない一人娘を亡くしてから丸九年、私たちはこの死亡事故について考えつづけてほしいということを、学校に対して訴えてまいりました。どのようにして事故が起きたのか、どうすれば事故が防げたのかについてはもちろんのこと、本来あってはならない事故が起きてしまった時に、どうすれば娘の命が救えたかということについて、目を逸らさずに向き合っていただきたいということについてです。

それがどれほど苦しいことか、それは私たち自身が身をもって理解しています。

その苦しみや、事故の起こす混乱や悲しみを理解している当事者だからこそ、事故にかかわる経験やその後の対策などを考え、事故の風化を防ぐために発信しつづけてほしいとお願いをしてきました。

この「叡成スタンダード――ＨＡＮＡモデル」の構築および発信は、その道のりの一里塚として大きな意味をもつものと考えます。この名称が危機管理システムとして周知のものとなって、学校安全にかかわる方々の意識を高め、災害や事故の危機を最小化するものとなること、それによって学校に通うすべての子どもたちの命が安全に守られることを切に願っております。

（二〇二一年一〇月九日）

「当事者として発信すること」とは

このように、叡成小学校の構築した危機管理指針が「ＨＡＮＡモデル」と名付けられたことで、学校安全に向けた同校の取り組みと事故の事実とが公的に結びつけられたことは、浅田さん夫妻にとって望ましいことだった。その一方で、この指針がどのような経緯で作成されたのかについては不明な点が多かった。そこで二〇二一年一一月一日、遼子さんと私は市教委総務課の堀田氏、ならびに叡成小の元教員であり、現在は体育健康教育室の主任指導主事を務める沢部慎也氏と面談し、指針の作成に至る経緯を尋ねた。

この面談で、沢部氏の説明からつぎのような経緯が明らかになった。事故の翌年の二〇一三年、沢部氏は叡成小に赴任し、研究主任として学校における安全管理・安全教育の研究を担うことになった。叡成小は同年、京都市教育委員会の主宰するセーフスクール推進事業の研究指定校に選ばれており、沢部氏が中心となって学校安全計画を策定することが求められていた。当時のことについて、沢部氏はつぎのように語っている。

〔赴任した当初〕どうしていいかわからなかったときに、当時、いま私がいる体育健康教育室の首席〔指導主事〕をされていた先生に相談したんです。〔略〕「何から手をつけていいかわからないし、子どもたちも〔プールを〕怖がってるし、保護者からもこんなことを言われました」ということをお伝えしたら、「当たり前やないか」って。「お前のとこの学校は去年一人命失ってるねん」って。「出口がないかもしれないし、明かりもないかもしれないトンネルやけど、そこに突っ込んでいけ。できることをやれ、花火を上げろ、目一杯まわりにアピールしろ」っていうことを言われました。

この助言に力を得た沢部氏は、のちに「叡成スタンダード」と呼ばれることになる安全マニュアルとカリキュラムを練り上げるとともに、教職員の訓練と児童の安全学習・避難訓練の実施を進めた。二〇一五年、叡成小は大阪教育大学の設立した日本セーフティプロモーションスクール協議会によって、セーフティプロモーションスクール（SPS）認証支援校に指定され、二〇一六年の三月にはこの協議会との間に協定書を締結してSPSに認定された。(43)また、同年から叡成小は「叡成スタンダード」を核とする自校の取り組みの公開と発信を開始するとともに、京都市内外の教育機関で成果を発表し、二〇一八年には文部科学省による学校安全総合支援事業の拠点校となった。

「外に発信していこう」っていう、「花火を上げよう」という思いで〔当時の首席指導主事に〕言っていただいたことがいま形としては、一応周りにはだいぶ発信してきたんですけども。その思いをご両親にお伝えすることはこれまでなかなかできてなくて、本当に申し訳なく思ってるんですけど、子どもの命を守りきることを念頭におき、京都市をリードするために安全の取り組みを作ってきて、少しずつ発信していきるっていうのが現状です。

以上の説明を終えた沢部氏が口をつぐんだ後、私たちの間にはしばし沈黙が降りた。私はこの明快な説明に対して何と反応すべきかわからず、それはおそらく遼子さんも同じだっただろう。

沢部氏の説明は、事故の翌年から現在に至るまでの叡成小の取り組みを、事故直後の危機的な状態からの立ち直りを経て、学校安全のモデル校となるまでの着実な歩みとして物語るものだった。それは確かに事実に基づく経緯の説明である一方で、これまでことあるごとに学校が提示してきたような、過去の苦難を乗り越えてよりよい未来を目指すという「回復の物語」のいまひとつのバージョンともいうべきものであった。そうした物語の中には、あの事故以来、過去から未来へと向かうはずの時間の流れを感じることもできず、「止まった時間」の中にとどまりつづけている遺族の存在は含まれていない。また、事故の状況については今なお多くの不明点や未解決の事柄が残されていることへの留意も、そこにはみられない。それでも、そうした叡成小の達成は客観的にみて確かに称賛されるべきものであるには違いなく、事故の後に赴任して学校安全の再建という難事業に取り組んできた沢部氏に、遺族の複雑な思いを直截に伝えることもためらわれた。

これまでの経緯に関する細かな事実確認がしばらく続き、話し合いが中盤にさしかかった頃、遼子さんがおもむろに口を開いた。

私としては、ごめんなさい、私の立場からすると、水泳事故というか、羽菜の事故を下敷きにしていただくということがあるといいなと思っていて。〔略〕〔プール事故について〕「じゃあ何がどうだったのか」っていうことを踏まえた上で、〔取り組みを〕立ち上げていただけたらよかったのかなとは思うんですけど。沢部先生がおっしゃったように、保護者がパッと見て〔学校が〕「変わったな」と感じるとか、学校として安全を守って、子どもたちに不安を抱かせないような対応をしていくというのは非常に大事だと思うんですけど、〔一方で〕校長先生とか沢部先生が私たちに言えなかったっていうことの溝はすごくあるなと思っていて。それはなぜかというと、私たちが求めていたことに応えられていると思われなかったからじゃないかなという気もするというか。私たちとしては、学校が安全だということはもちろん提示してほしい。だけど、子どもたちが不安に思っていることの根底にあの事故があって、一人亡くなっていて、そのことにもし触れられなかったとしたら。……そこのところをまず皆さんが本当に考えていただいた上で、そのことを伝えつつ進めていただくというのが、子どもたちの不安を払拭するためには必要だったんじゃないのかなと。私たちにはそうしていただきたいなという気持ちがあったんですけど、取り組みの側だけにいかれてしまうと、ちょっとそこに乖離があるような気がするというのが正直なところなんです。

この遼子さんの発言を受けて、いくつかのやりとりがあったのちに、それまで黙っていた堀田氏が苦渋の表情を浮かべ、ときおり言いよどみながらつぎのように話しはじめた。

さっき〔沢部指導主事が〕言っていたように、叡成小学校を立て直さなあかんというか、ああいう事故はもう絶対起こしてはならないということで、学校の中でディスカッションしながら〔指針を〕作ってきて。ただそれは、どっちかというと〔対外的に〕発信するという〔側面〕。〔略〕浅田さんには、「いま叡成ではこういうことに取り組んでるんですよ」っていうことすらお伝えできてなかったと思いますし。〔略〕取り組みが知られてきて、やっぱりどうするかっていうときに、自分の中では常に迷いがありまして。どこまでいっても未来的に、「こういうことが起こらないように学校としてがんばってます」っていうのをアピールするような感じになってしまう。事故があったということをスタート地点に、振り返りながらやってきたけれども、どうしても先のことだけが目立ってしまうということが〔ご両親に〕どういうふうに映ってしまうのかっていうのもすごい気になりながら、お伝えはできないままで。

堀田氏はこのように、叡成小の取り組みに関する対外的な発信が、未来志向の事業のアピールのごときものになってしまい、そうした取り組みの原点にあるはずの事故の事実から離れていくということへの自身の困惑を率直に口にした。また堀田氏は、叡成小の取り組みを誇るべき達成として顕示するような語り口のもつ危うさを、市教委職員としての立場から自省的に指摘している。

堀田　この場で〔沢部指導主事の説明を〕聞いていて、私がこう言うのも変な話なんですけど、〔略〕これ行政マンとしても思うのは、羽菜ちゃんの事故後、第三者委員会とか実地研修とか、いろんなことをわからないまま、我々も教育委員会という組織の中で行政的に進めてきたということが前提としてあるんです。冷静に〔沢部氏の〕話を聞いて、まだまだ私がしっかり〔組織の中で〕伝えきれてへんかったんかなってあらためて思った部分があるんですけど、「子どもの命を学校で守りきる」っていうのは当たり前の話であって、〔にもかかわらず〕それができなかったっていうことがあって。「本当に何があったのか、羽菜ちゃんにどういうことがあったのか」っていうことがわからないまま、我々としては前に進めるために、〔略〕今考えられる限りのことを手探りでやってるっていうことなんですよね。なので逆に僕からすると、今みたいな発信の仕方になってしまうのがどうしても怖いなと思って、できるだけ発信自体を抑え気味にしていたというところがあるんです。

遼子　堀田さんがおっしゃってることは、非常に乱暴に言うと、「わかった気になって進めることには危険がある」ということですか？

堀田　そうですね。危険がありますし、〔略〕結局それは〔事故との〕接点というか、立ち返りっていう部分がやっぱり〔抜けている〕。どうしても「自分たちは二度と〔事故を〕起こさないためにこの取り組みをしているんだ」っていう方にだけ軸足が乗っちゃってる感じになって、気がつけばやってることは発信だけになってるなってあらためて思ったので。

それが結局、当事者じゃないというか。当事者意識はあるんですよ。もちろん、当事者意識がないわけではないんですね。ただ、「当事者として発信するってどういうことなんや」っていうことが掘り下げて考えられてないというか。いつも思うのは、我々は組織としては〔羽菜ちゃんを〕守れなかったし、学校としても守れなかったし。「当事者」ってみんな言うんですよ、「当事者ですよ」と。でも、〔自分は〕「ほんまに当事者として発信する、当事者として取り組んでどういうことなんや」と常に自問してます。「叡成はこういう取り組みをしてますよ」と発信することが当事者としてやるべきことなのか、正しく伝えられる方法なのかっていうことも、私の中で迷いがあって。そんなこともあって、なかなかうまくできない部分もあるんですけど。

ここで堀田氏の提起した「当事者として発信するとはどういうことなのか」という問いについて、遼子さんはこの話し合いの中で私の発言を引きとりつつ、つぎのように語っている。

石井　事故についての事実がいまだにわかってない状態で、「まだわかっていないないし、償うこともできないけれども、今できる限りのことをしています」っていうのが当事者としての発信じゃないかと思うんですけど、その前半部分がないと「今はもう大丈夫です」っていうふうにやっぱりみえてしまって、遺族が置き去りにされてしまうように思えるんですね。でも今回、〔指針に羽菜ちゃんの〕名前がついたことで、これからは常にそこに立ち戻って、まだ事実はわかってないけれども、その上で今こういうことをやっているということも含めて発信していただけたら、すごく本当に深みがあるものになるというか。そんな気はします。

遼子　そう、だから発信はしてほしいんですよ。もう別に、全然いいんですよ。そういう形で発信はしていただきたいんですけど、〔略〕〔指針を〕HANAモデルという名前にしていただくことで、それはマニュアルじゃなくて本当にコミットメントなんだっていうことを強く意識していただきたいというか。そういう意味合いの名前として捉えていただきたいので。そうやって、訓練と事故のことをつないでやっていっていただければ、私たちも非常にありがたいですし。

「マニュアルではなくコミットメントなんだということを意識してほしい」。

この言葉に込められた遼子さんの思いは、これまで彼女が壮介さんとともに、さまざまな形で叡小の教員や市教委職員に訴えてきたことと通底している。償いの方法について思い悩む吉村教諭に遼子さんが告げたように、事故のことを風化させないために、組織としてではなく自分の言葉で事故のことを伝え、安全について考えてほしいということ。この両親の願いに応えるためには、事故という出来事について知っているだけではなく、羽菜ちゃんという一人の少女の存在と、彼女を失った両親の癒えることのない痛みに思いを馳せる必要があるだろう。

それは、ただマニュアルに従うことで安心を得ようとするのではなく、日常に潜む危うさと命の脆さを常に感じとり、想像する力をもつことを意味する。事故という出来事を原点に据えて訓練に取り組むことは、守りきれなかった命があるからこそ、いま向き合っている子どもたちの命を守りぬくための能動的な行為である。同時にそれは、羽菜ちゃんの存在を想起しつづけるという意味で、未来だけではなく事故という出来事に事後的にコミットしていくことでもある。

これまでの章でみたように、事故の後、学校はいち早く事故を「過ぎたこと」の領域に位置づけ、変わりのない日常を取り戻そうとした。それに対して、浅田さん夫妻の親しい友人たちは、二人のとどまっている「止まった時間」の中に立ち止まり、「なぜ」という答えのない問いを共有しようとした。教育組織の未来志向的な姿勢に対する堀田氏の自省的な発言と、それに対する遼子さんの応答からみえてくるのは、そうした遺族の近親者や事故の関係者ばかりではなく、事故と直接にかかわってこなかった人たちもまた――あるいはそうした「他者」たちこそが――未来に向けて行為しようとするとき、あえて故人と遺族のいる場所に立ち戻ることの大切さである。

そのようにして、あの事故と直接的なかかわりをもたなかった人たちが羽菜ちゃんの存在とつながり、その存在によって動かされ、支えられながら、子どもたちを守るために行為すること。それは、羽菜ちゃんの存在を基点としたエンパシー的なつながりの拡張であり、「なぜ」という根源的な問いが共有されていく過程でもあるだろう。

消えないふたつの問い

だが、実のところ遼子さんは、こうした話し合いの中で語られたよりも複雑な、言葉にしがたい思いを抱いてもいた。羽菜ちゃんの死を無駄にしないために安全について考え、発信しつづけてほしいと学校や市教委に要請し、さまざまな場で学校安全の大切さを訴えながらも、そうしたことのすべては浅田さん夫妻にとって、もっとも根源的な願いとしてあるのではなかった。

「事故のことを風化させない」「羽菜ちゃんの死を無駄にしない」。こうした語り口において、羽菜ちゃんの存在は常に「学校事故」や「不慮の死」といった文脈の中に位置づけられてしまう。遼子さん自身ですら、学校をはじめとする公の場で羽菜ちゃんのことを語るときには、事故の経験を教訓として学校安全の大切さを訴えるという文脈に即して話をせざるをえない。だが、浅田さん夫妻は、羽菜ちゃんが学校安全の教訓や象徴になることを望んでいたわけではなかった。遼子さんと壮介さんが本当に大切にしたかったものは、そうした文脈とは関係のない生身の羽菜ちゃん自身であり、二人が本当に望んでいるのは自分たちの元に羽菜ちゃんが戻ってくること、ただそれだけだった。そうした行き場のない羽菜ちゃんへの思いを、いったいどうすればいいのか？

二〇一七年一一月一七日に行った西田教諭とのインタビューの終盤で、遼子さんはそうした折り合いのつかない思いを吐露している。

今朝も私、〔学校の近くの〕歩道橋の下を通って、「ここで、こう羽菜がな」って思う。で、「ここで羽菜がこうやった、ああやった」って思い出すとき、いつも思うのは、「これはどこに行くんやろう」って。こういう思い出は——私は思い出して、誇れはしないじゃないですか？　やっぱり辛いなあと思う。辛いっていうか、すごくキリキリ辛いっていうのではない場合も多いけど。「それを思い出して、何になるんやろう」とか、「それはどこに、どうしまったらいいんやろ」とか、「これをどうしたらいいんやろ」っていつも思うのね。羽菜の持ち物とかも、写真とかもそうなんですけど。自分たちにとって大事なものやし、大事であることには変わりないけど、これはどこにどうなっていくんやろうって思う。羽菜がいないっていうことを前提に。で、私どうしたらいいんやろうっていつも思ってるんですよ。

私たち、〔事故について〕「ｈｏｗ（どのようにして）」とか「ｗｈｙ（なぜ）」っていつも言うけど。私たちの中ではそれがほんとに混じってて。本当に「どうなったの？」って、「どうしたの？」っていうのを知りたいんやけど、そこにはいつも、「なんであたしたち、あの子を亡くしてるのよ？」っていうようなのがやっぱりあるし。〔略〕そこがやっぱり、自分たちのなかでは峻別できないし、するべきでもないような気がしてる。でもだから、ほんとに「調査することが、今後のために」って純粋に思ってるわけでもない。まあ、そう思ってるけど、でもそれはそれだけに切り離せるものでもないやん。

……で、さっき美保さんが言ってたその写真家の人のお祖母《ばあ》さんと従弟さんみたいに、[44]ここにそうして二人の関係があって、「確かな存在だったよ」みたいな、でもそれを示したところで誰が必要とするわけでもないかもしれないし。どういうものとしてそれはあるのかっていったら、きちんと定義づけられないというか。なにか、誰かのためになるっていうことでもないやろうし、誰かの役に立てたいっていうわけでもないやろうし。なんか教訓にもならず、でも誰かが、「あ、確かにそういうものがあったんやな」って思うことが、何かしらの意味をもつみたいなものなんやろうけど。

私にとっての羽菜の、いま考えることもそうで。ある意味では、「あの子が生きてたよ」っていうことを、やっぱり残してやりたいし。まあそれは私らのエゴかもしれへんけど。でも、あの子の姿みたいなものが――まあ、その事故っていう事態に包まれてしまうんやけど――残るっていう、そこにあるっていうこと自体が、もしかしたら何かの意味をもつかもしれないなとも思ったり。

でもやっぱり私たちとしては、その自分たちの中の個人的なあの子っていうのを、どう扱っていいのかわからない。なんていうんやろうな？　難しい、なんかすごく。まあ……抱いていくんやけど、ずっと。だからそのことでありつづけるんやけど。難しいわ、すごく。いまここにいて成長してっていうことやったら、その思い出って何かしら、生きてるその子にくっついていって、そういうすごい意味をもつんやろうし。でも、いなくなったから余計にしっかり抱いてはいたいけど、それをどうしたらいいのかなっていうのは、いつも思う。なんていうのかな……もう本当に、どうしたらいいんやろうなあみたいな感じがあって。どうしたいっていうわけじゃないんやけどね。

事故が起きたときからずっと、遼子さんと壮介さんはこうした折り合いのつかない思いを抱えて、行き先もわからないままに、次々とやってくる新たな事態に対処しながら這うように進んできた。そんな二人の歩みは、「喪失を乗り越えて未来の安全のために生きる」といった回復の物語からは程遠いものだ。羽菜ちゃんの存在は、教訓としてではなく、象徴としてでもなく、両親にとってはただ愛しい我が子としてありつづける。あの日からどれほど時間が経とうとも、「なぜ？」という問いは止むことなく二人を苛みつづける。その答えはないとわかっていても、わずかでも羽菜ちゃんの存在に近づき、その声を聴き取ろうと、二人はもがきつづける。

本書を通してみてきたように、プールでの事故と羽菜ちゃんの死という出来事は浅田さん夫妻の日常を一挙に暗転させ、彼らの人生を根底から変貌させた。そしてその後、羽菜ちゃんの不在を抱えた両親を中心とする渦巻のように、さまざまな出来事が多くの人びとを巻きこみながら進行していった。民事裁判の開始、第三者委員会の設置、市教委との交渉、そして自主検証の実施――。

「羽菜の人生を最後まで守りぬく」という両親の強い意志の下で進んできたかのようにみえるこれまでの歩みについて、しかし遼子さんは、私との対話の中で「自然な流れだった」と振り返っている。

遼子　でもほんとに、「私らが決めて、動いてきたんやろうか、本当に？」みたいなところはあるよね。自分たちが「どうしても自主検証をやりたいから、手伝ってくれ」みたいな、そういう動機ではないんよね。「絶対にやらなあかんから、やりなよ」って〔周りから〕言われたわけでもないし。まあ、「どうしても」っていうのはあるんやけど……。でも、やっぱり自然な流れというか。〔略〕「闘わねばならん」みたいな、そういう熱量みたいなのが、自分たちにも周りにもそんなにあったわけじゃないと思うんやけど。でも、それでも動いてきたし、動かざるを得なかったし。その中で何とかやってこれたんやな、みたいな感じはあるよね。

石井　確かに。なんかそのときの、たまたまの巡りあわせみたいなのはあるよね。

遼子　森下さんの登場もそうやしね。〔略〕……でも、そういう意味ではあれやろな。ほんとに、市教委というか、堀田さんとか田辺さんも、なんか変な意味で同行者やったんやろな。

石井　そうね。ほんとにね、不思議やな。こういう事故って、たとえば「教師に叩かれて亡くなった」みたいなのじゃないやんか。だからそういう意味では、加害と被害の構図がわかりにくくなるっていうか。結局、その場にいた先生方も、「誰がどういう責任で」っていうのもわからへんし。〔略〕そういう意味では、吉村先生とも何回もインタビューしてて、吉村先生自身も……あの人が一番、〔プール当番だった〕先生たちの中ではわりと率直に話してくれてたと思うけど。みんながみんな、「巻きこまれてる」っていうところはあるよね。

遼子　そうやね。そう思うわ、ほんまに。別に本当に、誰が〔事故を〕起こしたわけでもないんやけど。

石井　強いていえば、学校の組織的な問題と思うんやけどね。

遼子　そうやね。だからこそ余計に、認識としてはもってほしいけどね。加害者っていうんじゃないんやけど。その「巻きこまれた者として、どうしていくのか」みたいなところはね。当事者性みたいなのは、やっぱりしっかりもってほしいなっていうのを、ただ思うけどな。

（二〇二〇年一月一九日）

遼子さんの言うように、事故からの約一〇年間、さまざまな出来事が浅田さん夫妻を翻弄してきた。二人はその渦中にあってその時々の事態への対処に追われながらも、片時も消えることのない「なぜ」という問いを抱えつつ、羽菜ちゃんの声を聴き取ろうと苦闘してきた。そうした中で、最初から遺族に寄り添おうとしてきた友人たちや、それぞれの過程で夫妻に手を貸した人たちだけではなく、事故に責任を負うべき者として一連の出来事にかかわってきた教員や市教委職員の誰かれもまた、時を重ねるにつれて、次第にある種の「同行者」になっていったといえる。

それは、追悼式などの場で学校長らが述べてきたような、「悲劇を乗り越えて未来へ続く道をともに歩む」という意味での同行者ではない。そうではなく、それは果てしのない「事故の後」という荒野をゆく両親の道行きとときに交わりながらも、けっして完全に重なることのないそれぞれの「事故の後」を、各人が一人で歩んでいくしかないという意味で、圧倒的な孤独を抱えた〈同行者〉であるだろう。

その一人一人は、自分がそうした出来事にかかわることになるとは予想もしていなかったかもしれない。だが、私自身がそうであったようにその誰かもまた、事故をめぐる出来事にいつしか巻きこまれ、遺族とかかわり、喪失の痛みを感じとることを通して、〈同行者〉の一人になっていく。たとえ、初めは組織の一員としてかかわることになったとしても、それは結局のところ、個人として引き受けるしかない痛みであり、関係性であり、責任であるだろう。

「巻きこまれた者として、どうしていくのか」。

それは重い問いかけであり、この問いを抱きながら歩んでいく道のりに終わりはない。だが、日常に没入することで痛みを忘れようとするのではなく、未来へと向かう「回復の物語」によって癒されようとするのでもなく、ただ、そのような〈同行者〉でありつづけようとすること。そのようにして喪失の痛みを感じとり、失われた生の輝きを想起しつづけることを通して、他者である私たちもまた、亡き人とともに生きていくことになるのだと思われる。

反響しつづける「なぜ」という問い

そして本書は、そうしたさまざまな〈同行者〉たちの語りと行動の記録である。

本書に登場する人びとの語りは、過去から未来へと続く時間の流れの中に事故という出来事を位置づけ、わかりやすい意味を与えることで出来事の受容を促すような「物語」ではない。それらはむしろ、互いに矛盾をはらみ、異なる時間性を含みこみながら、多重的な声の連なりを通して絡まりあったいくつもの「なぜ」という問いを投げかけてくるような語りである。

私たちがその語りに耳を傾け、私たちの問いに応えて言葉を紡いでくれた友人たち、保護者たち、子どもたち、教員たち。そして、聴き手でありながら重要な語り手でもあった、遼子さんと壮介さん。そのひとつひとつの言葉や、ときに言葉にならない声や沈黙の中には、事故の起きたあの夏の日からそれぞれが抱きつづけてきたさまざまな思いや感情、そして「なぜ」という問いが滲み出ている。

それはたとえば、羽菜ちゃんをよく知る保育園の先生や友人たちが投げかけたような、事故の背後にある根本的な問題に疑問を突きつける「なぜ」という問いだった。それはまた、事故に直面した教諭たちが折に触れて吐露したような、悔恨と自責の念に満ちた「なぜ」という問いだった。そしてそれは、あの日から止むことなく両親が自問しつづけてきた、答えのない根源的な「なぜ」という問いであった。

なぜ、私たちはあの子を失わなければならなかったのか。なぜ、あの子はいないのか。なぜ……。

遼子さんと壮介さんをはじめとする語り手たちにとって、事故のことを語り、羽菜ちゃんのことを語ることとは、過去にとらわれつづけることではなく、未来のために過去を参照することでもなく、とどまることのない時間の流れに抗して、あえて「あの時」の中に踏みとどまろうとすることだ。「なぜ」という根源的な問いには答えがなく、出来事は永遠に意味づけが不可能なままであり、だからこそ何度でも「あの時」に立ち戻り、失われたものを想起し、「なぜ」と問いかけつづけるしかない。

その問いが遺族だけではなく、それぞれに異なる痛みを抱えた〈同行者〉たちの立つさまざまな場所から発せられたとき、その重なりあう声は、出来事がいまだ葬り去られてはいないことを露わにし、「なぜ」という問いかけに終わりはないことに気づかせるとともに、亡き人の存在を「いま・ここ」の光の中に呼び戻すものとなる。

遼子さんと壮介さんが繰り返し語ってきたように、我が子を亡くした両親の悲願は、「羽菜の最後の声を聴くこと」であり、そのことを通して「羽菜の存在を最後まで守りぬくこと」であった。私たちが聴き取ったいくつもの語りは、一元化されえない多様なものでありながら、そのすべての中心にあるのはかけがえのない羽菜ちゃんの存在である。それらは羽菜ちゃん自身の声ではないけれども、確かに彼女の存在によって導きだされたものだ。だとすれば、両親が探し求める「羽菜の最後の声」とは、そうしたさまざまな声たちの放つ「なぜ」という問いかけが響きあい、こだましあう中に、かすかに聴き取られるものであるのかもしれなかった。

＊

夢をみました。

羽菜が走ってきて飛びついて、よじ登ってくる夢。手をつないで、私の膝に足をついて、「うんしょ！　うんしょ！」と口をとんがらかしてがんばって……途中で「できない～」と甘えベソ。「できるできる！　だいじょうぶー」と答えて抱きしめながら、「なにかを失ったと思っていたけど……なんのことだったんだろう。なにも失ってない、なにも変わってないのにな」と思っていました。

目が覚めたら羽菜がいなかった。
やっぱり……と泣きました。

でも、会えて嬉しかったよ、羽菜。

参照文献

池上正樹・加藤順子『石巻市立大川小学校「事故検証委員会」を検証する』ポプラ社、二〇一四年。

石井美保「喪われた声を聴きなおす――追悼―記念の限界と死者との共在」田中雅一・松嶋健編『トラウマ研究1 トラウマを生きる』京都大学学術出版会、二〇一八年。

――「「止まった時間」を生きる――学校事故をめぐる倫理的応答の軌跡」『文化人類学』八六巻二号、二〇二一年。

内田良・斉藤ひでみ編『教師のブラック残業――「定額働かせ放題」を強いる給特法とは?!』学陽書房、二〇一八年。

大貫隆志編・住友剛・武田さち子『指導死』高文研、二〇一三年。

河北新報社報道部『止まった刻――検証・大川小事故』岩波書店、二〇一九年。

川村邦光『弔い論』青弓社、二〇一三年。

酒井肇・酒井智恵・池埜聡・倉石哲也『犯罪被害者支援とは何か――附属池田小事件の遺族と支援者による共同発信』ミネルヴァ書房、二〇〇四年。

住友剛『新しい学校事故・事件学』子どもの風出版会、二〇一七年。

田原圭子編『問わずにはいられない――学校事故・事件の現場から』あうん社、二〇一五年。

直野章子「ヒロシマの記憶風景――国民の創作と不気味な時空間」『社会学評論』六〇巻四号、二〇一〇年。

野家啓一『物語の哲学』岩波現代文庫、二〇〇五年。

宮脇勝哉・宮脇啓子『先生はぼくらを守らない――川西市立中学校熱中症死亡事件』エピック、二〇〇四年。

八木絵香『続・対話の場をデザインする――安全な社会をつくるために必要なこと』大阪大学出版会、二〇一九年。
Despret, V. "Responding Bodies and Partial Affinities in Human-Animal Worlds". *Theory, Culture & Society*, Vol. 30, No7/8, 2013.
Jennison, R. "Against 'Erasure' in the Midst of 'Unseeing': Thoughts on the Empathy Project". 『立命館言語文化研究』一五巻一号、二〇〇三年。
Throop, C. J. "On the Problem of Empathy: The Case of Yap, Federated States of Micronesia". *Ethos*, Vol. 36, No 4, 2008.

新聞記事

『京都新聞』「養徳小プール事故市教委第三者委　児童六九人参加し検証　「空白の数分間」再現」二〇一三年八月二〇日。

――「第三者委調査資料を廃棄　公文書と判断せず」二〇一五年二月二〇日。

――「九年前のプール事故、死亡児童の名を冠した「ＨＡＮＡモデル」　独自指針を全国発信へ」二〇二一年一〇月九日。

――「小学校プール死亡事故が残した重い十字架　羽菜さんの両親が問う検証の不十分さ」二〇二一年一一月一五日。

ウェブサイト

＊二〇二二年四月二〇日の時点で閲覧可能であったＵＲＬを示す。

AKIHITO　YOSHIDA（吉田亮人ホームページ）http://www.akihito-yoshida.com/
大阪教育大学学校安全推進センター「セーフティプロモーションスクール」http://ncssp.osaka-kyoiku.ac.jp/sps
加藤順子「死亡事故調査の資料を京都市教委と第三者委が全廃棄　見識が問われる事態に」Yahoo! JAPAN

『YAHOO! ニュース』http://bylines.news.yahoo.co.jp/katoyoriko/20150220-00043205/ 二〇一五年二月二〇日公開。
京都市教育委員会「教育委員会事務局組織一覧」https://www.city.kyoto.lg.jp/kyoiku/soshiki_list.html
――「小学校における水泳指導の手引――安全管理を徹底するために」https://www.city.kyoto.lg.jp/kyoiku/cmsfiles/contents/0000292/292076/tebiki0203.pdf 二〇一三年公開PDF（二〇二〇年改訂版公開）。
――「小学校の水泳指導における安全管理指針――夏季休業期間中の取組を中心に」https://www.city.kyoto.lg.jp/kyoiku/cmsfiles/contents/0000292/292076/shishin0203.pdf 二〇一三年公開PDF（二〇二〇年改訂版公開）。
――「第一二八五回京都市教育委員会会議　会議録」https://www.city.kyoto.lg.jp/kyoiku/cmsfiles/contents/0000119/119485/250319gaiyou.pdf 二〇一三年公開PDF。
――「「京都市立養徳小学校プール事故調査報告書」を踏まえた安全管理の一層の徹底について」https://www.city.kyoto.lg.jp/kyoiku/cmsfiles/contents/0000292/292076/anzentaisaku.pdf 二〇一五年公開PDF。
京都市立養徳小学校プール事故第三者調査委員会「京都市立養徳小学校プール事故調査報告書」https://www.city.kyoto.lg.jp/kyoiku/cmsfiles/contents/0000292/292076/chousahoukokusho.pdf 二〇一四年公開PDF。
さいたま市教育委員会「平成二四年度版　体育活動時等における事故対応テキスト〜ASUKAモデル〜」https://www.city.saitama.jp/003/002/013/001/p040426_d/img/001.jpg 二〇一二年公開。
全国学校事故・事件を語る会（ホームページ）http://katarukai.jimdo.com/
小さな命の意味を考える会（ホームページ）http://311chiisanainochi.org/?page_id=5
日本スポーツ振興センター「学校事故事例検索データベース」https://www.jpnsport.go.jp/anzen/Default.aspx?TabId=822
はなとともに―hanabana―（浅田羽菜両親・友人有志一同ホームページ）http://hanabana.jimdo.com/
報告書再検討チーム（数量的・科学的側面検討部会）「自由遊泳開始から通報までの約七分間の行動について・中間報告」https://onl.la/EBpWzny

文部科学省「「学校事故対応に関する調査研究」有識者会議(平成二七年度)」 https://www.mext.go.jp/b_menu/shingi/chousa/shotou/119/index.htm

——『文部科学省×学校安全』「学校事故対応に関する指針」 https://anzenkyouiku.mext.go.jp/guideline-jikotaiou/index.html

八木絵香「「第三者による検証」という言葉をとらえ直す——事故や災害の検証を行うべきは「誰」なのか」『SYNODOS』〈http://synodos.jp/society/5900〉二〇一三年一〇月一七日公開。

注

(1)本書に登場する人物の名前は、浅田羽菜ちゃんを除いて原則として仮名である。ただし、第三者委員会(後述)の調査委員と京都市教育委員会の教育次長(当時)の氏名は、職務の公的性格に鑑みて実名とした。また、事故の後に研究者として遺族を支援した住友剛氏と森下翔氏については、本人の許諾を得て実名とさせていただいた。なお、本書の登場人物の所属や学年等は当時のものである。

(2)石巻市立大川小学校をめぐる問題については、池上・加藤(二〇一四)、河北新報社報道部(二〇一九)、「小さな命の意味を考える会」http://311chiisanainochi.org/ 参照。また、学校管理下で起きた事故・事件をめぐる問題を扱った文献として、酒井・酒井・池埜・倉石(二〇〇四)、大貫編・住友・武田(二〇一三)、田原編(二〇一五)、住友(二〇一七)などが挙げられる。

(3)「はなとともに――hanabana――」http://hanabana.jimdo.com/「ブログ」参照。

(4)本書に登場する小学校名は、本文中では仮名としている。ただし、参照文献リストと注に記載した資料等のタイトルに学校名が含まれている場合は、情報の正確さを優先し、仮名は使用していない。

(5)図1は「京都市立養徳小学校プール改修　工事設計図」(教育委員会教育環境整備室 二〇〇二年)に基づき筆者作成。

(6)このプールは西端から東側の五メートルライン付近まで徐々に深くなっており、五メートルライン南端にある排水口部分が最深部となっていた。

(7)京都市教育委員会の事務局組織は教育長の統括の下、総務部、指導部、体育健康教育室、生涯学習部などに分かれて運営されている。このうち、プール事故に対する責任をもつのは体育健康教育室であった。本書では、京都市教育委員会事務局を指して「教育委員会」または「市教委」と呼ぶ。https://www.city.kyoto.lg.jp/kyoiku/soshiki_list.html 参照。

(8)二〇一二年当時存在していた体系的なマニュアルは、一九六九年に作成されたものだった。
(9)学校で発生した重大事故・事件の事後対応において、事実の究明や遺族への真摯な対応よりも、往々にして学校運営の「正常化」や「事態の沈静化」、「日常性の回復」が最重視されるという傾向とその問題点については、住友(二〇一七：六七–七四)参照。
(10)その後、遼子さんはこの証言をした児童の母親と面会して当時の状況を尋ねたが、この証言の信憑性を確認することはできなかった。
(11)この新たな水泳指導マニュアルについては、京都市教育委員会「小学校における水泳指導の手引――安全管理を徹底するために」https://www.city.kyoto.lg.jp/kyoiku/cmsfiles/contents/0000292/292076/tebiki0203.pdf ならびに「小学校の水泳指導における安全管理指針――夏季休業期間中の取組を中心に」https://www.city.kyoto.lg.jp/kyoiku/cmsfiles/contents/0000292/292076/shishin0203.pdf 参照。また、第三者委員会が二〇一四年に調査報告書を提出した後の市教委の方針については、京都市教育委員会「「京都市立養徳小学校プール事故調査報告書」を踏まえた安全管理の一層の徹底について」https://www.city.kyoto.lg.jp/kyoiku/cmsfiles/contents/0000292/292076/anzentaisaku.pdf 参照。
(12)「兵庫学校事故・事件遺族の会」を母体とする「全国学校事故・事件を語る会」は、学校管理下で起きた事故・事件の被害者ならびに遺族への支援を目的として二〇〇三年に発足した。https://katarukai.jimdofree.com/ 参照。
(13)この事故について詳しくは、宮脇・宮脇(二〇〇四)参照。
(14)ここで壮介さんが言及している「要望書」とは、第三者委員会の調査内容や構成などに関する両親の要望を具体的かつ詳細に記した書類を指す。
(15)この委員会は二〇一三年七月二七日に「京都市立養徳小学校プール事故第三者調査委員会設置要綱」に基づいて設置され、同年一一月一五日、「京都市執行機関の附属機関の設置等に関する条例」第二条第二項に員会となった。制度上、この第三者委員会は京都市教育委員会の附属機関であり、委員は教育長から委嘱されたという形をとる。

(16)公的な追悼式の多くは、過去への反省と未来への約束を基調とする「回復の物語」としての構造をもつ。だが、そうした物語の中に回収されることによって、日常を問い直す力をはらんだ危機そのものは未解決のままに「済んだこと」の領域に置き去りにされてしまう。この問題について、戦死者の追悼や震災からの復興を事例に考察した論考として直野(二〇一〇)、川村(二〇一三)参照。また、そもそも物語は、過去から未来へ向かう時間の流れの中に出来事を位置づけることで、人に「出来事の受容」や「現実との和解」を促す作用をもつことが指摘されている(野家、二〇〇五)。こうした物語化によって、本来は意味づけが不可能なはずの出来事に特定の意味が付与され、「現実との和解」が強いられるという側面については石井(二〇二一)参照。

(17)この検証実験では、事故当日にプール当番だった教員たちの行動を代役が再現した。しかし、二〇一四年に第三者委が市教委に提出した調査報告書には代役に関する記述はなく、教員本人がプール内の行動を再現したかのような記述となっている。

(18)図2・3・4・5は、二〇一四年に第三者委員会が提出した調査報告書に掲載された図に基づいている(ただし本書では、北が上になるよう図を九〇度回転している)。

(19)この「後追い仮説」の検証実験は浅田さん夫妻の依頼を受けて再現検証の中に組み込まれたが、次章でみるように、その内容は両親の考える「後追い」とは異なるものであった。

(20)この相談窓口を開設するにあたり、住友教授は二〇一三年一〇月に第三者委員会の調査員に任命された。

(21)五章でみたように、第三者委が行った検証実験では、事故当日にプール当番だった教員たちのプール内での行動を教員自身ではなく代役が再現した。ここで「A教諭」と記述されているのは、実際には代役の行動である。

(22)表1に記載されている「自由遊泳から119番通報まで」と題された資料は、二〇一四年七月二五日に第三者委が報告書の補足資料として公開したものである。

(23)二〇一四年九月当時の報告内容については、下記の資料を参照のこと。報告書再検討チーム(数量的・科学的側面検討部会)二〇一四「自由遊泳開始から通報までの約七分間の行動について・中間報告」https://onl.la/EBpWzny。

(24)ここで「羽菜ちゃんの上限速度」として設定されたのは、再現検証における茉実ちゃんの直線移動時の速さの平均である。

(25)森下さんは第三者委の再現実験において計測された値から標本平均μと不偏分散σを算出し、各フェーズの開始時刻と所要時間を計算しなおしている(「自由遊泳開始から通報までの約七分間の行動について・中間報告」スライド番号36参照)。

(26)「測定回数の評価」については、「自由遊泳開始から通報までの約七分間の行動について・中間報告」スライド番号38と39を参照。

(27)この第三者委による調査資料の廃棄とその問題点については、加藤(二〇一五)も参照。

(28)「学校事故対応に関する調査研究」有識者会議は二〇一四年度と二〇一五年度に文部科学省が設置していた有識者会議であり、浅田さん夫妻は二〇一五年八月六日に同会議のヒアリングを受けた。この会議の成果物として、二〇一六年三月に「学校事故対応に関する指針」が公表された。https://www.mext.go.jp/b_menu/shingi/chousa/shotou/119/index.htm、https://anzenkyouiku.mext.go.jp/guideline-jikotaiou/index.html 参照。

(29)この実験を行った理由は、事故当日の自由遊泳の際に、当時二年生だった玲奈ちゃんがもう一人の女子児童をフロートに乗せて押しながら移動しており、その途中で羽菜ちゃんを見かけた地点を記憶していたからである。二年生女子二人一組での検証実験は、当時の玲奈ちゃんと女子児童の運動の再現を試みており、玲奈ちゃん自身の運動の測定では、当時の記憶に基づく運動の再現が試みられた。
(30)私の専門とする文化人類学において、エンパシーという概念は主に、道徳・倫理やサファリング(病いや暴力などに伴う痛みと苦悩の経験)、ケアを主題とする研究の中で用いられてきた。現象学の影響を受けつつ文化人類学において用いられてきたエンパシーの概念について、詳しくはThroop (2008)を参照。また、不在のものを想起することの意味をエンパシーの概念に絡めて考察した論考としてJennison (2003)、エンパシーという観点から科学的調査における主観と客観の対立を乗り越える可能性を論じた研究としてDespret (2013)がある。
(31)このインタビューを行った時点では、自分たちで自主検証を実施するという案はまだ持ち上がっておらず、第三者委による報告書を再検討しつつ、コンピュータ上のシミュレータを用いて仮説を検証するという方向で話を進めている段階だった。
(32)事故や災害の検証について、災害心理学者である八木(二〇一三、二〇一九)は第三者による専門的調査の限界を指摘しつつ、当事者の視点を含めた検証の重要性を訴えている。
(33)中脇養護教諭によれば、実際には学校にあったのはマウスピースではなく、人工呼吸用のマスクであるとのことだった。
(34)この校長の説明とは異なり、後でみるように中脇教諭は、自分が職員室に戻った時に残っていた教員に対して保護者への電話連絡を指示したと述べている。
(35)最初にAEDを使用した場所がどこであるのかという点について、中脇教諭の語りはその他の教諭の語りと一致していない。
(36)たとえば柳瀬教諭は、二〇一二年八月上旬に学校長に呼び出されて事故当日の状況を話した際、最初にプールサイドに駆けつけたときに羽菜ちゃんの周りに誰もいなかったことを校長と教頭に伝えたという(二〇一七年一二月二七日　柳瀬教諭)。だが、その内容は市教委作成の説明資料には反映されていない。

(37)校務分掌とは、校長が決定する学校の運営上必要な業務分担のこと。教務部、生徒指導部、特別活動部、図書部、渉外部、保健部等があり、基本的にすべての教員はいずれかの分掌に属して業務を担当している。内田・斉藤(二〇一八：四二)参照。

(38)「月八〇時間の残業」は過労死ラインといわれる。一九七一年に制定され、一九七二年に施行された「公立の義務教育諸学校等の教育職員の給与等に関する特別措置法」(給特法)に基づき、公立学校の教員には「教職調整額」と呼ばれる手当(教員の月額給与の四パーセント分)が支給される。その一方でこの法は、労働基準法の定める休日出勤や時間外労働の賃金(残業代)を教員に関しては支払わないと定めている(内田・斉藤　二〇一八：四七–五〇参照)。二〇一九年にこの給特法は一部改正され、①教員の時間外勤務を月四五時間、年間三六〇時間以内とすること、②一年単位の変形労働時間制の選択的導入　が定められたが、その効果は現時点では明らかではなく、改正に伴う新たな問題点も指摘されている。

(39)京都市では二〇一三年度から、「給与へ反映する教職員評価(査定評価)制度」が実施されている。これは学校での評価を参考に教育長が最終評価を行うシステムであり、勤勉手当や昇給など、評価を給与に反映させる制度となっている(第一二八五回京都市教育委員会会議録、第一三五〇回京都市教育委員会会議録参照)。

(40)この種のデータベースのひとつとして、独立行政法人日本スポーツ振興センターが作成している「学校事故事例検索データベース」がある。ただし、このデータベースにおいて集積・公開されている情報は限定的である。https://www.jpnsport.go.jp/anzen/Default.aspx?TabId=822 参照。

(41)叡成小学校では水泳事故、転落事故、熱中症などを想定した八種類のマニュアルが用意されている。

(42)二〇一一年九月二九日、さいたま市立小学校の六年生だった桐田明日香さんが駅伝の課外練習中に倒れて救急搬送され、翌三〇日に亡くなった。二〇一二年、さいたま市教育委員会は「体育活動時等における事故対応テキスト～ＡＳＵＫＡモデル～」を作成し、市のウェブサイトで公表した。https://www.city.saitama.

jp/003/002/013/index.html 参照。
(43)大阪教育大学は学校安全の推進を目的として、二〇一四年一〇月に学校危機メンタルサポートセンター(現・学校安全推進センター)内に日本セーフティプロモーションスクール協議会を設立し、SPSの認証支援活動を行ってきた。http://ncssp.osaka-kyoiku.ac.jp/sps 参照。
(44)このインタビューを始める前の雑談の中で、私は遼子さんに、知人の写真家である吉田亮人さんが自身の祖母と従弟の日常を撮影した写真集のことを話していた。この作品については http://www.akihito-yoshida.com/ 参照。

あとがき

学校で起こったプール事故についての本であり、浅田羽菜ちゃんという一人の少女をめぐる人びとの思いと行動の記録であるこの本は、私にとって少し特殊な場所を占めている。これまでに書いた何冊かの本は、私の中の文化人類学者としての領域に属するものだった。それに対してこの本は、研究者としての私と、地域に暮らす生活者としての私の両方の領域にまたがっていて、どちらかというと後者の方が主な部分を占めている。

本書は「民族誌」と呼ばれる文化人類学の著書ではなく、語り手は「インフォーマント」と呼ばれる情報提供者でもない。私は一連の出来事に調査者としてかかわったのではなく、浅田さん夫妻のそばにいた友人の一人として、刻々と変わっていく状況と、その中に巻きこまれた人たちの語りと行動を記録する役割を担っていたにすぎない。

事故の後、そうした記録者としての役割をすすんで引き受けながらも、それらの記録をもとに「羽菜ちゃんの本を書く」という覚悟を決めるまでには、かなりの逡巡があった。なにより、羽菜ちゃんをよく知る者でもなく、教育や学校事故の専門家でもない私に、果たしてこうした本が書けるのか、私などが書いていいのかという思いがあった。その思いは、今も完全には消えていない。加えて、事故をめぐる複雑な状況や関係性に深くコミットし、遺族をはじめとする皆の思いを受けとり、それを託された者としての責任を負うことへのためらいがあった。

けれども実際に書きはじめてみると、書かれるべきことはすでにそこに待っていて、私はただそれを整理しなおし、文章化しているにすぎないような気がしてきた。すでにそこにあった、書かれるべきもの。それはこの一〇年間、羽菜ちゃんの両親のそばで一緒に過ごした友人たちとのやりとりであり、インタビューに応えてくださった一人一人の言葉であり、多くの時間をともにし、さまざまなことを語りあった遼子さんとの対話だった。

羽菜ちゃんとかかわり、事故後の過程にかかわってきたそれぞれの人の言葉と思い。その率直さと真摯さに何度も胸を打たれながら、ひとつひとつの言葉を文字に置き換えていくうちに、これらの言葉と思いのすべて、両親と皆がやってきたことのすべてを伝え、必要としている人に届けたいという強い思いが私のなかに生まれてきた。それは、学校事故や事件の報道を目にするたびに湧き上がる、怒りや悔しさとないまぜになった焦燥感のようなものだ。この本を書くことで、あの夏の日から考えつづけてきたこと、消えることのない思いを語ってくれた一人一人から引き受けたものを伝えたい。滑りやすい山肌に杭を打つように、事故という出来事とその後の道程を見失わないために、手がかりとなるものを残しておきたい。その思いが本書の執筆を後押しした。

同時にまた、事故後の過程に密接にかかわり、遺族や友人たちと一緒にその都度の行動を判断しながら本書を書き進めていくという作業は、文化人類学者としての私のあり方にも少なからぬ影響を及ぼすものだった。外来の調査者としての立場とは違って、それはより実践的に思考することであり、客観的であると同時に内在的でもあるような記述の方法を模索することでもあった。

終わりのない喪の時空間を生きる遺族の経験と、事故という出来事を過去の領域に回収しようとする追悼の行為とのずれ。一人称の語りと科学的なデータとの関係。聴き取りという行為に含まれる、

「聴取」と「傾聴」の二重性。そして、自分とは異なる他者のまなざしになりかわり、その思いや経験を感じとる能力としてのエンパシー。

これらの事柄は本書の中で、事故という出来事の理解とその困難をめぐって現れてきたテーマであると同時に、本書の記述や、書き手である私の立場に深くかかわるものでもある。本書の記述そのものが、終わりのない喪の作業の一部であり、遺族や〈同行者〉たちとの相互的なエンパシーとも呼びうるような経験の積み重ねから生まれたものだ。また、本書の記述は、一人称で語られる個々人の語りと、客観的なデータの双方を対立させるのではなく調停し、そのことを通して事故の核心ににじり寄るとともに、羽菜ちゃんの存在に近づこうとする試みである。さらにそれは、事故をめぐる公的な文書には拾われてこなかったさまざまな声を聴き取り、書き留めることを通して、一元的な「回復の物語」を問いなおすとともに、象徴や教訓には還元されえない羽菜ちゃんの存在を、「なぜ」という問いの只中に取り戻そうとすることでもあった。

「巻きこまれた者として、どうしていくのか」。

遼子さんから投げかけられたこの言葉への、本書は私なりの応答である。

けれども、この本を書いたことの意味はそれだけではない。本書を書くことを通して、私は生前には出会うことのできなかった、羽菜ちゃんという女の子と出会いつづけているような気がしている。それは学校事故という文脈には収まりきらない、かけがえのない一人の少女の存在だ。いつか両親が友人たちに配ったカードに記されていた、「しあわせ」(谷川俊太郎作)という詩に登場する子どものように、自分をとりまく世界を全身で受けとめ、感じ、生き生きと楽しんでいた羽菜ちゃん。彼女の人生を最後まで守りぬきたいという両親の願いは、事故という文脈を超えて、そんな彼女の生のすべてを肯定し、祝福したいという思いでもあったと思う。羽菜ちゃんの存在を中心として響きあう声たちからなる本書は、羽菜ちゃんの死を悼み、悲しむだけではなく、その生を慈しみ、言祝ぐ声たちのアンサンブルでもある。

本書を執筆している間中、私の頭の片隅にはいつも、この本を届けたい人たちのことがあった。羽菜ちゃんの両親。羽菜ちゃんをよく知る人たち。事故とその後の道程にかかわってきた人たち。そして、浅田さん夫妻と同じように、突然の事故や事件で我が子を亡くしてしまった親御さんたち……。それだけではなく、学校事故という出来事に何らかかかわりをもつことのなかった人たちもまた、本書を通して羽菜ちゃんと出会い、その生の輝きに思いを馳せ、そのことを通して何かを感じとってくれたなら。

遼子さんが語っていたように、たとえ何かの役に立つというのではなくても、本書の中に息づいている羽菜ちゃんの姿が――「確かな存在だったよ」ということが――本書を読まれた一人一人にとって、何かしらの意味をもつものであってほしいと心から願っている。

本書を上梓するまでには、多くの方々のお世話になった。何より、私と遼子さんのインタビューに応え、言葉を紡いでくださったお一人お一人に、深く感謝申し上げます。

岩波書店の渡部朝香さんは、難航していた本書の刊行を力強く後押ししてくださった。「この本を多くの人に届けたい」という渡部さんの熱意のおかげで、長い執筆の間中も、進むべき方向を見失わずにいることができた。ありがとうございました。

文化人類学者の森下翔さんは、浅田さん夫妻と私の依頼に応えて、第三者委による報告書を検討してくれただけでなく、プールでの検証実験をデザインし、その結果を分析するという困難な仕事に取り組んでくださった。森下さんによる検証実験の数理的な分析と考察は、本書の中で重要な位置を占めている。心よりお礼申し上げます。

本書を執筆する上での一番のパートナーは、羽菜ちゃんの母である遼子さんだった。さまざまな局面で遼子さんのみせた静かな強さ、何度も交わした対話の中での言葉から、私は多くのことを学び、目を開かされた。羽菜ちゃんのお母さんが遼子さんでなかったら、この本を書くことはできなかったと思う。

そして、最後にもうひとり。本書を書くことを通して私が出会い、心の中で指切りげんまんをするように約束し、その面影に向かって祈るように文章を書き綴っていた相手。

もしも羽菜ちゃんに、「羽菜ちゃんのことを書いたよ」と言ってこの本を渡したら、どんな顔をするだろう。きっとキョトンとして、「そんなことより、なんかしてあそぼ」って言うのかな。それでも、あなたにこう言いたいです。

「やっと書けたよ」。

二〇二二年四月　一〇年目の夏の前に

石井美保

石井美保

1973年、大阪府生まれ。文化人類学者。北海道大学文学部卒業、京都大学大学院人間・環境学研究科博士後期課程修了。宗教実践や環境運動をテーマにタンザニア、ガーナ、インドで調査を行う。現在、京都大学人文科学研究所准教授。主な著書に『環世界の人類学』(京都大学学術出版会)、『文化人類学の思考法』(共編著、世界思想社)、『めぐりながれるものの人類学』(青土社)などがある。第14回日本学術振興会賞受賞(2017年)、第10回京都大学たちばな賞受賞(2018年)。

遠い声をさがして
——学校事故をめぐる〈同行者〉たちの記録

2022年 6月14日　第1刷発行
2022年12月15日　第2刷発行

著　者　石井美保

発行者　坂本政謙

発行所　株式会社 岩波書店
〒101-8002 東京都千代田区一ツ橋2-5-5
電話案内 03-5210-4000
https://www.iwanami.co.jp/

印刷・三秀舎　製本・松岳社

ISBN 978-4-00-061539-6　Printed in Japan